Contra os gramáticos

FUNDAÇÃO EDITORA DA UNESP

Presidente do Conselho Curador
Mário Sérgio Vasconcelos

Diretor-Presidente
Jézio Hernani Bomfim Gutierre

Superintendente Administrativo e Financeiro
William de Souza Agostinho

Conselho Editorial Acadêmico
Danilo Rothberg
Luis Fernando Ayerbe
Marcelo Takeshi Yamashita
Maria Cristina Pereira Lima
Milton Terumitsu Sogabe
Newton La Scala Júnior
Pedro Angelo Pagni
Renata Junqueira de Souza
Sandra Aparecida Ferreira
Valéria dos Santos Guimarães

Editores-Adjuntos
Anderson Nobara
Leandro Rodrigues

SEXTO EMPÍRICO

Contra os gramáticos

Tradução
Rafael Huguenin e Rodrigo Pinto de Brito

Apresentação
Ana Paula Grillo El-Jaick e Fábio da Silva Fortes

Comentários
Aldo Lopes Dinucci, Ana Paula Grillo El-Jaick,
Fábio da Silva Fortes, Rafael Huguenin,
Rodrigo Pinto de Brito e Valter Duarte Moreira Júnior

Texto integral

© 2014 Editora Unesp
Título original: ΠΡΟΣ ΓΡΑΜΜΑΤΙΚΟΥΣ

Direitos de publicação reservados à:
Fundação Editora da Unesp (FEU)
Praça da Sé, 108
01001-900 – São Paulo – SP
Tel.: (0xx11) 3242-7171
Fax: (0xx11) 3242-7172
www.editoraunesp.com.br
www.livrariaunesp.com.br
atendimento.editora@unesp.br

CIP – Brasil. Catalogação na publicação
Sindicato Nacional dos Editores de Livros, RJ

E46c

Empírico, Sexto
  Contra os gramáticos / Sexto Empírico; tradução Rafael Huguenin, Rodrigo Pinto de Brito; apresentação Ana Paula Grillo El-Jaick, Fábio da Silva Fortes; comentários Aldo Lopes Dinucci ... [et al.] – 1.ed. – São Paulo: Editora Unesp, 2015.
  Tradução de: ΠΡΟΣ ΓΡΑΜΜΑΤΙΚΟΥΣ
  ISBN 978-85-393-0605-3
  1. História – Filosofia. 2. Retórica. I. Título.

15-24931
CDD: 907.2
CDU: 930

Editora afiliada:

Sumário

Apresentação . *VII*

Abreviaturas . *XV*

CONTRA OS GRAMÁTICOS . *1*

Comentários . *155*

Referências bibliográficas . *247*

Apresentação

I

> *O saber (as instâncias que o fazem trabalhar) não destrói seu passado, como se crê erroneamente com frequência; ele o organiza, o escolhe, o esquece, o imagina ou o idealiza, do mesmo modo que antecipa seu futuro enquanto o constrói. Sem memória e sem projeto, simplesmente não há saber.*
>
> Auroux, 1992, p.12

Com a passagem em epígrafe, Sylvan Auroux, em *Revolução tecnológica da gramatização* (1992), propõe romper com um dos mitos que perduram no pensamento linguístico moderno: o da cientificidade. Esse mito concebe os modernos estudos da linguagem a partir da etiqueta a eles atribuída após o século XIX – "ciência da linguagem" –, pressupondo uma organização estável, objetiva e progressiva, ignorando a espessura temporal das reflexões sobre a linguagem, que se constituíram como uma investigação na Antiguidade greco-romana e se desenvolveram em várias disciplinas ao longo dos tempos.

Uma dessas disciplinas era justamente a Gramática. Uma reflexão inicialmente técnica, ligada ao ensino das letras e às práticas de leitura dos poetas antigos, a τέχνη γραμματική [arte gramática] estava na gênese de uma reflexão autônoma sobre as línguas, cujas teorias e terminologia, não raro, conservam-se ainda nos estudos atuais sobre as línguas. Por sua vez, essa "técnica" – ou "arte", se preferimos o termo latino com qual ela se consagrou no Ocidente, a *ars grammatica* – desempenhava duas finalidades principais no contexto greco-romano: 1) constituía-se como um discurso que integrava um projeto de formação educacional helenístico – considerado por Quintiliano (*Inst. Orat.*, 1) uma etapa propedêutica para os estudos de retórica, mais avançados – e 2) sua prática nascia de um contato permanente com a tradição poética, ou, em outras palavras, o gramático era, por assim dizer, um *guardião da língua*, que tinha a incumbência de dar o tratamento filológico aos textos, produzir explicações, comentários, glossários etc., em defesa de uma identidade linguística considerada "canônica", a partir, sobretudo, dos autores épicos, como Homero e Virgílio, que definiam aquela variante linguística que os gregos chamavam de ἑλληνισμός [Helenismo] e os romanos, de *Latinitas*.

Em virtude dessas duas finalidades principais do gênero é que o antigo gramático era considerado um *poetarum interpres*, uma espécie de "crítico literário" (Cantó, 1997), que mobilizava, é verdade, as categorias lógicas da linguagem, em prol da formulação de um saber "técnico" em torno da língua e da linguagem, sem nunca, no entanto, perder aquela dimensão filológica que se ocupava, sobretudo, da leitura de textos.

Com efeito, a definição de Gramática de Dionísio Trácio (séc. II-I a.C.), por muitos considerada a primeira na tradição ocidental, contempla, simultaneamente, essas duas dimensões: de um lado, um exame do funcionamento "lógico" da linguagem (o estudo da analogia e da etimologia) e, de outro, a sua aplicação à leitura e exegese de textos, culminando na "crítica dos poemas", considerada o corolário da atividade gramatical:

A gramática é o conhecimento empírico do que é dito, frequentemente, nos poetas e prosadores. Seis são suas partes: a primeira, leitura exercitada segundo a prosódia; a segunda, a exegese dos tropos poéticos encontrados; a terceira, a atualização espontânea dos termos obscuros e das histórias; a quarta, a busca pela etimologia; a quinta, a consideração da analogia; a sexta, a avaliação dos poemas, a qual é o que há de mais belo em toda a arte. (*Ars Gram.* I, 1)

Em suma, Dionísio Trácio assim definiu a Gramática *técnica*, pois era comum se fazer uma distinção entre *duas gramáticas* – tal como encontramos em Sexto Empírico. Logo no início de *Contra os gramáticos*, o cético pirrônico faz esta bipartição: num sentido *geral*, a Gramática seria "o conhecimento de todo e qualquer tipo de letras, seja grega ou bárbara" (*Adv. Gram.* 44); e, num sentido *específico*, teríamos a Gramática técnica (nos termos, por exemplo, da definição, vista anteriormente, de Dionísio Trácio).

Sexto não vai contra a primeira, a Gramática do ler e escrever, por ele chamada de "Gramatística" (γραμματιστική), posto que esta seria *útil*. Seu arsenal cético mira a segunda Gramática, a *inútil* Gramática técnica (γραμματική), uma vez que ela, de acordo com Sexto, corresponderia a uma pretensão dos gramáticos de oferecer princípios gerais para aquilo que não se aprisiona em fórmulas universais: a linguagem humana.

Como o leitor verá nas páginas que se seguem, quando Sexto Empírico vai contra essa Gramática ele já coloca alguns problemas com os quais os linguistas no século XX ainda vão se bater. O cético pirrônico, não se pode esquecer, não pretendia formular qualquer teoria da linguagem. Contudo, para discutir questões gramaticais, pode-se perceber que protoimagens de teorias linguísticas contemporâneas já vão sendo delineadas em *Contra os gramáticos*.

Assim é com o problema mesmo da circunscrição de um objeto da Linguística, dita "ciência da linguagem". Afinal, uma das várias

objeções de Sexto aos gramáticos é que a Gramática, tal como idealizada por eles, não poderia sequer ser concebida, uma vez que não há conhecimento daquilo que muda, é infinito e não se pode inventariar: o *uso* da linguagem.

Essa questão comparece, como dissemos, desde o nascimento da Linguística, quando o genebrino Ferdinand de Saussure se colocou a tarefa de delimitar a linguagem como um objeto científico. O desafio de domesticar esse objeto selvagem foi resolvido de maneira bastante sofisticada por Saussure, operando uma fissura na linguagem, que então é definida por ele pela dicotomia *língua* e *fala*. O objeto da Linguística, de acordo com a perspectiva de linguagem saussuriana, é a *língua*, o tesouro social comum compartilhado pelos falantes de certa comunidade linguística, um estado de língua que permanece invariável por cerca de cem anos. A fala, então, é definida por Saussure como a *parte* da linguagem humana que é da ordem do individual – e que, portanto, varia, muda, é heterogênea. Por isso, para Saussure, a fala não entra no escopo da investigação de uma ciência da linguagem.

Se essa divisão foi interessante para estabelecer um objeto estável científico, por outro lado colocou vários problemas que esse sistema linguístico não conseguia responder. Um desses problemas, que veio a ser criticado por alguns autores pós-Saussure (ou *pós-estruturalistas*), era que a língua só poderia ser entendida exatamente como esse acontecimento a que a fala correspondia. Assim, alguns autores defenderam a visão de que a língua é uma prática, a língua *é seu uso*. Isso quer dizer que parte da Linguística contemporânea vai entender que o estudo linguístico deve se ater à linguagem em uso – e não à descrição de um sistema estruturado mais ou menos estático.

Dito isso, o tratado *Contra os gramáticos* pode se tornar ainda mais interessante para o leitor contemporâneo quando se percebe que essa defesa pela observação do uso comum é autorizada, repetidamente, por Sexto Empírico. Com isso, não é incomum

vermos, atualmente, estudos que aproximam Sexto Empírico ao segundo L. Wittgenstein, aquele das *Investigações filosóficas*, que pregava o esclarecimento da linguagem ordinária (cf. Porchat, 1993; Smith, 1993; Marcondes, 1996). Como o filósofo vienense veio a defender, ao fim de sua vida, que não era por análises lógicas que chegaríamos a uma estrutura subjacente da linguagem, mas que o que temos para clarificar já está diante dos nossos olhos, isto é, a linguagem ordinária, também Sexto dizia que deveríamos nos fiar na observação do uso comum como critério prático; afinal, só a observação do uso comum da linguagem é útil para a condução de nossas vidas. Dessa maneira, os dois, Sexto e Wittgenstein, acreditavam não ser possível formular qualquer teoria fixa da linguagem, posto que seu uso não é nada fixo.

Uma das críticas de Sexto Empírico aos gramáticos, então, era que eles, a partir de algumas ocorrências particulares da linguagem, universalizavam e formulavam princípios gerais que deveriam compreender todas as línguas humanas, grega e bárbaras. O cético pirrônico, com sua artilharia contra os gramáticos, mostrava como isso era um mito. Para nós, leitores de agora, isso é tão mais instigante se fizermos um paralelo com a chamada teoria gerativa, conforme formulada por Noam Chomsky (1928-). É sabido que um dos objetivos dos gerativistas é descrever e explicar a Gramática Universal – aquela com a qual, segundo a teoria gerativa, todos nós nascemos (igualmente, universalmente).

Outra questão da Linguística contemporânea que já é encontrada em *Contra os gramáticos* é a *variação linguística*. Ela aparece várias vezes ao longo do tratado – por exemplo, quando Sexto enfatiza reiteradamente que gregos e bárbaros desentendem-se mutuamente. Obviamente, é preciso sublinhar que esse assunto é colocado pelo cético pirrônico na formulação comum da Grécia antiga, que opunha uma visão *naturalista* a uma perspectiva *convencionalista* de linguagem. Tanto assim que esse debate entre a ideia de que a linguagem seria fruto da natureza e a de que ela seria

uma convenção dos povos já aparece no diálogo *Crátilo*, de Platão. Entretanto, se no diálogo socrático a disputa é encerrada de forma aporética, sem que Sócrates se posicione por uma perspectiva ou outra, para Sexto Empírico parece que, nesse caso, não há aporia: a linguagem é uma convenção humana; a variação é uma característica que constitui a linguagem humana. Sexto traz essa questão várias vezes; por exemplo, quando analisa que, para os gramáticos, o gênero e o número dos nomes (ὄνομα) são naturais, isto é, de acordo com os gramáticos, seria por natureza (e não por convenção) que alguns nomes são masculinos, outros, femininos, e outros, ainda, neutros (e o mesmo quanto ao número: alguns seriam singulares, outros, plurais, e, outros, ainda, duais, por natureza). O pirrônico se opõe a essa afirmação por duas vias: em primeiro lugar, ele diz ser essa uma questão sobre a qual é impossível se chegar a uma decisão absoluta, pois nem mesmo os melhores cientistas naturais têm condição para respondê-la; em segundo lugar, diz Sexto Empírico que, se os nomes fossem estabelecidos por natureza, então não haveria desentendimento entre gregos e bárbaros (contemporaneamente poderíamos dizer: não haveria *variação linguística*).

Por esses aspectos do pensamento de Sexto Empírico e por tantas outras questões que emergem do texto, a presente obra, que constitui uma tradução bilíngue anotada de *Contra os gramáticos*, vem colaborar para ampliar as reflexões em torno da Gramática e da linguagem na Antiguidade greco-romana, com relevantes possibilidades de interface com as modernas ciências da linguagem. No âmbito dos Estudos Clássicos, é relativamente recente o interesse pela Gramática antiga. Estudos a respeito das práticas escritas e dos saberes metalinguísticos antigos começaram a despertar interesse específico somente após a segunda metade do século XX, a partir de uma perspectiva da história das ideias linguísticas, da poética e da retórica, sobretudo – fato que se revela na criação das revistas *Historiographia Linguistica* (1974),

Histoire, Épistémologie, Langage (1979) e em outras mais recentes, como *Language & History* (2009), e nas obras de Robins (1951, 1970, 1993), Baratin & Desbordes (1981), Auroux (1992, 1993), Law (1993), Ildefonse (1997), Desbordes (2007), entre outros.

No entanto, embora se possa ter como exemplos as obras de Blank (1982), Swiggers & Woulters (2002) e Luhtala (2005), como referências importantes na associação entre a tradição gramatical e o pensamento filosófico antigo, parece haver uma lacuna de trabalhos que permitam delinear com mais precisão as relações entre Filosofia e Gramática, que poderão ser mais bem avaliadas com a disponibilização dessa obra referencial em língua portuguesa.

II

A obra que o leitor tem em mãos é a tradução integral, bilíngue e espelhada de ΠΡΟΣ ΓΡΑΜΜΑΤΙΚΟΥΣ (*Contra os gramáticos*, ou *M.* I), do filósofo/médico cético Sexto Empírico (*c.* II-III d.C.), livro que antecede ΠΡΟΣ ΡΗΤΟΡΑΣ (*Contra os retóricos*, ou *M.* II), já publicado por esta mesma editora em 2013.

Assim como na tradução de *Contra os retóricos*, também nesta partimos da fixação textual de August Immanuel Bekker (BEKKER, I. *Sextus Empiricus* [*opera omnia*]. Berlim: Typis et Imprensis Ge. Reimeri, 1842). Também adotamos as emendas de Hermann Mutschmann (MUTSCHMANN, H. *Sexti Empirici Opera.* v. III. Leipzig: Bibliotheca Scriptorum Graecorum et Romanorum Teubneriana, 1912), embora os textos de Bekker e Mutschmann-Mau sejam praticamente idênticos. Para cotejo, usamos a versão latina de Henri Estienne e Gentian Hervet (STEPHANI, H.; HERVET, G. *Sexti Empirici Opera Graeca et Latini.* Leipzig: Sumptu Librariae Kuehnianae, 1841), além das versões inglesas de R. G. Bury (BURY, R. G. *Sextus Empiricus: Against the Professors.* In: *Loeb*

Classical Library, v. 382. Cambridge: Harvard University Press, 1949) e de David Blank (BLANK, D. L. *Sextus Empiricus: Against the Grammarians*. Oxford: Oxford University Press, 1998).

Mas, diferentemente de *Contra os retóricos*, na tradução, revisão e especialmente nos cometários a *Contra os gramáticos* tivemos o benefício de contar com uma equipe de especialistas, capazes de oferecer explicações minuciosas sobre aspectos filosóficos, filológicos e linguísticos desta fundamental obra de Sexto Empírico.

Desse modo, além das notas feitas pelos tradutores, Rafael Huguenin e Rodrigo Brito* (não identificadas), há ainda outras feitas por Ana Paula El-Jaick, professora da Universidade Federal de Juiz de Fora, doutora em Letras pela Pontifícia Universidade Católica do Rio de Janeiro (identificadas como "EL-JAICK"); por Fábio Fortes, professor de Latim e Grego da Universidade Federal de Juiz de Fora, doutor em Linguística pela Universidade Estadual de Campinas (identificadas como "FORTES"); e por Aldo Dinucci, professor da Universidade Federal de Sergipe e doutor em Filosofia Clássica pela Pontifícia Universidade Católica do Rio de Janeiro, e seu então orientando de mestrado na Universidade Federal de Sergipe, Valter Duarte (identificadas por DINUCCI & DUARTE).

Ana Paula Grillo El-Jaick e
Fábio da Silva Fortes

---

* Parte deste trabalho foi conduzida sob auspícios da University of Kent – UK, em que Rodrigo Brito atuou como Visiting Research Associate, com fomento da Capes, PGCI 041/14: "Encontros: O pensamento antigo numa perspectiva global".

Abreviaturas

Agostinho
    Conf. = *Confissões*

Alexandre de Afrodísias
    In Top. = *Sobre os "Tópicos" de Aristóteles*

Aristóteles
    Poet. = *Arte Poética*
    Met. = *Metafísica*
    Top. = *Tópicos*
    Int. = *Da interpretação*

Aulo Gélio
    Noct. Att. = *Noites áticas*

Cícero
    De Fat. = *Do destino*
    De Nat. Deo. = *Da natureza dos deuses*
    Tusc. = *Disputações tusculanas*

Diógenes Laércio
    D.L. = *Vidas e doutrinas dos filósofos*

Dionísio Trácio
    Ars Gram. = *Arte Gramática*
    Sch. DThr. = *Escólios*

Epicteto
    Diat. = *Diatribes*
    Ench. = *Manual*

Epicuro
    Hdtm = *Carta a Heródoto*

Estrabão
    St. Geo. = *Geografia*

Filodemo de Gadara
    Rhet. = *Retórica*

Heródoto
    Hdt. = *História*

Homero
    Il. = *Ilíada*
    Od. = *Odisseia*

Horácio
    A.P. = *Arte poética*

Keil, H. (Ed.)
    G.L. = *Grammatici latini*

Liddell-Scott-Jones
    L.S.J. = A Greek-English Lexicon

Long & Sedley (Org.)
    L.S. = The Hellenistic Philosophers, v. I e II

Platão
    Apol. = *Apologia*
    Crat. = *Crátilo*

  Gorg. = *Górgias*
  Phaedr. = *Fedro*
  Sof. = *Sofista*
  Sym. = *Banquete*
  Teet. = *Teeteto*
  Theag. = *Theages*
  Tim. = *Timeu*

Plutarco
  De Comm. = *Contra os estoicos acerca das noções comuns*

Prisciano
  De Construc. = *Da sintaxe*

Quintiliano
  Inst. Orat. = *Institutio oratoria*

Schneider, R.; Uhlig, G. (Ed.)
  G.G. = *Grammatici graeci*

Sêneca
  Ad Lu. = *Cartas a Lucílio*

Sexto Empírico
  Adv. Gram. = *Contra os gramáticos*
  Adv. Rhet. = *Contra os retóricos*
  Adv. Geo. = *Contra os geômetras*
  Adv. Ast. = *Contra os astrólogos*
  Adv. Mus. = *Contra os músicos*
  Adv. Log. = *Contra os lógicos*
  Adv. Phy. = *Contra os físicos*
  Adv. Eth. = *Contra os éticos*
  P.H. = *Esboços pirrônicos*

Suetônio
  De gram. = *Gramáticos e retóricos ilustres*

Varrão
De Ling. = *A língua latina*

Vitrúvio
Arch. = *Da Arquitetura*

Von Arnin
S.V.F. = *Stoicorum veterum fragmenta*

Xenofonte
Mem. = *Memoráveis*

# Contra os gramáticos

Τὴν πρὸς τοὺς ἀπὸ τῶν μαθημάτων ἀντίρρησιν κοινότερον μὲν διατεθεῖσθαι δοκοῦσιν οἵ τε περὶ τὸν Ἐπίκουρον καὶ οἱ ἀπὸ τοῦ Πύρρωνος, οὐκ ἀπὸ τῆς αὐτῆς δὲ διαθέσεως, ἀλλ' οἱ μὲν περὶ τὸν Ἐπίκουρον ὡς τῶν μαθημάτων μηδὲν συνεργούντων πρὸς σοφίας τελείωσιν, ἢ ὥς τινες εἰκάζουσι, τοῦτο προκάλυμμα τῆς ἑαυτῶν ἀπαιδευσίας εἶναι νομίζοντες (ἐν πολλοῖς γὰρ ἀμαθὴς Ἐπίκουρος ἐλέγχεται, οὐδὲ ἐν ταῖς κοιναῖς ὁμιλίαις καθαρεύων), τάχα δὲ καὶ διὰ τὴν πρὸς τοὺς περὶ Πλάτωνα καὶ Ἀρι- 2 στοτέλη καὶ τοὺς ὁμοίους δυσμένειαν πολυμαθεῖς γεγονότας. οὐκ ἀπέοικε δὲ καὶ διὰ τὴν πρὸς Ναυσιφάνην τὸν Πύρρωνος ἀκουστὴν ἔχθραν· πολλοὺς γὰρ τῶν νέων συνεῖχε καὶ τῶν μαθημάτων σπουδαίως ἐπεμελεῖτο, μάλιστα δὲ ῥητορικῆς. γενόμενος οὖν τούτου μαθητὴς ὁ Ἐπίκου- 3 ρος ὑπὲρ τοῦ δοκεῖν αὐτοδίδακτος εἶναι καὶ αὐτοφυὴς φιλόσοφος ἠρνεῖτο ἐκ παντὸς τρόπου, τήν τε περὶ αὐτοῦ φήμην ἐξαλείφειν ἔσπευδε, πολύς τε ἐγίνετο τῶν μαθημάτων κατήγορος, ἐν οἷς ἐκεῖνος ἐσεμνύνετο. φησὶ γοῦν 4 ἐν τῇ πρὸς τοὺς ἐν Μυτιλήνῃ φιλοσόφους ἐπιστολῇ "οἶμαι δὲ ἔγωγε τοὺς βαρυστόνους καὶ μαθητήν με δόξειν τοῦ πλεύμονος εἶναι, μετὰ μειρακίων τινῶν κραιπαλώντων ἀκούσαντα", νῦν πλεύμονα καλῶν τὸν Ναυσιφάνην ὡς ἀναίσθητον. καὶ πάλιν προβὰς πολλά τε κατειπὼν τἀνδρὸς ὑπεμφαίνει τὴν ἐν τοῖς μαθήμασιν αὐτοῦ προκο-

Contra os gramáticos

Contra os professores: 1-40

1   A questão contra os professores parece ter sido colocada em comum tanto pelos seguidores de Epicuro quanto pelos de Pirro, mas não a partir da mesma disposição.[1] No entanto,[2] os seguidores de Epicuro [defendem] que os assuntos ensinados nada contribuem para a aquisição da sabedoria, ou, como conjecturam uns, esperam que isso acoberte sua própria falta de cultura (pois, em muitos assuntos, Epicuro é traído por sua ignorância,[3]
2   e mesmo na conversa ordinária seu discurso não era correto). // Ou talvez por causa da hostilidade para com os seguidores de Platão e Aristóteles e semelhantes, que eram homens de vasto conhecimento.[4] Também não é implausível que fosse movido por sua inimizade contra Nausífanes, o discípulo de Pirro, que dominava muitos dos jovens e se devotava seriamente aos
3   estudos, especialmente os de retórica.[5] // Então Epicuro, apesar de ter sido discípulo dele, negava isso de todos os modos para dar a impressão de que era um filósofo autodidata e original; também tentou duramente apagar a reputação dele e tornou-se um constante detrator dos estudos, dos quais
4   o próprio Nausífanes se orgulhava.[6] // De fato, Epicuro diz na sua *Epístola aos filósofos de Mitilene*:[7] "Eu próprio creio que os que resmungam vão supor que sou aluno da água-viva, a quem ouvi junto a alguns jovens de ressaca"; aqui ele chama Nausífanes de água-viva, implicando que ele fosse sem percepções.[8] Novamente, indo além, após ter detratado completamente o homem, ele assume a própria proficiência [de Nausífanes] nos estudos,

πὴν λέγων "καὶ γὰρ πονηρὸς ἄνθρωπος ἦν καὶ ἐπιτετηδευκὼς τοιαῦτα ἐξ ὧν οὐ δυνατὸν εἰς σοφίαν ἐλθεῖν," αἰνισσόμενος τὰ μαθήματα. πλὴν ὁ μὲν Ἐπίκουρος, ὡς ἄν τις εἰκοβολῶν εἴποι, ἀπὸ τοιούτων τινῶν ἀφορμῶν πολεμεῖν τοῖς μαθήμασιν ἠξίου, οἱ δὲ ἀπὸ Πύρρωνος οὔτε διὰ τὸ μηδὲν συνεργεῖν αὐτὰ πρὸς σοφίαν, δογματικὸς γὰρ ὁ λόγος, οὔτε διὰ τὴν προσοῦσαν αὐτοῖς ἀπαιδευσίαν· σὺν γὰρ τῷ πεπαιδεῦσθαι καὶ πολυπειροτέρους παρὰ τοὺς ἄλλους ὑπάρχειν φιλοσόφους ἔτι καὶ ἀδιαφόρως ἔχουσι πρὸς τὴν παρὰ τοῖς πολλοῖς δόξαν. καὶ μὴν οὐδὲ δυσμενείας χάριν τῆς πρός τινας (μακρὰν γὰρ αὐτῶν τῆς πραότητός ἐστιν ἡ τοιαύτη κακία), ἀλλὰ τοιοῦτόν τι ἐπὶ τῶν μαθημάτων παθόντες ὁποῖον ἐφ᾽ ὅλης ἔπαθον τῆς φιλοσοφίας. καθὰ γὰρ ἐπὶ ταύτην ἦλθον πόθῳ τοῦ τυχεῖν τῆς ἀληθείας, ἰσοσθενεῖ δὲ μάχης ἀνωμαλίᾳ τῶν πραγμάτων ὑπαντήσαντες ἐπέσχον, οὕτω καὶ ἐπὶ τῶν μαθημάτων ὁρμήσαντες ἐπὶ τὴν ἀνάληψιν αὐτῶν, ζητοῦντες καὶ τὸ ἐνταῦθα μαθεῖν ἀληθές, τὰς δὲ ἴσας εὑρόντες ἀπορίας, οὐκ ἀπεκρύψαντο. διόπερ καὶ ἡμεῖς τὴν αὐτὴν τούτοις ἀγωγὴν μεταδιώκοντες πειρασόμεθα χωρὶς φιλονεικίας τὰ πραγματικῶς λεγόμενα πρὸς αὐτοὺς ἐπιλεξάμενοι θεῖναι.

Τὸ μὲν οὖν διδάσκειν ἀπὸ τίνος ἐγκύκλια προσηγόρευται μαθήματα καὶ πόσα τὸν ἀριθμόν ἐστι, περιττὸν ἡγοῦμαι, πρὸς ἱκανὴν ἤδη τὴν περὶ τούτων ἔχοντας κατήχησιν γινομένης ἡμῖν τῆς διδασκαλίας. ὃ δέ ἐστιν ἀναγκαῖον ἐπὶ τοῦ παρόντος, ὑποδεικτέον ὅτι τῶν λεγομένων πρὸς τὰ μαθήματα τὰ μὲν καθολικῶς λέγεται πρὸς "πάντα τὰ μαθήματα τὰ δὲ ὡς πρὸς ἕκαστα, καὶ καθολικώτερον μὲν τὸ περὶ τοῦ μηδὲν εἶναι μάθημα, ἰδιαίτερον δὲ πρὸς μὲν γραμματικούς, εἰ τύχοι, περὶ τῶν τῆς λέξεως στοι-

dizendo: "De fato, ele foi um homem inútil, alguém que praticou o tipo de coisas pelas quais é impossível chegar à sabedoria", aludindo aos estudos.[9] // Epicuro então, por um lado, como podem supor, partindo de tais pressupostos, decidiu combater os estudos; os pirrônicos, contudo, por outro lado, não [os combateram] porque em nada contribuem para a sabedoria, pois esse é um argumento dogmático,[10] nem por causa de sua falta de educação – pois, além de serem educados e mais amplamente experimentados que o resto dos filósofos, são também indiferentes às opiniões da multidão[11] –, // tampouco por rancor contra quem seja (pois esse vício está bem distante da gentileza deles).[12] Na verdade, quanto aos estudos, experimentaram algo semelhante à experiência que tinham com toda a Filosofia.[13] Pois, da mesma forma que abordavam a Filosofia pelo desejo de atingir a verdade, mas, quando confrontados com o conflito de argumentos equipolentes e com a anomalia nos fatos, suspendiam o juízo, da mesma maneira eles se lançam na busca dos estudos e pretendem conhecer a verdade nesse âmbito, e, quando descobrem problemas igualmente difíceis, não os escondem. // Eis por que nós, que seguimos a mesma conduta[14] que eles, devemos tentar, sem qualquer espírito de competição, selecionar e dispor os argumentos eficazes contra os estudos.

Ora, penso que é supérfluo explicar por que os estudos "cíclicos"[15] são assim chamados ou quantos são, tendo em vista que nosso discurso é para aqueles que já ouviram o suficiente sobre essas questões.[16] // O que é necessário na presente instância é indicar que, dos argumentos contra os estudos, alguns são gerais e contra todos os estudos, outros contra estudos particulares,[17] e que o argumento de que não há estudos é mais geral, ao passo que é mais especializado argumentar contra os gramáticos, digamos, sobre os elementos do estilo,

χείων, πρὸς δὲ γεωμέτρας περὶ τοῦ μὴ δεῖν ἐξ ὑποθέσεως λαμβάνειν τὰς ἀρχάς, πρὸς δὲ μουσικοὺς περὶ τοῦ μηδὲν εἶναι φωνὴν μηδὲ χρόνον. ἴδωμεν δὲ τάξει πρῶτον τὴν καθολικωτέραν ἀντίρρησιν.

Τὴν μὲν οὖν γενομένην παρὰ τοῖς φιλοσόφοις περὶ 9 μαθήσεως διαφωνίαν πολλὴν καὶ ποικίλην οὖσαν οὐ τοῦ παρόντος ἐστὶ καιροῦ ἐπικρίνειν· ἀπόχρη δὲ παραστῆσαι ὡς εἴπερ ἔστι τι μάθημα, καὶ τοῦτο ἀνυστὸν ἀνθρώπῳ, τέσσαρα δεῖ προομολογήσασθαι, τὸ διδασκόμενον πρᾶγμα, τὸν διδάσκοντα, τὸν μανθάνοντα, τὸν τρόπον τῆς μαθήσεως. οὔτε δὲ τὸ διδασκόμενόν ἐστιν οὔτε ὁ διδάσκων οὔτε ὁ μανθάνων οὔτε ὁ τρόπος τῆς μαθήσεως, καθάπερ ὑποδείξομεν· οὐκ ἄρα ἔστι τι μάθημα.

Καὶ δὴ περὶ τοῦ πρώτου λέγοντες πρῶτόν φαμεν ὡς 10 εἴπερ διδάσκεταί τι, ἤτοι τὸ ὂν τῷ εἶναι διδάσκεται ἢ τὸ μὴ ὂν τῷ μὴ εἶναι. οὔτε δὲ τὸ ὂν τῷ εἶναι διδάσκεται οὔτε τὸ μὴ ὂν τῷ μὴ εἶναι, καθάπερ παραστήσομεν· οὐκ ἄρα διδάσκεταί τι. καὶ δὴ τὸ μὲν μὴ ὂν τῷ μὴ εἶναι οὐκ ἂν διδάσκοιτο· εἰ γὰρ διδάσκεται, διδακτόν ἐστι, διδακτὸν δὲ καθεστὼς τῶν ὄντων γενήσεται, καὶ διὰ 11 τοῦτο ἔσται μὴ ὄν τε καὶ ὄν. οὐχὶ δέ γε δυνατόν ἐστι τὸ αὐτὸ καὶ ὂν [τε] καὶ μὴ ὂν ὑπάρχειν· οὐκ ἄρα τὸ μὴ ὂν τῷ μὴ εἶναι διδάσκεται. τῷ τε μὴ ὄντι οὐδὲν συμβέβηκεν, ᾧ δὲ μηδὲν συμβέβηκεν, οὐδὲ τὸ διδάσκεσθαι συμβήσεται· ἓν γάρ τι ἦν τῶν συμβεβηκότων καὶ τὸ διδάσκεσθαι. τοίνυν οὐδὲ ταύτῃ διδακτόν ἐστι τὸ μὴ ὄν. καὶ μὴν τὸ διδασκόμενον φαντασίαν κινοῦν εἰς μάθησιν 12 ἡμῖν ἔρχεται, τὸ δὲ μὴ ὂν ἀδυνατοῦν φαντασίαν κινεῖν οὐδὲ διδακτόν ἐστιν. ἔτι δ' οὐδ' ὡς ἀληθὲς τὸ μὴ ὂν διδακτόν ἐστιν· οὔτε γὰρ τῶν μὴ ὄντων ἐστὶ τἀληθές, οὔτε τι ἀληθὲς ὡς μὴ ὂν διδακτόν ἐστιν. εἰ δὲ μηδὲν ἀληθὲς ὡς μὴ ὂν διδακτόν ἐστι (τῶν γὰρ ὄντων ἐστὶ τἀληθές), ἀδίδακτον ἄρα τὸ μὴ ὄν. εἰ δὲ μηδὲν ἀληθὲς 13

ou contra os geômetras sobre não ser necessário assumir os primeiros princípios de uma hipótese, ou contra os músicos sobre não haver tal coisa como tons ou ritmo. Examinemos primeiro a refutação mais geral.[18] // Não é ocasião apropriada para considerar a ampla e complexa discordância que se desenvolveu entre filósofos quanto à aprendizagem. Basta indicar que, se há algum estudo, e isso é atingível pelo homem, é preciso estar de acordo quanto a quatro coisas: o assunto ensinado, o professor, o estudante e o método de estudo. Contudo, não há o que ser ensinado, nem o professor, nem o estudante, tampouco o método de estudo, como demonstraremos. Portanto, não há estudo.

// Tratando do primeiro ponto, dizemos primeiramente que, se algo é ensinado, ou o que existe é ensinado enquanto existente, ou o que não existe é ensinado enquanto não existente. Mas, como mostraremos, não se ensina o que existe enquanto existe, tampouco o que não existe enquanto não existe; portanto, não há algo a ser ensinado. Ora, aquilo que não existe não poderia ser ensinado enquanto não existente, pois, se é ensinado, é passível de ser ensinado, e, uma vez que é passível de ser ensinado, tornar-se-á uma das coisas que existem, // e, por causa disso, tanto não existirá quanto existirá. Mas não é possível para a mesma coisa tanto existir quanto não existir; então, o que não existe não é ensinado enquanto não existente. Ademais, o que não existe não tem atributos, e o que não tem atributos não tem a propriedade de ser ensinado, pois mesmo ser ensinado é um atributo. // Assim, o que não existe não é passível de ser ensinado também por essa razão.[19] Além disso, o que é ensinado vem a ser aprendido por nós através da excitação causada por uma impressão, mas, tendo em vista que o que não existe é incapaz de excitar uma impressão, também não é passível de ser ensinado.[20] Novamente, o que não existe não é passível de ser ensinado como algo verdadeiro, pois tampouco o que é verdadeiro é uma das coisas que não existem, nem pode uma coisa verdadeira ser ensinada como algo não existente. Mas, se nada verdadeiro pode ser ensinado como não existente – pois a verdade é algo existente –, então, o que não existe não é passível de ser ensinado.[21] // Mas, se nada verdadeiro

διδάσκεται, πᾶν τὸ διδασκόμενον ψεῦδός ἐστιν· ὅπερ ἀλογώτατον ὑπάρχει. οὐ τοίνυν τὸ μὴ ὂν διδάσκεται. ἤτοι γὰρ τὸ διδασκόμενον ψεῦδός ἐστιν ἢ ἀληθές. ἀλλὰ ψεῦδος μὲν ἀλογώτατον, τὸ δὲ ἀληθὲς ὂν ὑπῆρχεν. οὐκ
14 ἄρα τὸ μὴ ὂν διδακτόν. καὶ μὴν οὐδὲ τὸ ὂν τῷ εἶναι διδακτόν ἐστιν, ἐπειδήπερ τῶν ὄντων πᾶσι φαινομένων ἐπ᾿ ἴσης πάντα ἔσται ἀδίδακτα. ᾧ ἀκολουθήσει τὸ μηδὲν εἶναι διδακτόν· δεῖ γὰρ ὑποκεῖσθαί τι ἀδίδακτον, ἵνα ἐκ τοῦ γινωσκομένου γένηται ἡ τούτου μάθησις. τοίνυν οὐδὲ τὸ ὂν τῷ εἶναι διδάσκεται.

15 Ὁ δὲ ὅμοιος τῆς ἀπορίας γενήσεται τρόπος καὶ πρὸς τοὺς ἐροῦντας τὸ οὔτι ἢ τὶ διδάσκεσθαι. εἰ γὰρ τὸ οὔτι διδάσκοιτο, ἔσται ᾗ διδάσκεται τί, καὶ διὰ τοῦτο αὐτὸ τἀναντία οὔτι καὶ τὶ ἔσται, ὅπερ ἦν τῶν ἀδυνάτων. τῷ τε οὔτινι οὐδὲν συμβέβηκεν, διὸ οὐδὲ τὸ διδάσκεσθαι·καὶ
16 γὰρ τοῦτο τῶν συμβεβηκότων ἐστίν. οὐ τοίνυν τὸ οὔτι διδάσκεται. κατὰ δὲ τὴν αὐτὴν ἀναλογίαν καὶ τὸ τὶ τῶν ἀδιδάκτων γενήσεται· εἰ γὰρ διὰ τοῦτο διδακτὸν ἔσται ὅτι ἔστιν, οὐδὲν ἀδίδακτον ἔσται, ᾧ ἕπεται τὸ μηδὲν εἶναι
17 διδακτόν. καὶ μὴν εἰ διδάσκεταί τι, ἤτοι διὰ τῶν οὐτινῶν διδαχθήσεται ἢ διὰ τῶν τινῶν. ἀλλὰ διὰ μὲν τῶν οὐτινῶν οὐχ οἷόν τε διδαχθῆναι· ἀνυπόστατα γάρ ἐστι τῇ διανοίᾳ ταῦτα κατὰ τοὺς ἀπὸ τῆς στοᾶς. λείπεται οὖν διὰ τῶν τινῶν γίνεσθαι τὴν μάθησιν. ὃ πάλιν ἀπο-
18 ρόν ἐστιν· ὥσπερ γὰρ αὐτὸ τὸ διδασκόμενον κατὰ τοῦτο διδάσκεται καθὸ τί ἐστιν, οὕτως ἐπεὶ καὶ τὰ ἐξ ὧν ἡ μάθησις τινά ἐστι, γενήσεται διδακτά. καὶ ταύτῃ μηδενὸς ὄντος διδακτοῦ ἀναιρεῖται ἡ μάθησις.

19 Ἄλλως τε, ἐπεὶ τῶν τινῶν τὰ μέν ἐστι σώματα τὰ δὲ ἀσώματα, δεήσει τὰ διδασκόμενα ᾽τινὰ ὄντα ἤτοι σώματα εἶναι ἢ ἀσώματα· οὔτε δὲ σώματα δύναται ὑπάρχειν οὔτε ἀσώματα, ὡς παραστήσομεν· οὐκ ἄρα ἐστι

é ensinado, tudo que é ensinado será falso, o que é deveras irracional. Portanto, aquilo que não é não é ensinado. Pois, aquilo que é ensinado é ou falso ou verdadeiro, mas ser falso seria totalmente irracional, e o verdadeiro é existente, e então o que não existe não é ensinado.[22] // Tampouco, de fato, o que existe é ensinado enquanto existente; tendo em vista que as coisas que existem são evidentes para todos e serão todas igualmente passíveis de serem ensinadas, disso seguir-se-á que nada é passível de ser ensinado. Pois algo que não pode ser ensinado deve ser assumido em razão de fazer que o conhecimento disso [i.e., do ensinável] possa ser derivado do que é conhecido. Portanto, tampouco o que existe é ensinado enquanto existente.[23]

// O mesmo tipo de aporia será também utilizado contra aqueles que dizem que ou "nada" ou "algo" é ensinado.[24] Pois, se o "nada" é ensinado, ele, na medida em que é ensinado, será algo e, por esse motivo, uma mesma coisa será [duas coisas] opostas, tanto "nada" quanto "algo", o que é impossível. E, ao "nada", nenhum atributo cabe, e, portanto, nem mesmo o de ser ensinado, // pois esse é um dos atributos; então, o "nada" não é ensinado. Mas, de acordo com o mesmo raciocínio, o "algo" também se tornará não passível de ser ensinado. Pois, se é passível de ser ensinado porque é "algo", nada será passível de não ser ensinado, do que se segue que nada é passível de ser ensinado. // Além disso, se algo é ensinado, ou será ensinado por meio de "nadas" ou por meio de "algos". Mas é impossível ser ensinado por meio de "nadas", tendo em vista que eles não podem ser apreendidos pela mente, de acordo com os estoicos.[25] Resta então ao aprendizado ocorrer através de "algos", o que, novamente, é aporético. // Pois, assim como o que é ensinado é ele próprio ensinado na medida em que é algo, da mesma forma, tendo em vista que as coisas pelas quais se dá o aprendizado são também "algos", todas as coisas se tornarão passíveis de serem ensinadas. E assim, tendo em vista que nada resta não ensinado, o aprendizado é abolido.

// Ademais, tendo em vista que, dentre os "algos", algumas coisas são corpos e outras são incorpóreas, as coisas que são ensinadas, enquanto "algos", terão de ser corpóreas ou incorpóreas.[26] Mas não podem ser corpóreas e nem incorpóreas, como demonstraremos; assim, não há

τινὰ διδασκόμενα. τὸ μὲν οὖν σῶμα, καὶ μάλιστα κατὰ 20 τοὺς στωικούς, οὐκ ἂν εἴη τῶν διδακτῶν· δεῖ γὰρ τὰ διδασκόμενα λεκτὰ τυγχάνειν, τὰ δὲ σώματα οὐκ ἔστι λεκτά, διόπερ οὐ διδάσκεται. εἴπερ δὲ τὰ σώματα μήτε αἰσθητά ἐστι μήτε νοητά, δῆλον ὡς οὐδὲ διδακτὰ γενήσεται. αἰσθητὰ μὲν οὖν οὐκ ἔστιν, ὡς ἐκ τῆς ἐννοίας αὐτῶν συμφανές. εἰ γὰρ σύνοδός ἐστι κατὰ ἀθροισμὸν μεγέθους καὶ 21 σχήματος καὶ ἀντιτυπίας τὸ σῶμα, ὡς φησὶν Ἐπίκουρος, ἢ τὸ τριχῇ διαστατόν, τουτέστι τὸ ἐκ μήκους καὶ πλάτους καὶ βάθους, καθάπερ οἱ μαθηματικοὶ λέγουσιν, ἢ τὸ τριχῇ διαστατὸν μετὰ ἀντιτυπίας, ὡς πάλιν Ἐπίκουρος, ἵνα τούτῳ διορίζῃ τὸ κενόν, ἢ ὄγκος ἀντίτυπος, ὡς ἄλλοι, — ὅπως δ᾿ ἂν ἔχῃ, ἐπεὶ κατὰ σύνοδον πολλῶν ἰδιωμάτων 22 νοεῖται· ἡ δὲ πλειόνων ἐπισύνθεσις οὐχ ἁπλῆς τινὸς καὶ ἀλόγου αἰσθήσεώς ἐστιν ἔργον ἀλλὰ λογικῆς διανοίας· εἰ δὲ λογικῆς διανοίας, οὐκ ἔσται τῶν αἰσθητῶν τὸ σῶμα. κἂν αἰσθητὸν δὲ [πάλιν] αὐτὸ ὑποθώμεθα, πάλιν ἐστὶν 23 ἀδίδακτον. τὸ γὰρ αἰσθητὸν πάλιν, ᾗ αἰσθητόν ἐστιν, οὐ διδάσκεται· οὐδεὶς γὰρ λευκὸν ὁρᾶν μανθάνει, οὐδὲ γλυκέος γεύεσθαι, οὐδὲ θερμοῦ ἅπτεσθαι, οὐκ εὐώδους ὀσφραίνεσθαι, ἀλλ᾿ ἔστι ταῦτα τῶν ἀδιδάκτων καὶ φυσικῶς ἡμῖν προσόντων. λείπεται οὖν νοητόν τε λέγειν τὸ 24 σῶμα καὶ ταύτῃ διδακτόν. ὅπως δ᾿ ἂν ἀληθὲς εἴη, σκοπῶμεν. εἰ γὰρ μήτε μῆκός ἐστι κατ᾿ ἰδίαν τὸ σῶμα μήτε πλάτος ἢ βάθος, τὸ δὲ ἐξ ἁπάντων νοούμενον, ἀνάγκη "πάντων ἀσωμάτων ὄντων καὶ τὸ ἐξ αὐτῶν συστὰν ἀσώματον νοεῖν καὶ οὐ σῶμα, διὰ δὲ τοῦτο καὶ ἀδίδακτον. 25 πρὸς τῷ τὸν νοοῦντα τὸ ἐκ τούτων συνεστὸς σῶμα πρότερον ὀφείλειν αὐτὰ ταῦτα νοεῖν, ἵνα κἀκεῖνο δυνατὸν ᾖ νοεῖν. ἢ γὰρ περιπτωτικῶς αὐτὰ νοήσει ἢ κατὰ μετάβασιν ἀπὸ περιπτώσεως. οὔτε δὲ περιπτωτικῶς· ἀσώματα γάρ ἐστι, καὶ τῶν ἀσωμάτων οὐκ ἀντιλαμβανόμεθα περι-

"algo" que seja ensinado. // Ora, o corpo,[27] e especialmente de acordo com os estoicos,[28] não seria algo que possa ser ensinado, pois é preciso que as coisas que são ensinadas sejam "exprimíveis",[29] mas os corpos não são exprimíveis e, portanto, não são ensinados.[30] Mas, se os corpos não são nem perceptíveis nem inteligíveis, está claro que tampouco poderão ser ensinados. Ora, eles não são perceptíveis, como está claro pela sua conceituação. // Pois, se o corpo é uma conjunção por agregação de magnitude, forma e solidez, como diz Epicuro; ou o que é extenso em três dimensões, isto é, a partir da profundidade, largura e comprimento, como dizem os matemáticos; ou o que é extenso em três [dimensões] juntamente com solidez, como diz, mais uma vez Epicuro, para que pudesse, assim, distinguir [o corpo] do vazio; ou uma massa sólida, como diriam outros.[31] // Seja como for,[32] tendo em vista que é concebido segundo a conjunção de muitas qualidades individuais, e tal combinação de muitas coisas não é trabalho de uma simples e irracional sensação, mas de uma compreensão racional,[33] então o corpo <se é realmente trabalho de compreensão racional>[34] não será um dos sensíveis. // E, novamente, mesmo se assumirmos que é um sensível, ainda assim não é ensinável. Pois o sensível, enquanto sensível, não é ensinado:[35] ninguém aprende a ver o branco, nem a saborear o doce, nem a sentir calor, nem a cheirar o fragrante; são coisas que não se ensinam e que nos pertencem naturalmente.[36] // Resta dizer então que o corpo é inteligível e que é ensinado por causa disso. Consideremos como isso poderia ser verdadeiro. Se o corpo por si só não é nem profundidade, nem largura, nem mesmo comprimento, mas o que é concebido a partir de todos eles, é necessário, já que são todos incorpóreos, conceber o que foi composto a partir deles também como incorpóreo, e não como um corpo, sendo por isso, portanto, algo que não pode ser ensinado. // Ademais, qualquer um que conceba o corpo como composto dessas três dimensões deve primeiramente conceber as dimensões por si sós, para tornar-se capaz de conhecer o corpo por adição [das partes]. Pois elas serão concebidas ou pelo que se oferece ao sentido ou pelas transferências das sensações.[37] Mas não será pelo que se oferece ao sentido, uma vez que [as partes] são incorpóreas, e não apreendemos os incorpóreos

πτωτικῶς, ἀεὶ κατὰ θίξιν γινομένης τῆς περὶ τὴν αἴσθησιν ἀντιλήψεως. καὶ μὴν οὐδὲ κατὰ μετάβασιν ἀπὸ περιπτώσεως, τῷ μηδὲν ἔχειν αἰσθητὸν ἀφ' οὗ μετιών τις ποιήσεται τούτων ἐπίνοιαν. τοίνυν οὐδὲ τὰ ἐξ ὧν τὸ σῶμα νοεῖν δυνάμενοι πάντως οὐδὲ διδάσκειν τοῦτο ἰσχύσομεν.

26 Ἀλλὰ περὶ μὲν τῆς τοῦ σώματος νοήσεώς τε καὶ ὑποστάσεως ἐν τοῖς σκεπτικοῖς ὑπεμνήσαμεν ἀκριβέστερον· νυνὶ δὲ ἀποστάντες τούτων τῶν ἐλέγχων ἐκεῖνο λέγωμεν ὅτι τῶν σωμάτων κατὰ τὸ ἀνωτάτω διττή τίς ἐστι διαφορά· τὰ μὲν γὰρ αὐτῶν αἰσθητὰ καθέστηκε τὰ δὲ νοητά. καὶ εἰ τὸ διδασκόμενόν ἐστι σῶμα, πάντως ἤτοι νοη-
27 τόν ἐστιν ἢ αἰσθητόν. ἀλλ' οὔτε αἰσθητὸν εἶναι δύναται διὰ τὸ πᾶσιν ἐπ' ἴσης ὀφείλειν φαίνεσθαι καὶ πρόδηλον ὑπάρχειν, οὔτε νοητὸν διὰ τὸ ἀδηλεῖσθαι καὶ δι' αὐτὸ τοῦτο ἀνεπικρίτως διαφωνεῖσθαι παρὰ πᾶσι τοῖς φιλοσόφοις, τῶν μὲν ἄτομον τοῦτο λεγόντων ὑπάρχειν τῶν δὲ τμητόν, καὶ τῶν τμητὸν φαμένων εἶναι ἐνίων μὲν εἰς ἄπειρον τέμνεσθαι τοῦτο ἀξιούντων, ἐνίων δὲ εἰς ἐλάχιστον καὶ ἀμερὲς καταλήγειν. οὐκ ἄρα διδακτόν ἐστι τὸ σῶμα.

28 Καὶ μὴν οὐδὲ τὸ ἀσώματον. πᾶν γὰρ καὶ ὁποῖον ἄν τις ἀσώματον λέγῃ διδάσκεσθαι, ἐάν τε τὴν Πλατωνικὴν ἰδέαν, ἐάν τε τὸ παρὰ τοῖς στωικοῖς λεκτόν, ἐάν τε τόπον ἢ κενὸν ἢ χρόνον ἢ ἄλλο τι τῶν τοιούτων, ἵνα μηδὲν προπετὲς περὶ τῆς ὑποστάσεως αὐτῶν λέγωμεν, μηδ' ἑτέρας σκέψεις ἐν ἑτέραις διεξοδεύωμεν παριστάντες τὸ ἀνυπόστατον ἑκάστου, [ὃ] προδήλως μὲν ἐπιζητεῖται καὶ

"ἔς τ' ἂν ὕδωρ τε νάῃ καὶ δένδρεα μακρὰ τεθήλῃ ζητήσεται παρὰ τοῖς δογματικοῖς, τῶν μὲν εἶναι ταῦτα διαβεβαιουμένων τῶν δὲ μὴ εἶναι, τῶν δὲ ἐπεχόντων· τὸ δὲ τὰ ἔτι ἐπίδικα καὶ ἐν μετεώροις ἀμφισβητήσεσι κείμενα

Contra os gramáticos

pela sensação, [já que a] apreensão sensória sempre advém pelo contato. Nem, contudo, será pela transferência do que se oferece ao sentido, uma vez que não há nada sensível a partir do que, transferindo, alguém possa formar concepção dessas coisas. Assim, incapazes de conceber essas coisas das quais os corpos consistem, tampouco seremos capazes de ensiná-los.

// Mas, acerca da concepção e da substância do corpo, tratamos mais precisamente nos [nossos] *Discursos céticos*.[38] Por ora, após deixarmos de lado essas refutações, digamos que a distinção mais geral entre os corpos é dupla: alguns são sensíveis, por um lado, e outros inteligíveis, por outro.[39] E se o que é ensinado é um corpo, deve certamente ser ou inteligível ou perceptível. // Mas não pode ser nem sensível, porque precisaria ser igualmente aparente e evidente a todos, nem inteligível, por ser não evidente e interminavelmente debatido entre todos os filósofos, alguns dizendo que é indivisível e outros que é divisível; e entre aqueles que dizem que é divisível, alguns dizem que é divisível ao infinito e outros que a divisão cessa em uma parte indivisível. Portanto, o corpo não pode ser ensinado.

// Nem, de fato, o pode o incorpóreo. Pois, não importa o tipo de incorpóreo que digam que é ensinado, seja a ideia de Platão ou o "exprimível" dos estoicos, seja o lugar, o vazio, o tempo, ou qualquer outra coisa como tal,[40] [enfim,] para que nada precipitado digamos acerca da substância dessas coisas, nem nos desviemos em outras investigações diferentes, ocupando-nos da inconsistência de cada uma delas, digamos que isso evidentemente é discutido e

> enquanto a água fluir
> e as altas árvores florescerem[41]

será discutido entre os dogmáticos, alguns asserindo que existem, outros que não, e outros suspendendo o juízo. Mas dizer que coisas que ainda não podem ser decididas e mantêm-se sob disputa são ensinadas, como se fossem unânimes, é bobagem.

ὡς σύμφωνα καὶ ὁμόλογα διδάσκεσθαι λέγειν τῶν ἀτόπων ἐστίν.

Εἰ οὖν τῶν ὄντων τὰ μέν ἐστι σώματα τὰ δὲ ἀσώματα, δέδεικται δὲ οὐδέτερα τούτων διδασκόμενα, οὐδὲν διδάσκεται.

Ἐπιχειρητέον δὲ καὶ οὕτως. εἰ διδάσκεταί τι, ἤτοι ἀληθές ἐστιν ἢ ψεῦδος. οὔτε δὲ ψεῦδος διδακτόν ἐστιν, ὡς αὐτόθεν ὁμόλογον, οὔτε ἀληθές· τὸ γὰρ ἀληθὲς ἄπορον, ὡς ἐν τοῖς σκεπτικοῖς ὑπομνήμασι δέδεικται, καὶ τῶν ἀπόρων οὐκ ἔστι μάθησις. οὐκ ἄρα ἔστι τι τὸ διδασκόμενον. καθόλου τε, εἰ διδάσκεταί τι, ἤτοι τεχνικόν ἐστιν ἢ ἄτεχνον. καὶ ἄτεχνον μὲν ὂν οὐκ ἔστι διδακτόν, τεχνικὸν δὲ εἴπερ καθέστηκεν, αὐτόθεν μὲν φαινόμενον οὔτε τεχνικόν ἐστιν οὔτε διδακτόν, ἄδηλον δὲ καθεστὼς διὰ τὸ ἀδηλεῖσθαι πάλιν ἐστὶν ἀδίδακτον.

Ὧι συναναιρεῖται καὶ ὁ διδάσκων διὰ τὸ μὴ ἔχειν ὃ διδάξει [ἢ ἄδηλόν ἐστιν], ὅ τε μανθάνων διὰ τὸ μὴ ἔχειν ὃ μάθῃ. ὅμως δ' οὖν καὶ περὶ ἑκατέρου τούτων κατ' ἰδίαν ἐπελθόντες ἀπορήσομεν. εἰ γάρ ἐστί τις τούτων, ἤτοι ὁ ἄτεχνος τὸν ὁμοίως ἄτεχνον διδάξει ἢ ὁ τεχνίτης τὸν ὁμοίως τεχνίτην ἢ ὁ ἄτεχνος τὸν τεχνίτην ἢ ἀνάπαλιν. οὔτε δὲ ὁ ἄτεχνος τὸν ἄτεχνον δύναται διδάσκειν, ὡς οὐδὲ ὁ τυφλὸς τὸν τυφλὸν ὁδηγεῖν, οὔτε ὁ τεχνίτης ὁμοίως τὸν τεχνίτην· οὐδέτερος γὰρ αὐτῶν ἐδεῖτο μαθήσεως, καὶ οὐ μᾶλλον οὗτος ἐκείνου ἢ ἐκεῖνος τούτου χρείαν ἔχει πρὸς τὸ μανθάνειν, τοῖς ἴσοις περιουσιαζόμενοι. οὔτε ὁ ἄτεχνος τὸν τεχνίτην· ὅμοιον γὰρ ὡς εἴ τις λέγοι τὸν βλέποντα ὑπὸ τοῦ πεπηρωμένου ὁδηγεῖσθαι. καὶ γὰρ ὁ ἄτεχνος "πρὸς τὰ τεχνικὰ τῶν θεωρημάτων πεπηρωμένος οὐκ ἂν δύναιτό τινα διδάσκειν ἃ μηδὲ τὴν ἀρχὴν οἶδεν, καὶ ὁ τεχνίτης διαβλέπων ἐν τοῖς τεχνικοῖς θεωρήμασι καὶ γνῶσιν αὐτῶν ἐσχηκὼς οὐ δεήσεται τοῦ διδάξοντος.

// Se, então, alguns existentes são corpos e outros são incorpóreos, e foi provado que nenhum desses pode ser ensinado, nada é ensinado.[42]

Também devemos argumentar como se segue: se algo é ensinado, ou é verdadeiro ou é falso. Mas o falso não pode ser ensinado, conforme a partir dele próprio se admite, e nem o verdadeiro, pois a verdade é aporética, como foi demonstrado nos nossos *Comentários céticos*,[43] e de aporéticos não há aprendizado. // Portanto, não há algo que se ensine. E, em geral, se algo é ensinado, ou é artístico ou não. E, se não for artístico, não pode ser ensinável, ao passo que, se for artístico de fato, é revelado a partir de si próprio, e assim não é artístico, e tampouco ensinável, ou é não evidente e, por não ser evidente, mais uma vez, não é ensinável.[44]

Junto com isso, também o professor deve ser abolido, tendo em vista que ele nada tem a ensinar, e também o estudante, tendo em vista que nada tem a aprender. Contudo, devemos prosseguir para demonstrar as aporias de cada um deles, separadamente. // Se houver qualquer um desses, ou o não especialista ensinará ao igualmente não especialista, ou o especialista [ensinará] ao igualmente especialista, ou o não especialista ensinará ao especialista e vice-versa.[45] Mas o não especialista não pode ensinar ao não especialista, assim como o cego não pode conduzir outro cego, nem o especialista ao igualmente especialista, pois nenhum deles precisa de aprendizado, e um não tem mais necessidade de aprender do que o outro, nem este mais do que aquele, sendo ambos igualmente abundantes em aprendizado. Tampouco [pode] o não especialista [ensinar] ao especialista, // pois isso seria como dizer que o que vê é guiado pelo cego. E, de fato, o não especialista, sendo cego quanto aos teoremas da técnica, não poderia ensinar as coisas cujos princípios não sabe, ao passo que o especialista, tendo clareza de visão quanto aos teoremas técnicos e deles possuindo conhecimento, não precisará de quem lhos ensine.

33 λείπεται οὖν τὸν τεχνίτην τοῦ ἀτέχνου διδάσκαλον εἶναι λέγειν. ὃ τῶν προτέρων ἐστὶν ἀτοπώτερον· ὅ τε γὰρ τεχνίτης συνηπόρηται ἡμῖν τοῖς τῆς τέχνης θεωρήμασιν ἐν τῷ σκεπτικῷ τόπῳ, ὅ τε ἄτεχνος οὔτε ὅτε ἐστὶν ἄτεχνος δύναται γενέσθαι τεχνίτης, οὔτε ὅτε ἐστὶ τεχνίτης ἔτι γί-
34 νεται τεχνίτης ἀλλ' ἔστιν. ἄτεχνος μὲν γὰρ ὢν ὅμοιός ἐστι τῷ ἐκ γενετῆς τυφλῷ ἢ κωφῷ, καὶ ὃν τρόπον οὗτος οὐδέποτε ἢ εἰς χρωμάτων ἢ εἰς φωνῶν ἔννοιαν ἐλθεῖν πέφυκεν, οὕτως οὐδὲ ὁ ἄτεχνος, ἐφ' ὅσον ἔστιν ἄτεχνος, τετυφλωμένος καὶ κεκωφωμένος πρὸς τὰ τεχνικὰ θεωρήματα οὔτε ἰδεῖν οὔτε ἀκοῦσαί τι τούτων οἷός τε ἐστίν· τεχνίτης δὲ γενόμενος οὐκέτι διδάσκεται ἀλλὰ δεδίδακται.

35   Μετακτέον δὲ τὰς ἀπορίας ἐκ τῶν περὶ μεταβολῆς καὶ πάθους γενέσεώς τε καὶ φθορᾶς προεγκεχειρημένων ἡμῖν ἐν ταῖς πρὸς τοὺς φυσικοὺς ἀντιρρήσεσι. τὰ δὲ νῦν συγχωρήσαντες τοῖς ἀπὸ τῶν μαθημάτων εἶναί τι τὸ διδασκόμενον πρᾶγμα καὶ εἶναί τινα τὸν ὑφηγούμενον, ὡσαύτως δὲ καὶ τὸν μανθάνοντα, τὸ μετὰ τοῦτο ἀπαιτῶ-
36 μεν τὸν τρόπον τῆς μαθήσεως. ἢ γὰρ ἐναργείᾳ γίνεται ἢ λόγῳ τὰ τῆς διδασκαλίας. ἀλλὰ τούτων ἡ μὲν ἐνάργεια τῶν δεικτῶν ἐστί, τὸ δὲ δεικτὸν φαινόμενον, τὸ δὲ φαινόμενον, ᾗ φαίνεται, κοινῶς πᾶσι ληπτόν, τὸ δὲ κοινῶς πᾶσι ληπτὸν ἀδίδακτον· οὐκ ἄρα τὸ ἐναργείᾳ δεικτὸν διδακτόν.
37 ὁ δὲ λόγος ἤτοι σημαίνει τι ἢ οὐ σημαίνει. καὶ μηδὲν μὲν σημαίνων οὐδὲ διδάσκαλός τινός ἐστι, σημαίνων δὲ ἤτοι φύσει σημαίνει τι ἢ θέσει. καὶ φύσει μὲν οὐ σημαίνει διὰ τὸ μὴ πάντας πάντων ἀκούειν, Ἕλληνας βαρβάρων καὶ βαρβάρους Ἑλλήνων ἢ Ἕλληνας Ἑλλήνων ἢ
38 βαρβάρους βαρβάρων· θέσει δὲ εἴπερ σημαίνει, δῆλον ὡς οἱ μὲν προκατειληφότες τὰ καθ' ὧν αἱ λέξεις κεῖνται καὶ ἀντιλήψονται τούτων, οὐ τὸ ἀγνοούμενον ἐξ αὐτῶν διδα-

// Assim, resta falar que o especialista é professor do não especialista, o que é tão estranho quanto o caso anterior. Pois o especialista, em nosso livro cético,[46] foi posto em aporia quanto aos teoremas de sua técnica, e o não especialista, enquanto não especialista, não pode se tornar um especialista, tampouco pode ele, enquanto especialista, tornar-se especialista, porque já o é. // Pois, enquanto não especialista, ele é como alguém cego ou surdo de nascença, e assim como esse nunca estará equipado para chegar à concepção das cores ou dos sons, da mesma forma o não especialista, na medida em que é não especialista, sendo cego e surdo em relação aos teoremas técnicos, também não é capaz de ver nem de ouvir quaisquer desses teoremas.[47] Mas, uma vez que se torne um especialista, ele já não é mais a quem se ensina, mas quem já foi ensinado.

// Pode-se também pegar emprestadas as aporias quanto à mudança, afecção e corrupção de que lançamos mão em nossa refutação dos físicos.[48] Mas, por ora, tendo concedido aos professores que há algum assunto ensinado e alguém que o ensina, assim como aquele que aprende, questionemos a próxima coisa, o tópico[49] do ensino. // Ora, ou a instrução é produzida pela evidência sensível[50] ou pelo discurso. Mas, por um lado, enquanto a evidência sensível está entre as coisas ostensivas,[51] o ostensivo, por outro lado, é aparente[52] e o aparente, na medida em que aparece, é apreendido comumente por todos, mas apreendido comumente por todos sem instrução. Desse modo, o que é ostensivo pela evidência sensível não é ensinável. Ademais, ou o discurso de fato significa, ou não significa. // Se, por um lado, nada significa, não há professor; se, por outro lado, realmente significa, as coisas significadas o são ou por natureza ou por convenção. Mas não significa por natureza, uma vez que todos não entendem a todos: os gregos aos bárbaros e os bárbaros aos gregos; ou os gregos aos gregos, ou os bárbaros aos bárbaros.[53] // Mas, se realmente significa por convenção, é claro, por um lado, que os que apreenderam antecipadamente as coisas às quais as palavras se aplicam também compreenderão [as palavras], não que aprendem o que desconhecem a partir delas,

σκόμενοι, τὸ δ' ὅπερ ᾔδεισαν ἀνανεούμενοι, οἱ δὲ χρῄζοντες τῆς τῶν ἀγνοουμένων μαθήσεως οὐκέτι.

Εἰ οὖν οὔτε τὸ διδασκόμενον ἔστιν οὔτε ὁ διδάσκων οὔτε ὁ μανθάνων οὔτε ὁ τρόπος τῆς μαθήσεως, δῆλον ὡς οὐδὲ μάθημα, οὐδὲ ὁ μαθήματος προεστώς. ἀλλ' ἐπεὶ 39 οὐ καθολικὴν μόνον πρὸς πάντας τοὺς μαθηματικοὺς ὑπεσχόμεθα ποιήσασθαι τὴν ἀντίρρησιν ἀλλὰ καὶ εἰδικωτέραν πρὸς ἕκαστον, ὑποτιθέμενοι τὸ εἶναί τι μάθημα καὶ δυνατὴν ὑπάρχειν τὴν μάθησιν, σκοπῶμεν εἰ καὶ τὸ ἑκάστου μαθήματος ἐπάγγελμα δυνατόν ἐστι, λαμβάνοντες πρὸς τοὺς ἐλέγχους μὴ πάντα τὰ παρὰ τοῖς ἐλεγχομένοις λεγόμενα (τοῦτο γὰρ σὺν τῷ περισκελεῖ καὶ ἀμέθοδον, ἐπεὶ τάχα καὶ ἀδύνατόν ἐστι) μήτε δ' ἐκ πάντων τὰ 40 ὁποιαοῦν (τοῦτο γὰρ ἴσως οὐδὲ καθικνεῖται αὐτῶν), ἀλλὰ τὰ ὧν ἀναιρουμένων συναναιρεῖται πάντα. καὶ ὃν τρόπον οἱ πόλιν λαβεῖν σπεύδοντες ἐκείνων μάλιστα ἐγκρατεῖς γίνεσθαι σπουδάζουσιν ὧν ἁλόντων καὶ ἡ πόλις ἑάλωκεν, οἷον τείχη καθαιροῦντες ἢ στόλον ἐμπιπράντες ἢ τὰς εἰς τὸ ζῆν ἀφορμὰς ἀποκλείοντες, οὕτω καὶ ἡμεῖς τοῖς ἀπὸ τῶν μαθημάτων διαγωνιζόμενοι τὸ αὐτὸ πειράζωμεν ἐξ ὧν αὐτοῖς σώζεται τὰ πάντα, οἷον ἢ ἀρχὰς ἢ τὰς ἐκ τῶν ἀρχῶν καθολικὰς μεθόδους ἢ τὰ τέλη· ἐν τούτοις γὰρ ἢ ἐκ τούτων συνίσταται πᾶν μάθημα.

Ἀρχέτω δὲ ἡμῖν εὐθὺς ἡ πρὸς τοὺς γραμματικοὺς 41 ζήτησις, πρῶτον μὲν ἐπείπερ ἀπὸ νηπιότητος σχεδὸν καὶ ἐκ πρώτων σπαργάνων γραμματικῇ παραδιδόμεθα, ἔστι τε αὕτη οἷον ἀφετηρίον τι πρὸς τὴν τῶν ἄλλων μάθησιν, εἶθ' ὅτι παρὰ πάσας θρασύνεται τὰς ἐπιστήμας, σχεδόν τι τὴν τῶν Σειρήνων ὑπόσχεσιν ὑπισχνουμένη. ἐκεῖναι 42 μὲν γὰρ εἰδυῖαι ὅτι φύσει φιλοπευθής ἐστιν ἄνθρωπος καὶ πολὺς αὐτῷ κατὰ στέρνων τῆς ἀληθείας ἵμερος ἐντέτηκεν, οὐ μόνον θεσπεσίοις μέλεσι κηλήσειν τοὺς παρα-

mas que o conhecem revivendo [o que já sabem]. Por outro lado, isso não ocorre com os que carecem de aprendizado das coisas que desconhecem.

Se, então, não há nem o que é ensinado, nem o instrutor, nem o aprendiz e nem o tópico do ensino, é evidente que não há algo ensinado e nem quem ministre o ensino. // Mas, uma vez que nos propomos não apenas a fazer uma refutação geral de todas as disciplinas, mas também uma específica para cada uma delas, admitindo que haja algo ensinado e também que o ensino seja possível, examinemos se o assunto de cada disciplina é possível, tomando para refutação não tudo o que foi dito pelos que estão sendo refutados (pois isso seria muito difícil e sem método, e talvez seja impossível), // nem qualquer [coisa aleatória] dentre todos eles (pois igualmente não lhes atingiríamos), mas as coisas que, sendo destruídas, destroem consigo todo o resto. E, assim como aqueles que lutam para tomar uma cidade apressam-se sobretudo para realizar aquelas coisas com as quais, uma vez colocadas em prática, a cidade é conquistada, como a destruição das suas muralhas, ou o incêndio dos seus equipamentos, ou o corte de seus suprimentos, também nós, em nossa contenda com os professores, atacamos aqueles pontos dos quais depende a salvação de sua totalidade, como seus princípios, ou os métodos gerais derivados dos princípios, ou suas conclusões, pois neles, ou a partir deles, todas as ciências são arranjadas.

Contra os gramáticos: 41-final[54]

// Então, comecemos imediatamente nossa investigação contra os gramáticos,[55] primeiramente, por um lado, porque talvez desde a infância e de nossas primeiras fraldas somos entregues à Gramática,[56] e, além disso, ela é como um ponto de partida para o aprendizado das outras disciplinas;[57] por outro lado, porque se vangloria [de estar] acima de todas as ciências, prometendo algo semelhante à promessa das sereias. // Pois elas, prevenidas de que o homem é naturalmente um amante do saber e que está implantado em seu peito um grande desejo pela verdade, prometem não somente enfeitiçar aqueles que estão

πλέοντας ὑπισχνοῦνται ἀλλὰ καὶ τὰ ὄντα αὐτοὺς διδάξειν· φασὶ γάρ

δεῦρ' ἄγ' ἰών, πολύαιν' Ὀδυσεῦ, μέγα κῦδος Ἀχαιῶν,
νῆα κατάστησον, ἵνα νωιτέρην ὄπ' ἀκούσῃς.
οὐ γάρ πώ τις τῇδε παρέπλω νηῒ μελαίνῃ
πρίν γ' ἡμέων μελίγηρυν ἀπὸ στομάτων ὄπ' ἀκούσῃ,
ἀλλ' ὅ γε τερψάμενος νεῖται καὶ πλείονα εἰδώς.
ἴδμεν γάρ τοι πάνθ' ὅσ' ἐνὶ Τροίῃ εὐρείῃ
Ἀργεῖοι Τρῶές τε θεῶν ἰότητι μόγησαν,
ἴδμεν δ' ὅσσα γένηται ἐπὶ χθονὶ πουλυβοτείρῃ.

43 ἡ δὲ γραμματική, σὺν τῷ τὰ ἐκ τῶν μύθων τε καὶ ἱστοριῶν λόγῳ διορίζειν, καὶ τὸ περὶ τὰς διαλέκτους καὶ τεχνολογίας καὶ ἀναγνώσεις πραγματικὸν αὐχοῦσα πολὺν ἑαυτῆς ἐργάζεται τοῖς ἀκούουσι πόθον. ἀλλ' ἵνα μὴ παρὰ θύραν πλανᾶσθαι δοκῶμεν, ὑποδεικτέον πόσαι τέ εἰσι γραμματικαὶ καὶ περὶ τίνος αὐτῶν πρόκειται ζητεῖν.

44 Γραμματικὴ τοίνυν λέγεται κατὰ ὁμωνυμίαν κοινῶς τε καὶ ἰδίως, καὶ κοινῶς μὲν ἡ τῶν ὁποιωνδηποτοῦν γραμμάτων εἴδησις, ἐάν τε Ἑλληνικῶν ἐάν τε βαρβαρικῶν, ἣν συνήθως γραμματιστικὴν καλοῦμεν, ἰδιαίτερον δὲ ἡ ἐντελὴς καὶ τοῖς περὶ Κράτητα τὸν Μαλλώτην Ἀριστοφάνην **45** τε καὶ Ἀρίσταρχον ἐκπονηθεῖσα. δοκεῖ δὲ τούτων ἑκατέρα καὶ ἀπό τινος ἐτύμου φερωνύμως προσηγορεῦσθαι. ἡ μὲν γὰρ πρώτη ἀπὸ τῶν γραμμάτων οἷς σημειούμεθα τὰς ἐνάρθρους φωνάς, ἡ δὲ δευτέρα τάχα μέν, ὥς τινες ἠξιώκασι, διατατικώτερον "ἀπὸ τῆς πρώτης· μοῖρα γάρ ἐστιν αὐτῆς, καὶ ὃν τρόπον ἰατρικὴ εἴρηται μὲν τὸ παλαιὸν ἀπὸ τῆς τῶν ἰῶν ἐξαιρέσεως, ἐπικατηγορεῖται δὲ νῦν καὶ τῆς τῶν ἄλλων παθῶν ἀνασκευῆς πολλῷ τεχνικωτέρας **46** οὔσης, καὶ ὡς γεωμετρία ἔσπακε μὲν τὴν κλῆσιν ἀρχικῶς ἀπὸ τῆς κατὰ τὴν γῆν καταμετρήσεως, τάττεται δὲ ἐπὶ

navegando com uma maravilhosa música, mas também ensinar-lhes fatos reais. Pois dizem:

> Vem até aqui, Odisseu de grande fama, grande glória dos aqueus,
> sustém tua nau, para que possas ouvir a nossa voz.
> Pois ninguém navegou ainda até aqui, em negra nau,
> sem que ouvisse a voz melódica que sai de nossos lábios,
> porém, após se deleitar, prossegue mais rico em saber.
> Pois sabemos decerto tudo o que, em Troia extensa,
> sofreram gregos e troianos por desígnio dos deuses,
> e sabemos também qualquer coisa que nasça na terra nutriz.[58]

// Assim, a Gramática, alardeando lidar, junto com o esclarecimento pela razão do que provém dos mitos e das histórias, também com os dialetos,[59] e com o tratamento sistemático e com as recitações públicas, causa um grande desejo por ela nos ouvintes.[60] Mas, para não parecer que estamos [apenas] vagando pela porta, deve-se indicar quantas são as gramáticas e quais delas nos propomos a investigar.

// Ora, a palavra *gramática* é usada, por homonímia, tanto no sentido geral como no específico; e no sentido geral, por um lado, [indica] o conhecimento de todo e qualquer tipo de letras, seja grega ou bárbara,[61] o que usualmente chamamos de Gramatística;[62] por outro lado, no sentido específico, [se refere] àquela acabada e aperfeiçoada por Crates de Malos,[63] Aristófanes[64] e Aristarco.[65, 66] // Cada um desses casos parece ter sido, assim, denominado a partir de certo étimo.[67] Pois o primeiro [sentido], por um lado, vem das letras pelas quais indicamos os sons articulados, e o segundo, por outro lado, conforme alguns pensaram, talvez por extensão do primeiro, pois é uma parte dela [i.e., da Gramatística], assim como a medicina (ἰατρική), nos tempos antigos, era assim chamada por causa da extração de venenos (ἰοί), mas é agora aplicada ao tratamento curativo de todas as outras doenças, o que é muito mais especializado, // e, assim como a Geometria (γεωμετρία) deriva seu nome originalmente da medição da terra (γῆ), mas se aplica

τοῦ παρόντος καὶ κατὰ τῆς τῶν φυσικωτέρων θεωρίας, οὕτω καὶ ἡ τέλειος γραμματικὴ ἀπὸ τῆς τῶν γραμμάτων εἰδήσεως κατ' ἀρχὰς ὀνομασθεῖσα διετάθη καὶ ἐπὶ τὴν ἐν τοῖς ποικιλωτέροις αὐτῶν καὶ τεχνικωτέροις θεωρήμασι γνῶσιν. τάχα δέ, ὥς φασὶν οἱ περὶ τὸν Ἀσκληπιάδην, 47 καὶ αὐτὴ ἀπὸ μὲν γραμμάτων ὠνόμασται, οὐκ ἀπὸ τούτων δὲ ἀφ' ὧν καὶ ἡ γραμματιστική, ἀλλ' ἐκείνη μέν, ὡς ἔφην, ἀπὸ τῶν στοιχείων, αὕτη δὲ ἀπὸ τῶν συγγραμμάτων περὶ οἷς πονεῖται. γράμματα γὰρ καὶ ταῦτα προσηγορεύετο, καθὰ καὶ δημόσια καλοῦμεν γράμματα, καὶ πολλῶν τινὰ γραμμάτων ἔμπειρον ὑπάρχειν φαμέν, τουτέστιν οὐ τῶν στοιχείων ἀλλὰ τῶν συγγραμμάτων. καὶ 48 Καλλίμαχος δέ, ποτὲ μὲν τὸ ποίημα καλῶν γράμμα ποτὲ δὲ τὸ καταλογάδην σύγγραμμα, φησὶ

    Κρεωφύλου πόνος εἰμί, δόμῳ ποτὲ θεῖον ἀοιδὸν
    δεξαμένου, κλείω δ' Εὔρυτον ὅσσ' ἔπαθεν
   '''καὶ ξανθὴν Ἰόλειαν, Ὁμήρειον δὲ καλεῦμαι
    γράμμα. Κρεωφύλῳ, Ζεῦ φίλε, τοῦτο μέγα.
καὶ πάλιν
    εἴπας "ἥλιε χαῖρε" Κλεόμβροτος Ἀμπρακιώτης
    ἧλατ' ἀφ' ὑψηλοῦ τείχεος εἰς ἀίδην,
    ἄξιον οὐδὲν ἰδὼν θανάτου τέλος, ἀλλὰ Πλάτωνος
    ἓν τὸ περὶ ψυχῆς γράμμ' ἀναλεξάμενος.

Πλὴν διττῆς οὔσης γραμματικῆς, τῆς μὲν τὰ στοι- 49 χεῖα καὶ τὰς τούτων συμπλοκὰς διδάξειν ἐπαγγελλομένης καὶ καθόλου τέχνης τινὸς οὔσης τοῦ γράφειν τε καὶ ἀναγινώσκειν, τῆς δὲ βαθυτέρας παρὰ ταύτην δυνάμεως, οὐκ ἐν ψιλῇ γραμμάτων γνώσει κειμένης ἀλλὰ κἂν τῷ ἐξετάζειν τὴν εὕρεσιν αὐτῶν καὶ τὴν φύσιν, ἔτι δὲ τὰ ἐκ τούτων συνεστῶτα λόγου μέρη καὶ εἴ τι τῆς αὐτῆς ἰδέας θεωρεῖται, πρόκειται νῦν ἀντιλέγειν οὐ τῇ προτέρᾳ· συμφώ-

no presente à teoria da natureza, da mesma forma a Gramática completa, após ser originalmente assim nomeada a partir do conhecimento das letras, expandiu-se para envolver o conhecimento de teoremas mais complexos e artísticos. // Mas talvez, conforme dizem os seguidores de Asclepíades,[68] essa própria arte foi assim nomeada a partir de "letras" (γράμματα), mas não das mesmas "letras" a partir das quais se nomeia a Gramatística; já que esta foi nomeada, como eu disse, a partir dos elementos [do alfabeto],[69] enquanto aquela, por sua vez, a partir das composições escritas (συγγράμματα)[70] com as quais trabalha. Pois essas [i.e., as composições escritas] eram também chamadas de "letras" (γράμματα), assim como falamos de "letras públicas" (δημόσια ... γράμματα),[71] e também quando dizemos que alguém é hábil em muitas letras, não nos referindo aos elementos, mas às composições escritas. // Também Calímaco,[72] chamando de "letra" algumas vezes o poema e, outras vezes, a prosa, dizia:

> Sou obra de Cleófilo, que em sua casa o divino aedo
> recebeu, <eu> celebro tudo o que Eurito padeceu
> e a dourada Ioleia, e sou chamado letra homérica.
> A Cleófilo, Zeus amado, esta grande <glória>![73]

E novamente:

> Dizendo: "Adeus, Sol!", Cleômbroto de Ambrócia
> saltou do alto muro para o Hades,
> não pensando em algum propósito digno de morte,
> mas na "letra" de Platão, Sobre a Alma, que ele leu.[74]

// Contudo, tendo em vista que a "Gramática" é dupla, uma delas professando ensinar os elementos do alfabeto e suas combinações, e, em geral, sendo uma arte de escrever e ler, e a outra, por sua vez, sendo uma faculdade mais profunda que a primeira, e não consistindo em mero conhecimento das letras, mas também no exame detalhado de sua descoberta e sua natureza, e, ainda, das partes do discurso[75] compostas pelas letras e todos os outros temas do mesmo tipo, não é nossa intenção argumentar contra a primeira [das duas]; pois é acordado

νως γὰρ κατὰ πάντας ἐστὶ χρειώδης. ἐν οἷς θετέον καὶ τὸν Ἐπίκουρον, εἰ καὶ δοκεῖ τοῖς ἀπὸ τῶν μαθημάτων διεχθραίνειν· ἐν γοῦν τῷ περὶ δώρων καὶ χάριτος ἱκανῶς πειρᾶται διδάσκειν ὅτι ἀναγκαῖόν ἐστι τοῖς σοφοῖς μαν-
50 θάνειν γράμματα. καὶ ἄλλως, εἴπαιμεν ἂν ἡμεῖς, οὐ σοφοῖς μόνον ἀλλὰ καὶ πᾶσιν ἀνθρώποις· ὅτι γὰρ πάσης
51 τέχνης τὸ τέλος εὐχρηστόν ἐστι τῷ βίῳ, φανερόν. τῶν δὲ τεχνῶν αἱ μὲν προηγουμένως ὑπὲρ τῆς τῶν ὀχληρῶν ἐκκλίσεως παρῆλθον, αἱ δὲ ὑπὲρ τῆς τῶν ὠφελίμων εὑρέσεως. καὶ ἔστι τῆς μὲν πρώτης ἰδέας ἰατρική, παιωνὶς οὖσα καὶ λυσίπονος τέχνη, τῆς δὲ δευτέρας κυβερνητική· τῆς γὰρ ἀπὸ τῶν ἄλλων ἐθνῶν χρείας μάλιστα δέονται πάν-
52 τες ἄνθρωποι. ἐπεὶ οὖν ἡ γραμματιστικὴ διὰ τῆς τῶν γραμμάτων ἐπινοίας ἰᾶται μὲν ἀργότατον πάθος, τὴν λήθην, συνέχει δὲ ἀναγκαιοτάτην ἐνέργειαν, τὴν μνήμην, τὰ πάντα ἐπ' αὐτῇ κεῖται σχεδόν, καὶ οὔτε ἄλλους τι ἔνεστι τῶν ἀναγκαίων διδάσκειν, οὔτε παρ' ἄλλου μαθεῖν τι τῶν λυσιτελῶν χωρὶς αὐτῆς δυνατὸν ἔσται. οὐκοῦν τῶν
53 χρησιμωτάτων ἡ γραμματιστική. ἀμέλει γοῦν οὐδὲ θελήσαντες ταύτην δυνησόμεθα ἀπεριτρέπτως ἀνελεῖν· εἰ γὰρ αἱ ἄχρηστον διδάσκουσαι τὴν γραμματιστικὴν ἐπιχειρήσεις εἰσὶν εὔχρηστοι, οὔτε δὲ μνημονευθῆναι οὔτε τοῖς αὖθις παραδοθῆναι χωρὶς αὐτῆς δύνανται, χρειώδης ἐστὶν ἡ γραμματιστική. καίτοι δόξαι ἂν τισιν ἐπὶ τῆς ἐναντίας εἶναι προλήψεως ὁ προφήτης τῶν Πύρρωνος λόγων Τίμων ἐν οἷς φησὶ

γραμματική, τῆς οὔ τις ἀνασκοπὴ οὐδ' ἀνάθρησις
ἀνδρὶ διδασκομένῳ Φοινικικὰ σήματα Κάδμου.

54 οὐ μὴν οὕτως ἔχειν φαίνεται. τὸ γὰρ ὑπ' αὐτοῦ λεγόμενον οὐκ ἔστι τοιοῦτον κατ' αὐτῆς τῆς γραμματιστικῆς,

por todos que ela é útil,[76] mesmo por Epicuro, apesar da sua aparente inimizade contra os professores; de fato, em seu *Sobre os presentes e a gratidão*, ele tenta satisfatoriamente ensinar que é necessário ao sábio aprender as letras. // De fato, poderíamos dizer que não somente ao sábio, mas a todos os homens. Pois é óbvio que o fim de toda arte é ser útil para a vida. // E, dentre as artes, há as que foram introduzidas primeiramente para evitar coisas prejudiciais, e outras para descobrir coisas úteis. A medicina pertence ao primeiro grupo, uma vez que é uma arte curativa e analgésica, ao passo que a navegação pertence ao segundo, pois todos os homens necessitavam muito da assistência de outras nações. // Ora, a Gramatística, por meio de seu modo de compreender as letras, cura uma doença muito indolente, o esquecimento, e incita uma atividade necessária, a memória, pois quase tudo depende dela, e sem ela é impossível ensinar qualquer coisa necessária, e tampouco aprender qualquer coisa útil com alguém. Assim, a Gramatística está entre as coisas mais úteis.[77] // E em cada caso, mesmo que queiramos, não podemos aboli-la sem contradizermo-nos, pois, se os argumentos que demonstram que a Gramatística é inútil são eles próprios eficazes, mas não podem ser relembrados e nem transmitidos à posteridade sem ela, então a Gramatística é útil. Mas talvez possa ser pensado que Timão, o expositor dos discursos de Pirro, é da opinião contrária quando diz:

> Gramática, dela não há qualquer consideração nem exame
> no homem que aprende os símbolos fenícios de Cadmo.[78]

// Mas esse não parece ser o caso. Pois o "não há qualquer consideração nem exame" dito por ele não é de fato dirigido contra a própria Gramatística,

καθ' ἣν διδάσκεται τὰ Φοινικικὰ σήματα Κάδμου, τὸ "οὐδεμία ἐστὶν ἀνασκοπὴ οὐδ' ἀνάθρησις·" πῶς γάρ, εἰ διδάσκεταί τις αὐτήν, οὐδεμίαν ἔσχηκεν ἐπιστροφὴν αὐτῆς; ἀλλὰ μᾶλλον τοιοῦτό φησι "διδαχθέντι τὰ Φοινικικὰ σήματα Κάδμου οὐδεμιᾶς ἄλλης παρὰ τοῦτό ἐστι γραμματικῆς ἐπιστροφή", ὅπερ καταστρέφει οὐκ εἰς τὸ ἀχρηστεῖν ταύτην τὴν ἐν τοῖς στοιχείοις καὶ τῷ δι' αὐτῶν γράφειν τε καὶ ἀναγινώσκειν θεωρουμένην, ἀλλὰ τὴν πέρπερον καὶ περιεργοτέραν. ἡ μὲν γὰρ τῶν "'στοιχείων χρῆ- 55 σις ἤπειγεν εἰς τὴν τοῦ βίου διεξαγωγήν, τὸ δὲ μὴ ἀρκεῖσθαι τῇ ἐκ τῆς παρατηρήσεως τούτων παραδόσει, προσεπιδεικνύναι δὲ ὡς τάδε μέν ἐστι φωνάεντα τῇ φύσει τάδε δὲ σύμφωνα, καὶ τῶν φωναέντων τὰ μὲν φύσει βραχέα τὰ δὲ μακρὰ τὰ δὲ δίχρονα καὶ κοινὰ μήκους τε καὶ συστολῆς, καὶ καθόλου τὰ λοιπὰ περὶ ὧν οἱ τετυφωμένοι τῶν γραμματικῶν διδάσκουσιν. ὥστε τῇ μὲν γραμματιστικῇ 56 πρὸς τῷ μηδὲν ἐγκαλεῖν ἔτι καὶ τὰς ἀνωτάτω χάριτας ὀφείλομεν, τῇ δὲ λειπομένῃ προσάπτομεν τοὺς ἐλέγχους. τὸ δὲ εἴτε ὑγιῶς εἴτε τοὐναντίον μάθοιμεν ἂν προσεξαπλώσαντες αὐτῆς τὸν χαρακτῆρα.

Ἐπεὶ οὔτε ζητεῖν οὔτε ἀπορεῖν ἔστι κατὰ τὸν σοφὸν 57 Ἐπίκουρον ἄνευ προλήψεως, εὖ ἂν ἔχοι πρὸ τῶν ὅλων σκέψασθαι τί τ' ἔστιν ἡ γραμματική, καὶ εἰ κατὰ τὴν ἀποδιδομένην ὑπὸ τῶν γραμματικῶν ἔννοιαν δύναται συστατόν τι καὶ ὑπαρκτὸν νοεῖσθαι μάθημα. Διονύσιος μὲν οὖν ὁ Θρᾷξ ἐν τοῖς παραγγέλμασί φησι "γραμματική ἐστιν ἐμπειρία ὡς ἐπὶ τὸ πλεῖστον τῶν παρὰ ποιηταῖς τε καὶ συγγραφεῦσι λεγομένων." συγγραφεῖς καλῶν, ὡς ἔστιν ἐκ τῆς πρὸς τοὺς ποιητὰς ἀντεμφάσεως πρόδηλον, οὐκ ἄλλους τινὰς ἢ τοὺς καταλογάδην πραγματευσαμένους. τά 58 τε γὰρ παρὰ τοῖς ποιηταῖς ὁ γραμματικὸς ἑρμηνεύειν

por meio da qual se ensinam os "símbolos fenícios de Cadmo",[79] pois como [é possível], se alguém a ensina, não ter por ela nenhuma consideração? Antes, o que [Timão] quer dizer é algo como: "aquele que aprendeu os símbolos fenícios de Cadmo não tem que recorrer a qualquer outra Gramática além dela", o que se refere não à inutilidade desta [Gramática] que lida com os elementos do alfabeto e com o emprego deles na escrita e na leitura, mas antes à presunção e desnecessidade da outra Gramática. // A prática com os elementos, por um lado, contribui para a conduta na vida, mas, por outro lado, não se satisfazer com o que é ensinado a partir da sua observação,[80] e tentar mostrar, por exemplo, que alguns [dos elementos] são, por natureza, vogais, outros consoantes, e que, dentre as vogais, algumas são, por natureza, breves, outras longas, outras ambíguas e comuns em quantidade e contração, e, em geral, todas as outras coisas que são ensinadas pelos conceituados gramáticos <são [procedimentos] inúteis>. // Assim, ainda que, por um lado, nada tenhamos do que acusar a Gramatística, mas, antes, até mesmo lhe devemos os mais calorosos agradecimentos, por outro lado, direcionamos [nossa] crítica contra o resto [da Gramática].[81] Se o fazemos correta ou incorretamente, devemos aprender quando tivermos explicado mais o seu caráter.

// Uma vez que, de acordo com o sábio Epicuro,[82] não é possível investigar ou levar à aporia sem uma preconcepção,[83] faremos bem se, antes de tudo, examinarmos o que a Gramática é, e se realmente algum estudo real e consistente pode ser concebido de acordo com a concepção oferecida pelos gramáticos. Ora, Dionísio, o trácio,[84] diz em seus *Preceitos* que "a Gramática é principalmente o conhecimento empírico[85] do que concerne à linguagem dos poetas e escritores", referindo-se com "escritores", como se evidencia pela oposição aos poetas, a ninguém menos que aqueles que compunham em prosa. // Pois o gramático aparece para interpretar os escritos dos poetas,

φαίνεται, καθάπερ Ὁμήρῳ τε καὶ Ἡσιόδῳ Πινδάρῳ τε καὶ Εὐριπίδῃ καὶ Μενάνδρῳ καὶ τοῖς ἄλλοις, τά τε παρὰ τοῖς συγγραφεῦσιν, οἷον Ἡροδότῳ καὶ Θουκυδίδῃ καὶ Πλά-
59 τωνι, ὡς ἴδιον ἔργον μετέρχεται. παρὸ καὶ οἱ χαρίεντες ἐξ ''αὐτῶν περὶ πολλῶν ἐπραγματεύσαντο συγγραφέων, τοῦτο μὲν ἱστορικῶν τοῦτο δὲ ῥητορικῶν καὶ ἤδη φιλοσόφων, ζητοῦντες τίνα τε δεόντως καὶ ἀκολούθως ταῖς διαλέκτοις εἴρηται καὶ τίνα παρέφθαρται, τί τε σημαίνει παρὰ μὲν Θουκυδίδῃ λόγου χάριν τὸ ζάγκλον καὶ τορνεύοντες, παρὰ δὲ Δημοσθένει τὸ "ἐβόα ὥσπερ ἐξ ἁμάξης," ἢ πῶς ἀναγνωστέον παρὰ Πλάτωνι τὴν ηδος λέξιν, πότερον ψιλῶς ἐκφέροντα τὴν πρώτην συλλαβὴν ἢ δασέως, ἢ τὴν μὲν πρώτην ψιλῶς τὴν δὲ δευτέραν δασέως, ἢ ἀμφοτέρας ψι-
60 λῶς ἢ ἐναλλάξ. διὰ γὰρ τὰ τοιαῦτα εἴρηται ἡ γραμματικὴ ἐμπειρία τῶν παρὰ ποιηταῖς τε καὶ συγγραφεῦσι λεγομένων.

Οὗτος μὲν οὖν οὕτως· ἐγκαλεῖ δὲ αὐτῷ Πτολεμαῖος ὁ περιπατητικὸς ὅτι οὐκ ἐχρῆν ἐμπειρίαν εἰρηκέναι τὴν
61 γραμματικήν (αὐτὴ μὲν γὰρ ἡ ἐμπειρία τριβή τις ἐστι καὶ ἐργάτις ἄτεχνός τε καὶ ἄλογος, ἐν ψιλῇ παρατηρήσει καὶ συγγυμνασίᾳ κειμένη, ἡ δὲ γραμματικὴ τέχνη καθέστηκεν), οὐ συνορῶν ὅτι τάττεται μὲν καὶ ἐπὶ τέχνης τοὔνομα, καθὼς ἐν τοῖς ἐμπειρικοῖς ὑπομνήμασιν ἐδιδάξαμεν, ἀδιαφόρως τοῦ βίου τοὺς αὐτοὺς ἐμπείρους τε καὶ τεχνίτας καλοῦντος, ἀφ' ἧσπερ ἐννοίας καὶ ὁ Μητρόδωρος ἔφη μηδεμίαν ἄλλην πραγμάτων ἐμπειρίαν τὸ ἑαυτῆς τέλος συνορᾶν ἢ φιλοσοφίαν, τουτέστι μηδεμίαν τέχνην,
62 τάττεται δὲ ἐξόχως καὶ ἐπὶ τῆς τῶν πολλῶν καὶ ποικίλων πραγμάτων γνώσεως, καθὼς καὶ τοὺς πρεσβύτας πολλὰ μὲν ἰδόντας πολλὰ δὲ ἀκούσαντας ἐμπείρους τοῦ βίου φαμέν, ὡς καὶ ὁ Εὐριπίδης

como Homero, Hesíodo, Píndaro, Eurípides, Menandro e o resto, e também os dos escritores em prosa, como Heródoto, Tucídides, Platão, como se essa fosse sua tarefa peculiar. // Assim, alguns notáveis [gramáticos] lidaram com muitos dos prosadores, sejam historiadores, oradores ou mesmo filósofos, investigando quais dos seus escritos são idiomaticamente corretos, quais são errados, e qual, por exemplo, é o significado de ζάγκλον [foice] e τορνεύοντες [circundando] em Tucídides,[86] ou de ἐβόα ὥσπερ ἐξ ἁμάξης [gritava como que de uma carroça] em Demóstenes, ou, ainda, como se deve ler, em Platão, a expressão η δ ος, se com a primeira sílaba não aspirada (ἤ) ou com aspiração (ἥ), ou com a primeira sílaba sem aspiração e a segunda aspirada (ἦδ᾽ ὅς), ou ambas sem aspiração (ἦδος), ou o oposto (ἦδ᾽ ὅς).[87] // Por causa dessas investigações, portanto, a Gramática foi chamada de "conhecimento empírico do que os poetas e os prosadores disseram".

Essa é a definição de Dionísio, mas Ptolomeu, o peripatético,[88] objeta-lhe que não é certo chamar a Gramática de conhecimento empírico, // tendo em vista que o próprio conhecimento empírico é um tipo de prática[89] e operação sem arte e sem razão, que consiste tão somente em observação e exercício conjunto, enquanto a Gramática, por sua vez, é uma arte.[90] Mas [Ptolomeu] não percebe que a expressão [i.e., a expressão *conhecimento empírico*] também se aplica à arte, conforme demonstramos em nosso *Memorial empírico*,[91] uma vez que a vida chama indistintamente as mesmas pessoas de "experientes" e "artistas", e foi por essa concepção que Metrodoro[92] disse que "nenhuma experiência dos fatos examina sua própria finalidade, a não ser a Filosofia", // isto é, "nenhuma arte". A expressão é aplicada especialmente ao conhecimento de muitos e variados assuntos,[93] de modo que, dos velhos, dizemos que viram e ouviram muito, são experientes na vida, como diz Eurípides:[94]

ὦ τέκνον, οὐχ ἅπαντα τῷ γήραι κακά,
Ἐτεόκλεες, πρόσεστιν, ἀλλ' ἐμπειρία
ἔχει τι λέξαι τῶν νέων σοφώτερον.

ἐφ' ὅπερ ἴσως ὁ Θρᾷξ φερόμενος σημαινόμενον, ἐπεὶ πο- 63
λυειδήμονά τινα καὶ πολυμαθῆ βούλεται εἶναι τὸν γραμματικόν, ἔφη ἐμπειρίαν ὑπάρχειν τὴν γραμματικὴν τῶν παρὰ ποιηταῖς τε καὶ συγγραφεῦσι λεγομένων. ὥστε τοῦτο μὲν ὑπέλαφρον, ἐκεῖνο δὲ ἴσως τις γραμματικωτέρας ἐχόμενον ζητήσεως ἐρεῖ πρὸς αὐτόν· ἤτοι γὰρ τῶν παρὰ 64 ποιηταῖς τε καὶ συγγραφεῦσι λεγομένων μόνον ἐμπειρίαν συμβέβηκεν εἶναι τὴν γραμματικήν, ἢ καὶ τῶν μήτε παρὰ ποιηταῖς μήτε παρὰ συγγραφεῦσι καθεστώτων. ἀλλὰ μόνων μὲν τῶν παρὰ ποιηταῖς καὶ συγγραφεῦσιν οὐκ ἂν εἴποιεν ἐμπειρίαν αὐτὴν ὑπάρχειν διὰ τὸ ποτὲ καὶ τὰς ἀνὰ χεῖρα τῶν ἰδιωτῶν καὶ ἀνεπιστημόνων ὁμιλίας ἐφιστῶσαν, καὶ τὸ βάρβαρον καὶ τὸ Ἑλληνικὸν τό τε σόλοικον καὶ τὸ μὴ τοιοῦτον ἐξελέγχουσαν. εἰ δὲ καὶ τῶν μὴ 65 παρὰ ποιηταῖς μηδὲ συγγραφεῦσι μόνον λεγομένων ἐμπειρία καθέστηκεν, οὐκ ἔδει αὐτὴν εἶναι λέγειν, ἀπὸ μέρους ἔχειν συμβεβηκός.

Ἀλλὰ παρέντες τὸ περὶ τῶν τοιούτων λεπτολογεῖν σκοπῶμεν, ὡς ὑπεσχόμεθα, εἰ δύναται τέλος, ὅσον ἐπὶ τῇ τοιαύτῃ ἐννοίᾳ, ὑποστῆναι ἡ γραμματική. ὅταν οὖν λέ- 66 γωσιν αὐτὴν ἐμπειρίαν κατὰ τὸ πλεῖστον τῶν παρὰ ποιηταῖς καὶ συγγραφεῦσι λεγομένων, φασὶ πάντων ἢ τινῶν. καὶ εἰ πάντων, πρῶτον μὲν οὐκέτι κατὰ τὸ πλεῖστον ἀλλὰ πάντων, καὶ εἰ πάντων, καὶ τῶν ἀπείρων· ἄπειρα γάρ ἐστι ταῦτα. τῶν δὲ ἀπείρων οὐκ ἔστιν ἐμπειρία· διόπερ οὐδὲ γραμματική τις γενήσεται. εἰ δὲ τινῶν, ἐπεὶ καὶ οἱ

Meu filho, nem tudo na velhice [é] mau,
ó Etéocles, mas a experiência
possui algo mais sábio a dizer que os jovens.[95]

// E o trácio provavelmente foi levado a adotar esse significado da expressão por desejar que o gramático fosse um homem de muito conhecimento e amplo saber, quando diz que "a Gramática é o conhecimento empírico do que foi dito pelos poetas e escritores". Assim, por um lado, esse é um ponto ínfimo. Mas talvez alguém, por outro lado, utilizando-se de um argumento mais apropriado à investigação, se lhe dirija deste modo: // "pois ou cabe à Gramática ser somente o conhecimento empírico das coisas ditas nos poetas e escritores, ou ser também [o conhecimento empírico] do que não se encontra nem nos poetas e nem nos escritores". Mas ele não diria[96] que é um conhecimento empírico do que está somente nos poetas e escritores, visto que, por vezes, parece presidir a conversação diária[97] das pessoas comuns e não instruídas, e também testa o que é um barbarismo ou a forma do bom grego, e o que é ou não é um solecismo.[98] // E, se não é tão somente o conhecimento empírico das coisas ditas pelos discursos dos poetas e escritores, é errado dizer que é o conhecimento empírico disso, já que elas são apenas parte de seus conteúdos.

Mas, deixando de lado tergiversações acerca de tais coisas, consideremos, como prometemos, se, em última análise, a Gramática pode ser fundamentada, pelo menos de acordo com a concepção presente. // Ora, quando a descrevem como "conhecimento empírico do que concerne a muitos dos discursos dos poetas e escritores", referem-se ou a todos, ou a alguns deles. E se, por um lado, [querem dizer] "todos", então, em primeiro lugar, não é mais "muitos", mas "todos", e, se são todos, então é ilimitado, pois essas coisas são ilimitadas.[99] Mas se, por outro lado, [se referem] a "alguns", então,

ἰδιῶταί τινα τῶν παρὰ ποιηταῖς καὶ συγγραφεῦσι λεγομένων εἰδότες οὐκ ἔχουσι γραμματικὴν ἐμπειρίαν, οὐδὲ ταύτην εἶναι λεκτέον γραμματικήν. ἐκτὸς εἰ μή τι διὰ τοῦτο "κατὰ τὸ πλεῖστον" εἰρῆσθαι φήσουσιν, ἵνα ἤ τε πρὸς τὴν πάντων ἐνιαχοῦ ἀπορίαν ἤ τε πρὸς τὸν ἰδιωτισμὸν διαφορὰ ὑποβάλληται. τοῦ μὲν γὰρ ἰδιώτου διενήνοχεν ὁ γραμματικὸς παρόσον οὐκ ὀλίγων, ὡς ἐκεῖνος, ἀλλὰ πλείστων τῶν παρὰ ποιηταῖς τε καὶ συγγραφεῦσι λεγομένων ἔμπειρός ἐστι· τῆς δὲ τῶν πάντων γνώσεως ἀδυνάτου τάχα καθεστώσης κεχώρισται, ἐπεὶ οὐ πάντα τὰ δὲ πλεῖστα ἐξ αὐτῶν ἐπαγγέλλεται γινώσκειν. ταῦτα δὲ οὐκ ἀπολογουμένου ἦν, ἀλλὰ κακοῖς ἐπιπληροῦντος κακὰ καὶ μηκέτι μετρίως ἀλλ' ἄρδην ἐπισπωμένου τὰς ἀπορίας. πρῶτον μὲν οὖν ὡς τὰ πολλὰ ἀόριστά ἐστι καὶ τὴν σωρικὴν γεννᾷ ἀπορίαν, οὕτω καὶ τὰ πλεῖστα. ὅθεν ἢ περιγραψάτωσαν ἡμῖν αὐτά, δείξαντες ἄχρι πόσων γνώσεων τῶν παρὰ ποιηταῖς τε καὶ συγγραφεῦσι λεγομένων ῥητέον· ἢ εἴπερ ἐπὶ ἀορίστου μένουσιν ὑποσχέσεως, τὰ πλεῖστα γινώσκειν λέγοντες, παραδεχέσθωσαν τὴν παρὰ μικρὸν ἐρώτησιν. τοῦ γὰρ πλείστου ὁρισθέντος ἀριθμοῦ ὁ ἑνὶ ἐλάσσων πλεῖστος ἀκμήν ἐστιν, ἐπεὶ τελέως ἄτοπον μονάδος προσθέσει τὸν μὲν πλεῖστον λέγειν τὸν δὲ μηδαμῶς. διόπερ ἀεὶ μονάδι πλεονεκτούμενος ὁ κατ' αὐτοὺς πλεῖστος ἀριθμὸς ἐλεύσεται πάντως εἰς τὸ μηκέτι ἀριθμὸς πλεῖστος ὑπάρχειν, καὶ διὰ τοῦτο μηδὲ γραμματικήν· ὅπερ ἦν τῆς σωρικῆς ἀπορίας συμπέρασμα. πῶς δ' οὐκ ὄντως γραμματικῆς παχύτητος τὸ ἐν ἀπείρῳ πλήθει λέγειν πλεῖστα; ὡς γὰρ τὸ ὀλιγώτερον πρός τί ἐστι καὶ κατὰ τὴν ὡς πρὸς τὸ πλεῖστον σχέσιν νοεῖται, οὕτω καὶ τὸ πλεῖστον κατὰ τὴν ὡς πρὸς τὸ ὀλίγον σχέσιν θεωρήσεται. εἰ οὖν τῶν πλείστων τῶν παρὰ ποιηταῖς καὶ συγγραφεῦσι λεγομένων

uma vez que mesmo os leigos compreendem alguns discursos dos poetas e dos escritores, embora não possuam conhecimento empírico da Gramática, tampouco nesse caso pode-se dizer que exista uma Gramática. // A não ser que digam que empregaram "do que concerne a muitos" por esta razão: para enfatizar a diferença tanto em relação à ocasional [aporia] do conhecimento empírico de todos [os discursos], quanto em relação à perspectiva do homem comum. Pois o gramático difere do homem comum, por um lado, na medida em que tem conhecimento empírico não somente de poucos, como o homem comum, mas de muitos dos discursos dos poetas e escritores, e, por outro lado, [na medida em que] não se compromete com o que é provavelmente impossível, o conhecimento de todos eles, tendo em vista que não pretende conhecer todos, mas muitos deles. // Mas essas não são palavras de quem se defende, mas de quem empilha males sobre males e atrai aporias [para si próprio], não moderadamente, mas de modo exagerado. Ora, em primeiro lugar, assim como "maioria" é indefinido e faz surgir a aporia do sorites,[100] da mesma forma o "muitos".[101] Por isso, ou eles nos definem "muitos", mostrando qual a extensão do seu conhecimento do discurso dos poetas e escritores, ou, se persistirem na afirmação indefinida, dizendo que conhecem "muitos", devem ser submetidos ao questionamento "pouco a pouco". // Pois, quando um número "muito grande" é fixado, o número que é uma unidade menor é ainda "muito grande", visto que é completamente absurdo, pela adição da unidade, chamar um de "muito grande" e o outro não. Assim, se for constantemente diminuído em uma unidade, seu número "muito grande" certamente não tardará em terminar não mais como "muito grande", e, por isso, não haverá mais a Gramática – que é a conclusão da aporia do sorites. // E não é simplesmente uma verdadeira estupidez gramatical chamar o que é quantitativamente ilimitado de "muitos"? Pois, assim como o "pouco" é relativo e é entendido em sua relação com o "muito", da mesma forma o "muito" é entendido através de sua relação com o "pouco". Então, se os gramáticos possuem conhecimento empírico de "muitos dos discursos dos poetas e escritores",

ἐμπειρίαν ἔχουσιν οἱ γραμματικοί, ὀλίγων τῶν λοιπῶν οὐκ ἔχουσιν· εἰ δὲ καὶ τὸ ληφθέν ἐστι πλεῖστον καὶ τὸ καταλειφθὲν ἔλασσον, οὐκέτι τὸ πᾶν γίνεται ἄπειρον. ὅμως δ' οὖν, ἵνα μηδὲν περὶ τούτων ἀκριβευώμεθα, ψεῦδός ἐστι τὸ τὰ πλεῖστα τῶν παρὰ ποιηταῖς τε καὶ συγγραφεῦσι λεγομένων γινώσκειν τὸν γραμματικόν· ἐλάχιστα γὰρ ἦν, πολλαπλασιόνων ἀπολειπομένων ἃ οὐκ οἶδε, καθὼς προβαινούσης τῆς ζητήσεως παραστήσω. τὰ νῦν δὲ ἄλλην ἀπόδοσιν θεωρητέον. 71 72

Ἀσκληπιάδης τοίνυν μέμφεται τὸν Θρᾷκα Διονύσιον ἐμπειρίαν λέγοντα τὴν γραμματικήν, δι' ἣν αἰτίαν καὶ ὁ Πτολεμαῖος ἔφη, ἐγκαλεῖ δὲ αὐτῷ καὶ τῷ κατὰ τὸ πλεῖστον ἐμπειρίαν αὐτὴν ἀποφαίνειν. τοῦτο μὲν γὰρ τῶν στοχαστικῶν καὶ ὑπὸ τὴν τύχην πιπτουσῶν ἐστὶ τεχνῶν, ὥσπερ κυβερνητικῆς καὶ ἰατρικῆς· γραμματικὴ δὲ οὐκ ἔστι στοχαστικὴ ἀλλὰ μουσικῇ τε καὶ φιλοσοφίᾳ παραπλήσιος. εἰ μή τι δέδοικε, φησί, τὴν ὀλιγότητα τοῦ βίου ὡς οὐκ οὖσαν ἱκανὴν πρὸς τὸ πάντα περιλαβεῖν, ὅπερ ἐστὶν ἄτοπον, γραμματικοῦ ἀλλ' οὐ γραμματικῆς ποιήσεται τὸν ὅρον, ἐπείπερ οὗτος μὲν τυχὸν ἴσως ἐπιστήμων ἐστὶ τῶν παρὰ ποιηταῖς τε καὶ συγγραφεῦσι λεγομένων, ὀλιγόβιον καθεστὼς ζῷον, ἡ δὲ γραμματικὴ πάντων εἴδησις. ὅθεν τὸ μὲν ἀλλάξας τοῦ ὅρου τούτου τὸ δ' ἀνελών, οὕτως ἀποδίδωσι τῆς γραμματικῆς τὴν ἔννοιαν "γραμματική ἐστι τέχνη τῶν παρὰ ποιηταῖς καὶ συγγραφεῦσι λεγομένων." οὐκ ἀνεῖλε δὲ ὁ ἀνὴρ τὰς ἀπορίας ἀλλ' ἐπέτεινεν· καὶ ἐν οἷς θέλει τὴν γραμματικὴν αὔξειν, ἐν τούτοις αὐτὴν ἀνεῖλεν. ἔστω γὰρ πάντων εἴδησις τῶν παρὰ ποιηταῖς καὶ συγγραφεῦσι λεγομένων. οὐκοῦν ἐπεὶ οὐδέν ἐστιν εἴδησις παρὰ τὸν εἰδότα, οὐδὲ γραμματικὴ παρὰ τὸν [εἰδότα] 73 74

não o possuem quanto ao pouco que resta [afora isso], // e se o que está incluído [no âmbito da Gramática] é "muito", e o que dele está omitido é "muito pouco", o total não mais perfaz uma quantidade infinita. Mas, em todo caso, sem sermos muito precisos quanto a esses problemas, é falso dizer que o gramático conhece "muitos dos discursos dos poetas e escritores". Na verdade, isso é "muito pouco", uma vez que muitas vezes restam muitos de que não se tem conhecimento, como demonstrarei no curso da investigação. // Mas, por ora, examinemos outro aspecto da questão.

Asclepíades ataca Dionísio Trácio por chamar a Gramática de conhecimento empírico, pela razão fundamentada por Ptolomeu, e ele também o censura por declarar que é "conhecimento empírico de muitos". Pois essa, por um lado, é uma característica das artes conjecturais e sujeitas à fortuna, tais como a navegação e a medicina. A Gramática, por seu turno, não é conjectural, mas aparenta-se à música e à Filosofia. // "A não ser", diz ele, "que tema a brevidade da vida, que não é suficiente para compreender tudo, o que é absurdo, [pois] não fará a definição da Gramática, mas do gramático, tendo em vista que ele, por um lado, é talvez conhecedor[102] de <muitos>[103] discursos dos poetas e escritores, sendo animal de vida breve, ao passo que a Gramática, por outro lado, é o conhecimento de todos [os discursos]". // Assim, alterando uma parte da definição [de Dionísio Trácio] e suprimindo outra, [Asclepíades] apresenta seu conceito de Gramática da seguinte forma: "Gramática é a arte dos discursos dos poetas e escritores". Contudo, o homem não eliminou as aporias, mas aumentou-as, e, nas mesmas palavras pelas quais pretende enaltecer a Gramática, ele a destrói. Assumamos, pois, que ela é o conhecimento de todos os discursos dos poetas e escritores. Então, visto que o conhecimento não é nada separado daquele que conhece, a Gramática não é algo apartado do gramático que a conhece,

γραμματικόν, ὡς οὐδὲ περιπάτησις παρὰ τὸν περιπατοῦντα καὶ στάσις παρὰ τὸν ἑστῶτα καὶ κατάκλισις παρὰ 75 τὸν κατακείμενον. ὡμολόγηται δὲ ὁ γραμματικὸς μὴ ἔχειν πάντων εἴδησιν· οὐκ ἄρα ἔτι ἔστιν εἴδησις πάντων τῶν παρὰ ποιηταῖς καὶ συγγραφεῦσι λεγομένων, διὰ δὲ τοῦτο οὐδὲ γραμματική. καὶ ἄλλως, εἴπερ τέχνη ἐστὶν ἡ γραμματική, εἴδησις οὖσα πάντων τῶν παρὰ ποιηταῖς τε καὶ συγγραφεῦσι λεγομένων, ἡ δὲ τέχνη σύστημα ἐκ καταλήψεων τῶν περὶ τὸν γραμματικόν, ἐξ ἀνάγκης μηδενὸς ἔχοντος πάντων τῶν παρὰ ποιηταῖς καὶ συγγραφεῦσι λεγομένων κατάληψιν ἀνύπαρκτος γίνεται ἡ γραμματική.

76   Χάρης δὲ ἐν τῷ πρώτῳ περὶ γραμματικῆς τὴν "τελείαν φησὶ γραμματικὴν ἕξιν εἶναι ἀπὸ τέχνης διαγνωστικὴν τῶν παρ' Ἕλλησι λεκτῶν καὶ νοητῶν ἐπὶ τὸ ἀκριβέστατον, πλὴν τῶν ὑπ' ἄλλαις τέχναις, τὸ τελευταῖον 77 προσθεὶς οὐ παρέργως. ἐπεὶ γὰρ τῶν παρ' Ἕλλησι λεκτῶν καὶ νοητῶν τὰ μέν ἐστιν ὑπὸ τέχναις τὰ δ' οὔ, τῶν μὲν ὑπὸ τέχναις οὐκ οἴεται τέχνην εἶναι καὶ ἕξιν τὴν γραμματικήν, οἷον ἐν μὲν μουσικῇ τῆς διὰ τεσσάρων συμφωνίας καὶ τῆς μεταβολῆς τῶν συστημάτων, ἐν δὲ μαθηματικῇ ἐκλείψεως ἢ τῆς τῶν κύκλων θέσεως. τὰ δὲ αὐτὰ καὶ ἐπὶ τῶν ἄλλων νοητέον τεχνῶν· οὐδενὸς γὰρ τῶν ὑπ' αὐταῖς εἴδησίς ἡ γραμματική, ἀλλὰ μέθοδός τίς ἐστι τῶν παρὰ ταύ- 78 τας ἑτέρων λεκτῶν τε καὶ νοητῶν, νοητῶν μὲν ὡς ὅτι πίσυρες τέσσαρες καὶ βῆσσαι καὶ ἄγκεα οἱ βάσιμοι τόποι, λεκτῶν δὲ τῶν περὶ τὰς διαλέκτους, οἷον ὅτι τοῦτο μὲν εἴρηται Δωρικῶς τοῦτο δ' Αἰολικῶς, καὶ οὐχ ᾗπερ οἱ στωικοὶ τὸ σημαινόμενον, ἀλλ' ἀνάπαλιν τὸ σημαῖνον· τὸ γὰρ 79 νοητὸν ἐπὶ τοῦ σημαινομένου μόνου παρείληπται. ἔοικε δὲ καὶ Κρατήτειόν τινα κινεῖν λόγον. καὶ γὰρ ἐκεῖνος ἔλεγε διαφέρειν τὸν κριτικὸν τοῦ γραμματικοῦ· καὶ τὸν μὲν κριτικὸν πάσης, φησί, δεῖ λογικῆς ἐπιστήμης ἔμπειρον εἶναι,

assim como a caminhada não é nada separada do caminhante, nem a posição sem aquele que a ocupa, nem o deitar-se sem aquele que se deita.[104] // Foi acordado então que o gramático não possui conhecimento de tudo; pois não há um conhecimento de todas as coisas ditas pelos poetas e escritores, e, em consequência, tampouco a Gramática. E, de outro modo, se a Gramática é mesmo uma arte, sendo conhecimento de todas as coisas ditas pelos poetas e escritores, e a arte é um "sistema composto por apreensões",[105] então a Gramática vem a ser necessariamente não existente, uma vez que ninguém possui apreensão de todas as coisas ditas pelos poetas e escritores.

// Cáres,[106] no primeiro livro de Sobre a Gramática, diz que a Gramática completa "é uma habilidade capaz de diagnosticar,[107] a partir da arte, as expressões[108] e os pensamentos dos gregos o mais acuradamente possível, exceto quando subordinados às outras artes".[109] Esse final não foi adicionado incidentalmente, // tendo em vista que, dentre as expressões e pensamentos dos gregos, alguns estão sob [o domínio] das artes e outros não, e ele não supõe que a Gramática seja uma arte e habilidade [concernente às expressões e pensamentos] do [que está] sob [outras] artes, tais como, na música, a harmonia dos quartetos e a mudança de escalas, e, na Matemática, o eclipse ou a posição das esferas, o mesmo deve então ser entendido acerca das outras artes. A Gramática não é o conhecimento de nenhuma dessas coisas que estão [subordinadas] a essas [artes], mas é um tratamento metódico de outras expressões e pensamentos não subordinados a elas. // Assim, por um lado, no que tange aos pensamentos, que πίσυρες[110] [significa] τέσσαρες [quatro] e βῆσσαι e ἄγκεα "os lugares acessíveis",[111] e, por outro lado, no que se refere às expressões, das questões concernentes aos dialetos, por exemplo, que determinado proferimento é dório, outro eólico, não [se referindo], como os estoicos, ao significado, mas, ao contrário, ao significante,[112] pois o pensamento é derivado apenas do significado. // Mas parece também que Cáres introduz um argumento de Crates.[113] Pois Crates disse que o crítico difere do gramático, e que o crítico, diz ele, precisa ser experiente em toda a ciência da linguagem,

τὸν δὲ γραμματικὸν ἁπλῶς γλωσσῶν ἐξηγητικὸν καὶ προσῳδίας ἀποδοτικὸν καὶ τῶν τούτοις παραπλησίων '''εἰδήμονα· παρὸ καὶ ἐοικέναι ἐκεῖνον μὲν ἀρχιτέκτονι τὸν δὲ γραμματικὸν ὑπηρέτῃ.

Ἀλλὰ τὰ μὲν τῆς ἀποδόσεως τοιαῦτα, πῇ μὲν με- 80 τριώτερα τῶν Διονυσίου ἀτοπημάτων πῇ δὲ χείρονα. ὅτι μὲν γὰρ τῆς σωρικῆς ἀπορίας ἐξέλυσε τὴν γραμματικὴν καὶ τῶν ἀλλοτρίων κεχώρικε θεωρημάτων, μουσικῆς τε καὶ μαθηματικῆς, ὡς μὴ προσηκόντων, αὐτόθεν συμφανές· τοῦ δὲ μὴ ἀνυπόστατον ὑπάρχειν οὐδαμῶς αὐτὴν ἐρρύσατο, ἀλλὰ καὶ εἰς τὸ εἶναι τοιαύτην μᾶλλον συνηγωνίσατο. ὁ μὲν γὰρ Διονύσιος κατά τι διώρισε τὸν τῆς γραμ- 81 ματικῆς ὅρον, ἐπὶ μόνων αὐτὴν ποιητῶν τε καὶ συγγραφέων στήσας· οὗτος δὲ περὶ πᾶσαν Ἑλληνικὴν φωνὴν καὶ περὶ πᾶν σημαινόμενον καταγίγνεσθαι ταύτην θέλει. ὅπερ, εἰ θεμιτὸν εἰπεῖν, οὐδὲ θεοῖς ἀνυτόν ἐστιν. ὡς γὰρ καὶ πρότερον ἐλέγομεν, οὐδεμία μέθοδος συνίσταται περί τι ἄπειρον, ἀλλὰ καὶ μάλιστα αὕτη τοῦτο περατοῖ· τῶν γὰρ ἀορίστων ἡ ἐπιστήμη δεσμός ἐστιν· τὰ δὲ σημαί- 82 νοντα καὶ σημαινόμενα τῶν πραγμάτων ἐστὶν ἄπειρα· οὐκ ἄρα ἐστὶν ἡ γραμματικὴ τέχνη περὶ τὰ σημαίνοντα καὶ σημαινόμενα. καὶ μὴν παντοῖαι γίνονται τῶν φωνῶν μεταβολαὶ καὶ πρὸ τοῦ γεγόνασι καὶ εἰσαῦθις γενήσονται· φιλομετάβολον γάρ τί ἐστιν ὁ αἰών, οὐκ εἰς φυτὰ μόνον καὶ ζῶα ἀλλὰ καὶ εἰς ῥήματα. περὶ ἑστῶσαν δὲ ἀπειρίαν, 83 οὔ τοί γε καὶ μεταβάλλουσαν ἀμήχανόν ἐστι γνῶσιν ἀνθρωπίνην εὑρεῖν. οὐδὲ ταύτῃ ἄρα ἡ γραμματικὴ συστήσεται. ἄλλως τε ἤτοι τεχνικὴν οἴεται εἶναι τὴν ἕξιν ἢ ἄτεχνον. καὶ εἰ μὲν τεχνικήν, πῶς οὐκ αὐτὴν εἶπε τέχνην ἀλλὰ τὸ ἀφ' οὗ ἔστιν; εἰ δὲ ἄτεχνον, ἐπεὶ οὐ δυνατὸν διὰ τοῦ ἀτέχνου τὸ τεχνικὸν ὁρᾶσθαι, οὐδὲ συστήσεταί

Contra os gramáticos

mas o gramático, somente na exposição das línguas e em estabelecer acentos e ser perito em coisas desse gênero; portanto, o primeiro deve ser comparado a um arquiteto, e o gramático, a seu ajudante.[114] // Tais são as explicações acerca dessa definição, de fato, em parte mais moderadas do que as absurdidades de Dionísio, e em parte piores. Pois, o fato de que [Dionísio] libertou a Gramática da aporia do sorites e separou-a das teorias alheias, da música e da Matemática, que não lhe concernem, é algo por si só evidente. No entanto, não a salvou de modo algum de ser inconsistente,[115] e, acima de tudo, ele estabeleceu que ela assim o fosse. // Pois Dionísio, em certa medida, delimitou a definição da Gramática, estabelecendo-a tão somente para os poetas e escritores. Mas [Cáres] deseja que ela diga respeito a todo proferimento grego e a todo significado. Algo que, se não é ímpio dizer, não é possível até mesmo para os deuses. Pois, assim como dissemos antes, nenhum método se constitui em torno de algo ilimitado,[116] mas o próprio [método], acima de tudo, limita-o, pois a ciência é a amarração das coisas ilimitadas. // Mas, se os significantes e os significados das coisas são ilimitados, então a Gramática não é uma arte acerca dos significantes e dos significados. Além disso, ocorrem mudanças de todos os tipos nos proferimentos, como já ocorreram e ocorrerão, já que um amante das mudanças o tempo é,[117] não somente para as plantas e seres vivos, mas também para os verbos.[118] // Acerca de um infinito fixado, sem falar de um que mude, nenhum conhecimento humano pode ser, de fato, encontrado. Dessa forma, portanto, a Gramática não tem consistência. Ademais, [Cáres] supõe que a habilidade é ou artística ou não artística.[119] E se, por um lado, é artística, por que não a chamou ela própria de arte, em vez daquilo de que ela é originada? Mas se, por outro lado, não é artística, uma vez que não é possível, através do não artístico, vislumbrar o artístico, nenhuma habilidade artística se constituirá

τις γραμματικὴ ἕξις τεχνικῶς διαγινώσκουσα τὰ παρ' Ἕλλησι σημαίνοντά τε καὶ σημαινόμενα.

84 Δημήτριος δὲ ὁ ἐπικαλούμενος Χλωρὸς καὶ ἄλλοι τινὲς τῶν γραμματικῶν οὕτως ὡρίσαντο "γραμματική ἐστι τέχνη τῶν παρὰ ποιηταῖς τε καὶ τῶν κατὰ τὴν κοινὴν συνήθειαν λέξεων εἴδησις." μένουσι δὲ καὶ τούτους αἱ αὐταὶ ἀπορίαι· οὔτε γὰρ πάντων τῶν παρὰ ποιηταῖς λεγομένων δύναται εἶναι τέχνη γραμματικὴ οὔτε τινῶν.

85 "καὶ πάντων μὲν αὐτόθεν ἀδύνατον, εἴγε καὶ περὶ θεῶν καὶ περὶ ἀρετῆς καὶ ψυχῆς λέγεται παρὰ τοῖς ποιηταῖς, ὧν ἀπείρως ἔχουσιν οἱ γραμματικοί· τινῶν δὲ διὰ τὸ μὴ εἰς τοὺς γραμματικοὺς τὸ τοιοῦτον πίπτειν μόνους ἀλλὰ καὶ ἄλλους τινάς, οἷον φιλοσόφους καὶ μουσικοὺς καὶ ἰατρούς· συνεώρων γὰρ καὶ οἶδε τινὰ τῶν παρὰ ποιηταῖς.

86 πάλιν τε ἐν τῷ λέγειν καὶ τῶν κατὰ τὴν κοινὴν συνήθειαν λέξεων εἴδησιν εἶναι τὴν γραμματικήν, εἰ μὲν τὸ καθολικὸν λαμβάνοιεν τὸ "εἴ τινές εἰσι κατὰ τὴν κοινὴν συνήθειαν λέξεις, ἐκείνων ἐστὶν εἴδησις ἡ γραμματική," ἁμαρτάνουσιν· ἄπειροι γὰρ αἱ κατὰ τὴν κοινὴν συνήθειαν λέ-

87 ξεις, καὶ τῶν ἀπείρων οὐκ ἔστιν εἴδησις. εἰ δὲ ἐπὶ τὸ ἐπὶ μέρους φέροιντο, ὅπερ ἴσον ἐστὶ τῷ "εἰσί τινες λέξεις κατὰ τὴν συνήθειαν τὴν κοινὴν ὧν εἴδησίς ἐστιν ἡ γραμματική," οὐδ' οὕτω ποιήσουσί τι τὴν γραμματικήν· καὶ γὰρ ὁ Ἀθηναῖος εἴδησιν ἔχει τῶν κατὰ τὴν Ἀτθίδα συνήθων λέξεων, καὶ ὁ Δωριεὺς τῶν κατὰ τὴν Δώριον, καὶ ὁ ῥήτωρ τῶν κατὰ τὴν ῥητορικήν, καὶ ὁ ἰατρὸς τῶν κατὰ τὴν ἰατρι-

88 κήν. εἰ δὲ λέγοιεν πασῶν τῶν κατὰ τὴν κοινὴν συνήθειαν αὐτὴν λέξεων εἴδησιν οὐχ ὡς τῶν καθ' ἕκαστα καὶ ἐν μέρει πασῶν (τοῦτο γὰρ ὄντως ἀδύνατον) ἀλλὰ τῶν καθόλου πασῶν καὶ ἀνωτάτω ἐν ταῖς διαλέκτοις, οἷον ὅτι Δωριέων μέν ἐστι τοιούτῳ τόνῳ χρῆσθαι Ἰώνων δὲ ἄλλῳ, τάχα

89 μέν τι πιθανὸν ἐροῦσιν, οὐ μὴν ἀληθές· οὔτε γὰρ ἐν

como uma Gramática através da qual se diagnostiquem os significantes e significados gregos.

// Demétrio, conhecido como Cloro,[120] e alguns outros dentre os gramáticos definiram a Gramática da seguinte forma: "a arte Gramática é o conhecimento das expressões segundo os poetas e de acordo com o uso comum". Mas restam-lhes as mesmas aporias: pois a Gramática não pode ser uma arte nem de todas as coisas ditas pelos poetas, nem de parte delas. // Que não pode ser de todas, por um lado, [é] por si só impossível, se [assuntos] sobre os deuses, a excelência e a alma são abordados pelos poetas, sobre os quais os gramáticos não possuem experiência,[121] e, por outro lado, [não pode ser] de partes, porque tal coisa recai não apenas no campo do gramático, mas no de outras [disciplinas], tais como a do filósofo, do músico e do médico, pois esses levaram em conta alguns [assuntos abordados] pelos poetas. // Novamente, eles estão errados ao dizer que a Gramática é o conhecimento das expressões de acordo com o uso comum,[122] se tomam isso genericamente como "se há quaisquer expressões de acordo com o uso comum, delas é o conhecimento da Gramática", pois as expressões de acordo com o uso comum são ilimitadas, e não há conhecimento do ilimitado. // Mas se tendem a tomá-la de modo particular, como se fosse equivalente a "há algumas expressões de acordo com o uso comum das quais a Gramática é conhecimento", ainda assim não fazem da Gramática algo, pois o ateniense possui conhecimento das expressões que são comumente empregadas segundo o dialeto ático, os dóricos daquelas segundo o dórico, o retórico daquelas segundo a retórica e os médicos daquelas segundo a medicina. // Mas se disserem que ela é o conhecimento de todas as expressões de acordo com o uso comum, não de todas e de cada uma delas tomadas em particular (pois isto de fato é impossível), mas de todas aquelas mais genéricas e de maior uso comum, por exemplo, que pelos dórios são usados tais acentos, e pelos jônios outros,[123] talvez digam, de fato, algo persuasivo,[124] mas que não é verdadeiro.[125] // Pois não há um

ἔθος ἐστὶ καθ' ἑκάστην διάλεκτον (πολλαὶ γὰρ Δωρίδες καὶ Ἀτθίδες), οὔτε οἱ κανόνες οὓς δοκοῦσι παραδιδόναι πρὸς πᾶσαν ἀποτείνονται λέξιν, ἀλλ' ἄχρι μὲν ποσῶν καὶ ὁμοτόνων, οἷον ὀξυτόνων ἢ βαρυτόνων, προκόπτουσιν, πάσας δὲ περιλαβεῖν ἀδυνατοῦσιν.

Δείγματος μὲν οὖν χάριν ταῦτ' εἰρήσθω εἰς τὸ ἀνυ- 90 πόστατον εἶναι τὴν γραμματικὴν ὅσον ἐπὶ τῇ παρὰ τοῖς γραμματικοῖς αὐτῆς ἐπινοίᾳ· μετελθόντες δὲ ἀκολούθως καὶ τὰ κυριώτατα τῶν ἐν αὐτῇ θεωρημάτων, καὶ ἐξ ὧν μάλιστα λαμβάνει τὴν ὑπόστασιν, βασανίζωμεν.

Πολλῆς οὔσης καὶ ἀνηνύτου παρὰ τοῖς γραμματικοῖς 91 περὶ μερῶν γραμματικῆς διαστάσεως, ἵνα μήτε τὸ πάρεργον ἔργου χώραν ἐπέχειν ἡμῖν φαίνηται, μήτε εἰς ἀλλοτρίαν καὶ ὡς πρὸς τὸ παρὸν ἀνωφελῆ ἐμβαίνοντες ὕλην ἀπολειπώμεθα τῆς ἀναγκαιοτέρας ἀντιρρήσεως, ἀπαρκέσει λέγειν ἀσυκοφαντητότερον ὡς ἄρα τῆς γραμματικῆς τὸ μέν ἐστιν ἱστορικὸν τὸ δὲ τεχνικὸν τὸ δὲ ἰδιαίτερον, δι' οὗ τὰ κατὰ τοὺς ποιητὰς καὶ συγγραφεῖς μεθοδεύεται. ὧν τεχνικὸν μέν ἐστιν ἐν ᾧ περὶ τῶν στοιχείων καὶ τῶν 92 τοῦ λόγου μερῶν ὀρθογραφίας τε καὶ ἑλληνισμοῦ καὶ τῶν ἀκολούθων διατάττονται, ἱστορικὸν δὲ ὅπου περὶ προσώπων οἱονεὶ θείων τε καὶ ἀνθρωπίνων καὶ ἡρωικῶν διδάσκουσιν, ἢ περὶ τόπων διηγοῦνται καθάπερ ὀρῶν ἢ ποταμῶν, ἢ περὶ πλασμάτων καὶ μύθων παραδιδόασιν ἢ εἴ τι τῆς αὐτῆς ἰδέας ἐστίν. ἰδιαίτερον δὲ τὸ κατὰ τοὺς ποιη- 93 τὰς καὶ συγγραφεῖς ἐπισκοποῦσι, καθ' ὃ τὰ ἀσαφῶς λεγόμενα ἐξηγοῦνται, τά τε ὑγιῆ καὶ τὰ μὴ τοιαῦτα κρίνουσι, τά τε γνήσια ἀπὸ τῶν νόθων διορίζουσιν. ἀλλ' ὡς μὲν τύπῳ καὶ ὁλοσχερέστερον περιλαβεῖν, ταῦτά ἐστι τὰ τῆς γραμματικῆς μέρη· νοητέον δὲ αὐτὰ οὐ κατ' εἰλικρίνειαν, 94 οὐδ' ὡς ἄν τις εἴποι μέρη τοῦ ἀνθρώπου ψυχὴ καὶ σῶμα. ταυτὶ μὲν γὰρ ὡς ἕτερα ὄντα ἀλλήλων νοεῖται, τὸ δὲ

hábito[126] único de acordo com cada dialeto (pois há muitos dóricos[127] e áticos[128]), nem as regras que supõem estabelecer se estendem a toda expressão, mas, no máximo, a algumas e com os mesmos acentos, por exemplo, o oxítono ou o barítono,[129] mas não são capazes de incluir todos.[130]
// Assim, portanto, que tais coisas sejam ditas, por um lado, como um exemplo graças ao qual a Gramática é inconsistente, pelo menos de acordo com a concepção dos próprios gramáticos, e, por outro lado, tendo investigado progressivamente os principais teoremas da Gramática, coloquemos à prova aqueles a partir dos quais ela propriamente deriva sua constituição.
// Já que existe uma grande e interminável divergência entre os gramáticos acerca das partes da Gramática, para que o secundário não se nos revele ocupar o lugar principal, nem, entrando em matéria alheia e irrelevante para o presente propósito, abandonemos a refutação, mais necessária, será suficiente dizer, sem tergiversação, que uma parte da Gramática é histórica, outra técnica e outra especial, por meio da qual se lida com as coisas relativas aos poetas e escritores. // Dessas partes, a técnica, por um lado, é aquela na qual os elementos, as partes do discurso, a ortografia, o bom grego e o que disso se segue são arranjados; a histórica,[131] por outro lado, é na qual se ensina sobre as personagens, por exemplo, deuses, homens e heróis, ou se descrevem lugares, tais como montanhas ou rios, ou se transmitem ficções e mitos, ou quaisquer outras coisas desse tipo. // A especial [é aquela na qual] se examinam o que concerne aos poetas e escritores, explicam-se as coisas que são obscuramente ditas, julgam-se as corretas e as que não estão assim, e se distinguem as genuínas das espúrias. Estas são, então, descritas em um esboço geral, as divisões da Gramática; // mas elas devem ser concebidas não como puras; não, por exemplo, como quem fala: "alma e corpo [são] partes do homem". Pois estes são concebidos como sendo diferentes uns dos outros, ao passo

τεχνικὸν καὶ ἱστορικὸν καὶ τὸ περὶ τὰς ποιήσεις καὶ συγγραφὰς τῆς γραμματικῆς μέρη πολλὴν ἔχει συμπλοκὴν καὶ
95 ἀνάκρασιν πρὸς τὰ λοιπά· καὶ γὰρ ἡ τῶν ποιητῶν ἐπίσκεψις οὐ χωρὶς τοῦ τεχνικοῦ καὶ ἱστορικοῦ γίνεται μέρους, καὶ ἑκάτερον τούτων οὐ δίχα τῆς τῶν ἄλλων παραπλοκῆς συνέστηκεν. ὥσπερ οὖν οἱ λέγοντες τῆς ἰατρικῆς μέρη δίαιταν χειρουργίαν φαρμακείαν οὕτω λέγουσιν ὡς πολλῆς οὔσης ἐν τοῖς θεωρήμασιν ἀλληλουχίας (καὶ γὰρ ἡ δίαιτα οὐ χωρὶς φαρμακείας καὶ χειρουργίας πρόεισι, καὶ ἡ φαρμακεία πάλιν περιείχετο καὶ τῇ τῶν ἄλλων δυνάμει), ὧδε καὶ ἐπὶ τοῦ παρόντος '''οὐκ ἀπότακτόν τί ἐστιν ἕκαστον
96 μέρος, οὐδ' εἰλικρινὲς ἀπὸ τῆς τῶν ἄλλων ἐπιμιξίας. τοῦτο δὲ προδιηρθρώσαμεν οὐ παρέργως, ἀλλ' ἵνα εἰδῶμεν ὡς ἂν ἔν τι ἐξ αὐτῶν δειχθῇ ἀσύστατον, δυνάμει καὶ τὰ λοιπὰ ἀνῄρηται, ὧν ἑκάτερον οὐ χωρὶς τοῦ ἀναιρεθέντος ὑφίσταται. ὅμως δὲ οὐ ποιήσομεν τοῦτο καίπερ ὂν σύντομον, ἀλλὰ πειρασόμεθα πρὸς ἕκαστον ἀντιλέγειν, ὡς εἰ καὶ μὴ ἔχρῃζε τῆς τῶν λοιπῶν παρουσίας. τάξει δὲ ἀρκτέον ἀπὸ τοῦ πρώτου.

97 Διὰ πολλὰ μὲν καὶ ἄλλα δίκαιόν ἐστι μετὰ σπουδῆς ἐξετάζειν τὴν γραμματικὴν τεχνολογίαν, μάλιστα δὲ ἁπάντων διὰ τὸ ἐπ' αὐτῇ κομᾶν καὶ μέγα φρονεῖν τοὺς γραμματικούς, ἀεὶ δὲ τῶν κατὰ τὰ λοιπὰ κοσμουμένων μαθήματα καταρέχειν ὡς μηδὲ τὴν κοινὴν τῶν Ἑλλήνων συνήθειαν ἐπισταμένων, καὶ ἔτι διὰ τό, εἴ ποτε θλίβοιντο ἐν ζητήσει, μὴ ἄλλην εὑρίσκειν πολλάκις ἀποφυγὴν εἰς τὸ περισπᾶν τοὺς συζητοῦντας αὐτοῖς ἢ τὸ ὅτι βάρβαρον ἢ
98 σόλοικόν ἐστι τὸ ὑπ' αὐτῶν λεχθέν. οὐκ ὀλίγην δὲ ἂν ἔχοι μοῖραν εἰς προτροπὴν καὶ ὅταν βλέπωμεν τοὺς μηδὲ δύο σχεδὸν ῥήματα δεξιῶς εἴρειν δυναμένους γραμματικοὺς θέλοντας ἕκαστον τῶν μέγα δυνηθέντων ἐν εὐφραδείᾳ καὶ ἑλληνισμῷ παλαιῶν, καθάπερ Θουκυδίδην Πλά-

que as partes técnica e histórica da Gramática, assim como a [que lida] com o que concerne à poesia e à escrita, são muito interligadas e misturadas com o resto; // pois o exame aprofundado dos poetas não se dá independentemente das partes técnica e histórica, e cada uma dessas não se separa das outras às quais se combinou em uma mistura. Da mesma forma, então, os que dizem que as partes da medicina são a dieta, a cirurgia e a farmácia assim o dizem por causa da grande conjunção que há em suas teorias (pois a dieta não avança separada da farmácia e da cirurgia, e a farmácia, por seu turno, está envolvida no funcionamento das outras). Isso é o mesmo que no presente caso: cada parte não é pura e imisturável uma com a outra. // Fizemos essa articulação inicial não incidentalmente, mas para sabermos que, se qualquer uma destas [i.e., das partes] se revelar incoerente, possivelmente o resto também será destruído, uma vez que cada uma delas não se sustenta separadamente da que foi destruída. Todavia, não faremos isso, apesar de ser algo breve, mas tentaremos antes contradizer cada [parte], como se ela não necessitasse da presença das restantes. Pela ordem, deve-se começar a partir da primeira.

// Ainda que por muitos outros [motivos] seja correto, por um lado, inspecionar atentamente o tratamento técnico da Gramática,[132] o mais correto de todos, por outro lado, é que os gramáticos, envaidecendo-se por conta dela e pensando grande,[133] sempre atropelam os que são proeminentes nas outras disciplinas, como se eles nem mesmo conhecessem o uso comum dos gregos, e ainda porque, se pressionados em uma investigação, frequentemente não acharão nenhum outro subterfúgio para distrair seus oponentes além [de asserir] que o que é dito por eles é barbarismo ou solecismo.[134] // Em não pouca medida nos encorajamos quando vemos os gramáticos, que dificilmente são capazes de conectar habilmente duas sentenças, censurarem como bárbaros cada um dos antigos de grande habilidade no bem falar e no bom grego, como Tucídides,

τωνα Δημοσθένην, ὡς βάρβαρον ἐλέγχειν. μία γὰρ ἀντὶ πάντων ἄμυνα γενήσεται πρὸς αὐτούς, ἐὰν τὴν ψευδώνυμον αὐτῶν τεχνολογίαν ἄτεχνον ἀποδείξωμεν. τάξει δὲ 99 λεκτέον ἡμῖν πρῶτον περὶ τῶν στοιχείων, ἐξ ὧν τὰ πάντα κατ' αὐτοὺς συνέστηκεν καὶ ὧν ἀναιρεθέντων ἀγραμμάτους ἀνάγκη γίνεσθαι τοὺς γραμματικούς.

Καὶ δὴ τριχῶς λεγομένου τοῦ στοιχείου, τοῦ τε γραφομένου χαρακτῆρος καὶ τύπου καὶ τῆς τούτου δυνάμεως καὶ ἔτι τοῦ ὀνόματος, προαγέτω νῦν ἡ ζήτησις μάλιστα περὶ τῆς δυνάμεως· αὕτη '''γὰρ καὶ κυρίως στοιχεῖον παρ' αὐτοῖς προσηγόρευται. εἰκοσιτεσσάρων τοίνυν στοι- 100 χείων ὄντων τῆς ἐγγραμμάτου φωνῆς, τούτων διττὴν ὑποτίθενται κατὰ τὸ ἀνωτάτω τὴν φύσιν. τὰ μὲν γὰρ αὐτῶν φωνάεντα προσαγορεύουσι τὰ δὲ σύμφωνα, καὶ φωνάεντα μὲν ἑπτά, α ε η ι ο υ ω, σύμφωνα δὲ τὰ λοιπά. τῶν δὲ φωναέντων τρεῖς λέγουσι διαφοράς· δύο μὲν γὰρ αὐτῶν φύσει μακρὰ λέγουσι τυγχάνειν, τὸ η καὶ τὸ ω, ἰσάριθμα δὲ βραχέα, τὸ ε καὶ τὸ ο, τρία δὲ κοινὰ μήκους τε καὶ βραχύτητος, α ι υ, ἅπερ δίχρονα καὶ ὑγρὰ καὶ ἀμφίβολα καὶ μεταβολικὰ καλοῦσιν· ἕκαστον γὰρ αὐτῶν πέ- 101 φυκεν ὁτὲ μὲν ἐκτείνεσθαι ὁτὲ δὲ συστέλλεσθαι, οἷον τὸ μὲν α ἐπὶ τοῦ

Ἆρες Ἆρες βροτολοιγὲ μιαιφόνε τειχεσιπλῆτα,

τὸ δὲ ι

Ἴλιον εἰς ἱερήν· τῇ δ' ἀντίος ὦρνυτ' Ἀπόλλων,

τὸ δὲ υ

θεσπέσιον νεφέων ἐκ Διὸς ὗεν ὕδωρ.

τῶν δὲ συμφώνων τὰ μὲν ἡμίφωνά ἐστι κατ' αὐτοὺς τὰ 102 δὲ ἄφωνα, καὶ ἡμίφωνα μὲν ὅσα δι' αὐτῶν ῥοῖζον ἢ σιγμὸν ἢ μυγμὸν ἢ τινα παραπλήσιον ἦχον κατὰ τὴν ἐκφώνησιν

Platão e Demóstenes.[135] Pois uma defesa contra eles valerá por todas, se demonstrarmos que o tratamento técnico, falsamente por eles assim denominado, não é uma técnica.[136] // Em ordem, então, devemos falar primeiro sobre os elementos a partir dos quais todas as coisas, de acordo com eles, são fundamentadas, e que, destruídos, necessariamente tornarão iletrados[137] os gramáticos.

Mas, já que "elemento"[138] é dito de três modos, o caractere grafado e seu modelo, sua força e ainda seu nome,[139] avancemos agora a investigação acima de tudo acerca da força, pois ela é por eles legitimada como elemento propriamente dito. // Assim, sendo 24 os elementos da voz[140] descritos em letras, eles dispõem estes [i.e., os elementos] de dois modos, de acordo com a sua natureza mais geral. Chamam, pois, alguns de vogais e os outros, por seu turno, de consoantes, [sendo] sete as vogais, α, ε, η, ι, ο, υ, ω, e consoantes as restantes.[141] Das vogais dizem [que há] três tipos: pois duas delas, dizem, são longas por natureza, η, ω; de mesmo número [são] as breves, ε, ο; três [são] longas e breves em comum, α, ι, υ, que chamam de dicrônicas, líquidas, ambíguas e mutáveis,[142] // pois cada <uma> delas é capaz de ser emitida ora longa, ora breve, tal como α em:

Ἄρες Ἄρες βροτολοιγὲ μιαιφόνε τειχεσιπλῆτα [Ares, Ares, praga de mortais assassina, demolidor de muros];[143]

ι em:

Ἴλιον εἰς ἱερήν· τῇ δ᾽ ἀντίος ὤρνυτ᾽ Ἀπόλλων [Para Ílion sagrada: contra ela se precipitou Apolo];[144]

υ em:

θεσπέσιον νεφέων ἐκ Διὸς ὗεν ὕδωρ [Divinamente, das nuvens de Zeus derramou-se água].[145]

// Das consoantes, algumas são semivocalizadas, de acordo com eles, e outras são não vocalizadas, e as semivocalizadas são as que por si sós produzem um som áspero ou sibilante ou um murmúrio, ou algum som semelhante quando naturalmente ocorre a emissão

ἀποτελεῖν πεφυκότα, καθάπερ τὸ ζ θ λ μ ν ξ ρ σ φ χ ψ, ἢ ὡς τινές, χωρὶς τοῦ θ καὶ φ καὶ χ τὰ λειπόμενα ὀκτώ· ἄφωνα δέ ἐστι τὰ μήτε συλλαβὰς καθ' ἑαυτὰ ποιεῖν δυνάμενα μήτε ἤχων ἰδιότητας, αὐτὸ δὲ μόνον μετὰ τῶν ἄλλων συνεκφωνούμενα, καθάπερ β γ δ κ π τ, ἢ ὡς ἔνιοι,

103 καὶ τὸ θ φ χ. καὶ μὴν κοινῶς τῶν συμφώνων πάλιν τὰ μὲν φύσει δασέα λέγουσι τὰ δὲ ψιλά, καὶ δασέα μὲν θ φ χ, ψιλὰ δὲ κ π τ· μόνον δέ φασι τὸ ρ ἐπιδέχεσθαι ἑκάτερον, δασύτητα καὶ ψιλότητα. λέγουσι ''' δέ τινα τῶν συμφώνων καὶ διπλᾶ, καθάπερ τὸ ζ ξ ψ· συνεστηκέναι γάρ φασι τὸ μὲν ζ ἐκ τοῦ σ καὶ δ, τὸ δὲ ξ ἐκ τοῦ κ καὶ σ, τὸ δὲ ψ ἐκ τοῦ π καὶ σ.

104 Τούτων δὴ προεστοιχειωμένων, φημὶ πρῶτον μὲν ἀτόπως αὐτοῖς λέγεσθαι τῶν στοιχείων τινὰ εἶναι διπλᾶ. τὸ γὰρ διπλοῦν σύστημά ἐστιν ἐκ δυοῖν, τὸ δὲ στοιχεῖον οὐκ ἔστι σύστημα ἐκ τινῶν· ἁπλοῦν γὰρ ὀφείλει τυγχάνειν καὶ οὐκ ἐξ ἑτέρων συστατόν. οὐκ ἄρα ἔστι διπλοῦν στοιχεῖον. ἄλλως τε, εἰ τὰ συστατικὰ τοῦ διπλοῦ στοιχείου στοιχεῖά ἐστι, τὸ διπλοῦν ἐκ τῶν στοιχείων συνεστὼς οὐκ ἔσται στοιχεῖον· ἀλλὰ μὴν τὰ συστατικὰ τοῦ διπλοῦ στοιχείου στοιχεῖά ἐστίν· οὐκ ἄρα τὸ διπλοῦν ἐστι στοιχεῖον.

105 Καὶ μὴν ὡς ταῦτα ἀναιρεῖται, οὕτω καὶ τὰ δίχρονα, κοινὴν φύσιν μήκους τε καὶ βραχύτητος ἀξιούμενα ἔχειν. εἴπερ γὰρ τοιαῦτά ἐστίν, ἤτοι αὐτὸ τὸ γράμμα κατ' ἰδίαν καὶ ὁ ψιλός, εἰ τύχοι, τοῦ α ι υ χαρακτὴρ ἐμφανιστικός ἐστι τῆς διχρόνου φύσεως, καὶ νυνὶ μὲν συστέλλεσθαι νυνὶ

106 δὲ ἐκτείνεσθαι δυνάμενον τῇ προσῳδίᾳ. ἀλλ' ὁ μὲν χαρακτὴρ κατ' ἰδίαν οὐκ ἔστι κοινοῦ φύσει στοιχείου μηνυτικός. οὔτε γὰρ ὅτι μηκύνεται οὔθ' ὅτι βραχύνεται οὔθ' ὅτι τὸ συναμφότερον καὶ μηκύνεται καὶ βραχύνεται ἐμφαίνει· ἀλλ' ὃν τρόπον ἡ δι' αὐτοῦ συλλαβή, καθάπερ εἴρηται ἐπὶ τῆς Ἄρες λέξεως, ἢ χωρὶς τῆς προστιθεμένης

de um proferimento, tais como ζ, θ, λ, μ, ν, ξ, ρ, σ, φ, χ, ψ, ou, conforme alguns, as oito que restam separadas de θ, φ, χ; as não vocalizadas, por seu turno, são as que não são por si sós nem capazes de formar sílabas, nem sons específicos, mas somente em conjunção com outras, tais como β, γ, δ, κ, π, τ, ou, como alguns sustentam, também θ, φ, χ. // E, de fato, dentre as consoantes, mais uma vez, em geral, algumas são naturalmente ásperas,[146] dizem, outras suaves,[147] e as ásperas são θ, φ, χ, e as suaves: κ, π, τ; mas dizem que somente ρ admite ambos, tanto a aspereza quanto a suavidade. Dizem, ainda, que algumas das consoantes são duplas, como ζ, ξ, ψ; pois, dizem, o ζ é composto a partir de σ e δ, ξ a partir de κ e σ, ψ a partir de π e σ.[148]

// Já que esses foram colocados inicialmente como elementos, digo, em primeiro lugar, que é absurdo dizer que alguns dos elementos são duplos. Pois o duplo é composto por duas coisas, e o elemento não é composto por quaisquer outras coisas; pois deve ser simples, e não composto por outras coisas. Não há, portanto, um elemento duplo. Além disso, se os componentes dos elementos duplos são elementos, o duplo, sendo composto de elementos, não será elemento, mas, de fato, os componentes do elemento duplo são elementos, portanto, o duplo não é elemento.

// De fato, assim como essas coisas são destruídas, da mesma forma [serão] os dicrônicos, uma vez que são pensados como possuindo natureza em comum com respeito ao comprimento e à brevidade. Pois se, de fato, essas coisas são assim, ou a própria letra por si só, como ocorre com α, ι, υ, é um caractere indicativo da sua natureza dicrônica, ou é capaz de ser ora contraída, por um lado, ora estendida, por outro, pela pronúncia.[149] // Mas o caractere por si só não é indicativo de um elemento comum por natureza, pois não revela que é alongado, nem que é encurtado, nem que é a combinação dos dois, alongado e encurtado, mas, assim como a sílaba [formada] por ele, conforme foi dito acerca da palavra Ἄρες [Ares], não se sabe, sem que seja colocado

προσωδίας οὔτ' εἰ μακρά ἐστιν οὔτ' εἰ βραχεῖα γινώσκεται, οὕτω καὶ τὸ α ι υ κατ' ἰδίαν λαμβανόμενα οὐ κοινὰ ἑκατέρας ἔσται δυνάμεως ἀλλ' οὐδετέρας. λείπεται οὖν 107 σὺν προσῳδίᾳ λέγειν αὐτὸ κοινὸν ὑπάρχειν. ὃ πάλιν ἐστὶν ἀμήχανον· προσλαμβάνον γὰρ ταύτην ἢ μακρὸν γίνεται, ὅτε ἔστι μακρά, ἢ βραχύ, ὅτε ἔστι βραχεῖα, κοινὸν δὲ οὐδέποτε. οὐκ ἄρα ἔστι φύσει δίχρονα στοιχεῖα. εἰ δὲ λέ- 108 γοιεν κοινὰ φύσει ὑπάρχειν ταῦτα παρόσον ἐπιδεκτικά ἐστιν ἑκατέρου, μήκους τε καὶ συστολῆς, λήσονται σχεδὸν εἰς τὴν αὐτὴν ἐγκυλισθέντες ἀπορίαν. τὸ γὰρ ἐπιδεκτικόν τινος οὐκ ἔσται ἐκεῖνο τὸ οὗπερ ἐπιδεκτικόν ἐστιν· ὥσπερ γὰρ ὁ χαλκὸς ἐπιδεκτικός μέν ἐστι τοῦ ἀνδριὰς γενέσθαι, οὐκ ἔστι δὲ ἀνδριὰς ἐφ' ὅσον ἐπιδεκτικός ἐστι, καὶ ὃν τρόπον τὰ ξύλα ἐπιτήδειον μὲν ἔχει φύσιν εἰς τὸ ναῦς γενέσθαι, οὔπω δὲ ἔστι ναῦς, οὕτω καὶ τὰ τοιαῦτα τῶν στοιχείων ἐπιδεκτικά μέν ἐστι μήκους τε καὶ συστολῆς, οὔτε δὲ μακρά ἐστιν οὔτε βραχέα οὔθ' ἑκάτερον πρὶν ἀπὸ προσῳδίας ποιωθῆναι. πρός γε μὴν τοῖς λεχθεῖσιν ἐναν- 109 τίον ἐστὶν ἥ τε βραχύτης καὶ ἡ ἐπέκτασις, '''καὶ οὐ συνυφίσταται· ἀναιρέσει γὰρ τῆς βραχύτητος ἡ ἐπέκτασις συνίσταται, καὶ ἀναιρουμένης μακρᾶς βραχεῖα γίνεται. παρ' ἣν αἰτίαν ἀδύνατον περισπωμένην βραχεῖαν γενέσθαι, διὰ τὸ τῷ περισπασμῷ κατ' ἀνάγκην συνυφίστασθαι τὴν ἐπέκτασιν. διόπερ εἰ φύσει τι δίχρονόν ἐστι στοιχεῖον, ἤτοι 110 ὑφ' ἓν περὶ αὐτὸ ἥ τε τῆς βραχύτητος καὶ ἡ τῆς ἐπεκτάσεως ὑποστήσεται δύναμις ἢ παρὰ μέρος. ἀλλ' ὑφ' ἓν μὲν ἀμήχανον· περὶ γὰρ τὴν αὐτὴν ἐκφώνησιν κατὰ τὸ αὐτὸ ἀναιρετικαὶ ἀλλήλων δυνάμεις οὐκ ἂν ὑποσταῖεν. λείπεται ἄρα παρὰ μέρος. ὃ πάλιν ἐστὶν ἀπίθανον· ὅτε γὰρ ἔστι μακρόν, τότε οὐκ ἔστι κοινὸν στοιχεῖον βραχύτητος καὶ μήκους, ἀλλὰ βραχὺ μόνον.

o acento, nem se é longa, nem se é breve, da mesma forma α, ι, υ, tomadas por si sós, não serão comuns para ambas as forças, mas para nenhuma. // Resta então dizer que [a letra] existe em comum com a pronúncia. O que, novamente, é impraticável. Pois, recebendo-a, torna-se ou longa, quando é longa, ou curta, quando é curta, mas jamais em comum. // Portanto, não há elementos por natureza dicrônicos. Mas, se disserem que esses são comuns por natureza, na medida em que são capazes de conter, cada um deles, tanto comprimento quanto brevidade, [os gramáticos] tornar-se-ão inadvertidamente envolvidos em uma aporia similar. Pois o que é capaz de comportar algo não será aquilo que é capaz de ser comportado, como o bronze, que é capaz, por um lado, de comportar uma estátua, mas que, por outro lado, não é uma estátua na medida em que é capaz de comportá-la, e assim como as tábuas, que possuem, por um lado, natureza capaz de se tornar uma nau, mas que, por outro lado, <não> são uma nau, da mesma forma tais elementos são, de fato, capazes de comportar tanto comprimento quanto brevidade, mas não são nem longos, nem breves, nem ambos antes de serem qualificados pelo acento. // Além do que foi dito, a brevidade e a extensão são opostos, e não coexistem; pois a extensão consiste na destruição da brevidade, e o breve surge da destruição do extenso. Por essa razão, é impossível o circunflexo[150] se tornar breve, uma vez que o circunflexo necessariamente coexiste com a extensão. // Portanto, se há algum elemento por natureza dicrônico, então as faculdades da brevidade e da extensão subsistirão em relação a ele, ou simultaneamente ou separadamente. Mas, por um lado, é impraticável que subsistam simultaneamente, pois faculdades mutuamente destrutivas não subsistem em um mesmo proferimento, resta então [considerar que subsistem] separadamente. Mais uma vez, isso é improvável, pois, quando é breve, não é um elemento com brevidade e extensão em comum, mas apenas breve.

111   Ὁ δ' αὐτὸς τῆς ἐπιχειρήσεως τρόπος γινέσθω καὶ ἐπὶ τῶν φύσει ψιλῶν ἢ δασέων ἢ καθ' ἑκάτερον κοινῶν· ἡμῖν δὲ ἀπόχρη τὸ γένος τῆς ἐπιχειρήσεως ὑποδεῖξαι.

Καὶ μὴν ἐπεὶ ἀνῄρηται τὰ κοινὰ καὶ δέδεικται τὸ ἐκτείνεσθαι μόνον αὐτὰ ἢ συστέλλεσθαι, ἀκολουθήσει καὶ τὸ δισσὸν ὑπάρχειν ἕκαστον, τὸ μὲν φύσει μακρὸν τὸ δ' 112 αὖ φύσει βραχύ. δισσοῦ οὖν ὄντος τοῦ α καὶ ι καὶ υ οὐκέτι ἑπτὰ γενήσεται μόνον στοιχεῖα φωνάεντα, ὧν δύο μὲν μακρά, τό τε η καὶ τὸ ω, δύο δὲ βραχέα, τό τε ε καὶ τὸ ο, τρία δὲ δίχρονα, τό τε α καὶ ι καὶ υ, ἀλλὰ τὰ σύμπαντα δέκα, καὶ τούτων τὰ πέντε μὲν μακρά, τό τε η καὶ τὸ ω καὶ τὸ μακρὸν α καὶ ι καὶ υ, ἰσάριθμα δὲ τὰ 113 βραχέα, τὸ ο καὶ τὸ ε καὶ τὸ βραχὺ α καὶ ι καὶ υ. ἀλλ' ἐπεὶ οὐ δύο μόνον ὑπειλήφασιν εἶναι προσῳδίας γραμματικῶν παῖδες, τήν τε μακρὰν καὶ βραχεῖαν, ἀλλὰ καὶ ὀξεῖαν βαρεῖαν περισπωμένην δασεῖαν ψιλήν, ἕκαστον τῶν ὑποδεδειγμένων φωναέντων ἔχον τινὰ τούτων κατ' ἰδίαν προσῳδίαν γενήσεται στοιχεῖον· καὶ ᾧ λόγῳ οὐδὲν ἦν κοινὸν μήκους τε καὶ βραχύτητος στοιχεῖον, ἀλλ' ἢ μακρὸν μόνον, ὅτ' εἶχε τὴν μακράν, ἢ βραχύ, ὅτ' εἶχε τὴν βραχεῖαν, τῷ αὐτῷ λόγῳ οὐδὲν ἔσται κοινὸν ὀξύτητος καὶ βαρύτητος, ἀλλ' ἢ ὀξὺ μόνον, ὅτε προσείληφει τὴν ὀξεῖαν, ἢ βαρύ, ὅτε τὴν βαρεῖαν. καὶ ἐπὶ τῶν ἄλλων τὸ ἀνάλογον. ἐπεὶ οὖν τὰ μὲν βραχέα δύ' ὄντα ἀνὰ πέντε ἐπιδέχεται προσῳδίας, βραχεῖαν ὀξεῖαν βαρεῖαν δασεῖαν ψιλήν, δέκα 114 γενήσεται. τὰ δὲ μακρὰ πάλιν δύο ὄντα εἰ ἐκ περισσοῦ προσλαμβάνει καὶ τὴν προσῳδίαν τὴν περισπωμένην (μηκύνεται γὰρ ταῦτα καὶ ὀξύνεται καὶ βαρύνεται καὶ δασύνεται καὶ ψιλοῦται καὶ ἰδιαίτερον περισπᾶσθαι πέφυκε), γενήσεται ''' δώδεκα. τὰ δὲ κοινὰ τρία καθεστῶτα τὰς ἑπτὰ προσῳδίας καθ' ἕκαστον ἐπιδέχεται, καὶ ταῦτα γίνεται εἴκοσι καὶ ἕν· ὥστε πάντα τεσσαράκοντα καὶ τρία τυγχά-

// Que seja adotado o mesmo modo de ataque para com os [elementos] que são por natureza suaves, ásperos ou ambos em comum;[151] para nós, será suficiente indicar o tipo de ataque.

E, uma vez que as [vogais] comuns forem destruídas e for demonstrado que elas são somente longas ou curtas, seguir-se-á que cada uma delas é dupla, uma, por um lado, longa por natureza e a outra, por outro lado, curta por natureza. // Assim, sendo duplas α, ι, υ, não mais virão a ser somente sete os elementos vogais, dos quais dois, por um lado, são longos: η, ω; dois, por outro lado, são curtos: ε, ο; e três os dicrônicos: α, ι, υ; mas no total são dez, e, desses, cinco são, por um lado, longos: η, ω, α, ι, υ; e iguais em número, por outro lado, os curtos: ο, ε, α, ι, υ. // Mas, uma vez que os grupos dos gramáticos[152] assumem que existem não apenas dois acentos, o longo e o breve, mas também o agudo, o grave, o perispômeno, o áspero e o suave, cada uma dessas vogais que foram indicadas que possui alguma dessas pronúncias particulares se tornará um elemento. E, pelo argumento segundo o qual nenhum elemento é comum em extensão e brevidade, mas ou somente longo, quando possui o mácron, ou breve, quando possui a bráquia,[153] por esse mesmo argumento, não haverá nenhum [elemento] comum em agudez e gravidade, mas ou somente o agudo, quando recebe acento agudo, ou grave, quando [recebe] o acento grave, e analogamente quanto aos outros. Tendo em vista, então, que as breves, sendo duas, admitem cinco acentos, o curto, o agudo, o grave, o áspero e o suave, elas tornar-se-ão dez. // Contudo, novamente, as longas, sendo duas, se recebem em abundância o acento perispômeno (pois o longo, o agudo, o grave, o áspero e o suave são naturalmente propriedades do perispômeno), tornar-se-ão doze. Mas as três [vogais] comuns que foram colocadas admitem sete acentos cada uma e, por isso, tornam-se 21. Assim, o total vem a ser 43,

νειν· οἷς τῶν δεκαεπτὰ συμφώνων προστιθεμένων ἑξήκοντα γίνεσθαι στοιχεῖα, ἀλλ' οὐκ εἰκοσιτέσσαρα.

Ἔστι δὲ καὶ ἕτερος λόγος καθ' ὃν ἀξιοῦται διαφόρως 115 τὰ φωνάεντα πάλιν στοιχεῖα ἐλάσσονα εἶναι τῶν παρὰ τοῖς γραμματικοῖς θρυλουμένων ἑπτά. εἰ γὰρ τὸ α κατ' αὐτοὺς ἐκτεινόμενον καὶ συστελλόμενον οὐχ ἕτερόν ἐστι στοιχεῖον ἀλλ' ἓν κοινόν, ὡσαύτως δὲ καὶ τὸ ι καὶ τὸ υ, ἀκολουθήσει καὶ τὸ ε καὶ τὸ η ἓν εἶναι στοιχεῖον κατὰ τὴν αὐτὴν δύναμιν κοινόν· ἡ γὰρ αὐτὴ δύναμις ἐπ' ἀμφοτέρων ἐστί, καὶ συσταλὲν μὲν τὸ η γίνεται ε, ἐκταθὲν δὲ τὸ ε γίνεται η. κατὰ δὲ τὸν αὐτὸν τρόπον καὶ τὸ ο καὶ τὸ ω μία στοιχείου γενήσεται φύσις κοινή, ἐκτάσει καὶ συστολῇ διαφέρουσα, ἐπείπερ τὸ μὲν ω μακρόν ἐστιν ο, τὸ δὲ ο βραχύ ἐστιν ω. τυφλώττουσιν οὖν οἱ γραμματι- 116 κοὶ καὶ τὸ ἀκόλουθον αὐτοῖς οὐ συνορῶσι, λέγοντες ἑπτὰ φωνάεντα τυγχάνειν, πέντε μόνων ὄντων πρὸς τὴν φύσιν.

Καὶ ἀναστρόφως ἔσεσθαί τινά φασιν ἔνιοι τῶν φιλοσόφων πλείονα στοιχεῖα, διάφορον ἔχοντα δύναμιν τῶν συνήθως παραδιδομένων, οἷον καὶ τὸ αι καὶ τὸ ου καὶ πᾶν ὃ τῆς ὁμοίας ἐστὶ φύσεως. τὸ γὰρ στοιχεῖον κριτέον μάλιστα, ὅτι στοιχεῖόν ἐστιν, ἐκ τοῦ ἀσύνθετον καὶ μονόποιον ἔχειν φθόγγον, οἷός ἐστιν ὁ τοῦ α καὶ ε καὶ ο καὶ τῶν λοιπῶν. ἐπεὶ οὖν ὁ τοῦ αι καὶ ει φθόγγος ἁπλοῦς 117 ἐστὶ καὶ μονοειδής, ἔσται καὶ ταῦτα στοιχεῖα. τεκμήριον δὲ τῆς ἁπλότητος καὶ μονοειδείας τὸ λεχθησόμενον. ὁ μὲν γὰρ σύνθετος φθόγγος οὐχ οἷος ἀπ' ἀρχῆς προσπίπτει τῇ αἰσθήσει, τοιοῦτος ἄχρι τέλους παραμένειν πέφυκεν, ἀλλὰ κατὰ παράτασιν ἑτεροιοῦται, ὁ δὲ ἁπλοῦς καὶ ὄντως τοῦ στοιχείου λόγον ἔχων τοὐναντίον ἀπ' ἀρχῆς μέχρι τέλους ἀμετάβολός ἐστιν. οἷον τοῦ μὲν ρα φθόγγου ἐν παρατάσει προφερομένου, δῆλον ὡς οὐχ ὡσαύτως αὐτοῦ κατὰ τὴν πρώτην πρόσπτωσιν ἀντιλήψεται ἡ αἴσθησις

as quais, adicionadas às dezessete consoantes, tornar-se-ão sessenta os elementos, e não 24.[154]

// Mas há outro argumento pelo qual se consideram de modo diferente os elementos vogais, em número contrariamente menor do que os sete que são alardeados pelos gramáticos. Pois se α, segundo eles, quando alongado e abreviado, não é outro elemento, mas um [elemento] comum, e, de modo semelhante, [também] ι e υ, seguir-se-á que ε e η serão um elemento comum com o mesmo poder, pois o mesmo poder está nos dois casos, e, quando abreviado, por um lado, η se torna ε, e, quando alongado, por outro lado, ε se torna η. Do mesmo modo, o e ω se tornarão um elemento comum em natureza, diferindo em extensão e brevidade, uma vez que, por um lado, ω é o longo, e, por outro lado, o é ω breve. // De fato, os gramáticos são cegos e não são capazes de ver as consequências disso quando dizem que as vogais são sete, embora existam apenas cinco por natureza.

Mas, contrariamente, alguns filósofos dizem que existem alguns elementos a mais, que possuem um poder diferente dos que são usualmente recebidos, por exemplo, por αι, ου e tudo o que é de natureza semelhante. Pois se deve julgar que um elemento é de fato um elemento por possuir um som único e não composto, como são α, ε, o e o resto. // Tendo em vista, então, que o som de αι e de ει é simples e de um mesmo tipo, estes serão elementos.[155] Mas uma prova demonstrativa[156] da simplicidade e da uniformidade [do som] está no que será dito a seguir. Pois, por um lado, um som composto não é tal que, quando originalmente se dá à percepção, naturalmente permanece o mesmo até o fim, e sim muda de acordo com sua extensão; já o simples, por outro lado, que realmente é um elemento e possui a característica oposta, é inalterável do princípio ao fim. Por exemplo, quando o som do ρα é estendido em um proferimento, é evidente que não será apreendido pela primeira impressão

καὶ κατὰ τὴν τελευταίαν, ἀλλὰ κατ' ἀρχὰς μὲν ὑπὸ τῆς τοῦ ρ ἐκφωνήσεως κινηθήσεται, μεταῦθις δὲ ἐξαφανισθείσης αὐτῆς εἰλικρινοῦς τῆς τοῦ α δυνάμεως ποιήσεται τὴν ἀντίληψιν. ὅθεν οὐκ ἂν εἴη στοιχεῖον τὸ ρα καὶ πᾶν 118 τὸ ἐοικὸς αὐτῷ. εἰ δὲ τὸν τοῦ αι φθόγγον λέγοιεν, οὐδὲν ἔσται τοιοῦτον, ἀλλ' οἷον ἀπ' ἀρχῆς ἐξακούεται τῆς φωνῆς ἰδίωμα, τοιοῦτον καὶ ἐπὶ τέλει, ὥστε στοιχεῖον ἔσται τὸ αι. τούτου δὲ οὕτως ἔχοντος, "ἐπεὶ καὶ ὁ τοῦ ει φθόγγος καὶ ὁ τοῦ ου μονοειδὴς καὶ ἀσύνθετος καὶ ἀμετάβολος ἐξ ἀρχῆς ἄχρι τέλους λαμβάνεται, ἔσται καὶ οὗτος στοιχεῖον.

119 Ἀλλὰ ἀφέμενοί γε ταύτης· τῆς ζητήσεως ἐκεῖνο ἂν λέγοιμεν, ὃ μᾶλλον δύναται θλίβειν τοὺς γραμματικούς. εἰ γὰρ κοινὰ λέγεται στοιχεῖα τρία, α ι υ, διὰ τὸ ἐπιδεκτικὰ τυγχάνειν μήκους τε καὶ συστολῆς, ἀκολουθήσει πᾶν στοιχεῖον κοινὸν εἶναι λέγειν· ἐπιδεκτικὸν γάρ ἐστι τῶν τεσσάρων προσῳδιῶν, βαρύτητος ὀξύτητος ψιλότητος δασύτητος. ἢ εἴπερ οὐχ ὑπομένουσι πᾶν στοιχεῖον κοινὸν εἶναι λέγειν, μηδ' ἐκεῖνα λεγέτωσαν κοινὰ παρόσον ἐκτάσεως καὶ συστολῆς ἐστὶν ἐπιδεκτικά.

120 Ἥκει μὲν οὖν ἠπορημένων τῶν στοιχείων τῆς γραμματικῆς πέρας ἐπιτεθεικέναι τῇ ζητήσει· τίς γὰρ ἀπολείπεται λόγος περὶ τῶν μετὰ τὰς ἀρχὰς τοῖς τὰς ἀρχὰς οὐκ ἔχουσι γραμματικοῖς; ὅμως δ' οὖν ἐνδοτέρω προχωροῦντας οὐκ ἔστιν ἀλλότριον κἀκείνων δείγματος χάριν ἀποπειραθῆναι. καὶ ἐπεὶ ἐκ στοιχείων αἱ συλλαβαί εἰσι, περὶ τούτων ἐπισυνάπτωμεν.

121 Πᾶσα οὖν συλλαβὴ ἢ μακρά ἐστιν ἢ βραχεῖα. μακρὰ δὲ γίνεται, φασί, διχῶς, φύσει τε καὶ θέσει, φύσει μὲν τριχῶς, ἢ ὅταν ἔχῃ στοιχεῖον φύσει μακρὸν ὡς ἐπὶ τῆς ἠώς λέξεως, ἑκατέρα γὰρ τούτων τῶν συλλαβῶν ἐστὶ μακρὰ διὰ τὸ τὴν μὲν τὸ η τὴν δὲ τὸ ω φύσει ἔχειν μακρόν, ἢ

do mesmo modo que pela última, mas, por um lado, será modificado no princípio pela pronúncia de ρ, e, por outro lado, após esse som se extinguir, α puro será capaz de se fazer apreendido. Por isso, ρα não vem a ser um elemento, nem todos [que são] semelhantes a ele. // Mas, se disserem o som[157] αι, em nada será mais desse modo, mas desde o começo ele será ouvido como um som[158] único, e o mesmo no final, de modo que αι será um elemento. Mas, assim sendo, uma vez que o som de ει e de ου mantém-se do mesmo tipo, não composto e inalterável desde o princípio até o fim, ele será um elemento.

// Mas, tendo deixado de lado essa investigação, digamos algo que é capaz de afligir ainda mais os gramáticos. Pois, se dizem que os elementos comuns são três: α, ι, υ, por serem receptivos à extensão e à abreviação, segue-se que todo elemento é comum, pois é receptivo a quatro acentos, o grave, o agudo, o suave e o áspero. Ou, se não toleram que se diga que todos os elementos são comuns, não [podem] dizer que são comuns por serem receptivos à extensão e à abreviação.

// Mas é suficiente, então, com os elementos da Gramática levados à aporia, colocar um término na investigação. Pois qual argumento acerca do que está além dos princípios resta aos gramáticos, [já que] não possuem esses princípios? Não obstante, enquanto avançamos mais profundamente, não seria fora de propósito testá-los como exemplo. E, uma vez que as sílabas advêm dos elementos, anexemos [uma investigação] sobre elas.

// De fato, toda sílaba é ou longa ou curta. A longa vem a ser, dizem, de dois modos, por natureza e posição. Por natureza de três modos: ou quando tem um elemento longo por natureza, como na palavra ἠώς [aurora],[159] por exemplo, pois cada uma dessas sílabas é longa por ter, por um lado, η e, por outro lado, ω, longas por natureza;[160] ou

ὅταν ἐκ δυοῖν φωναέντων συνεστήκῃ ὡς ἐπὶ τῆς αἰεί λέξεως, αἱ γὰρ δύο συλλαβαὶ μακραὶ τῷ ἑκατέραν ἐκ δυοῖν φωναέντων ὑπάρχειν, ἢ ὅταν κοινὸν ἔχῃ τὸ στοιχεῖον μακροτόνως παρειλημμένον ὡς ἐπὶ τῆς Ἄρης· τὸ γὰρ α δίχρονον νῦν μακροτόνως ἐκφέρεται. οὐκοῦν φύσει τριχῶς 122 μηκύνεται συλλαβή, θέσει δὲ πενταχῶς, ἤτοι ὅταν εἰς σύμφωνα τῶν ἁπλῶν λήγῃ δύο, ἢ ὅταν ἡ μετ' αὐτὴν συλλαβὴ ἀπὸ συμφώνων δύο ἄρχηται, ἢ ὅταν εἰς σύμφωνον λήγῃ καὶ ἀπὸ συμφώνου ἡ ἑξῆς ἄρχηται, ἢ ὅταν εἰς διπλοῦν λήγῃ στοιχεῖον, ἢ ὅταν μετ' αὐτὴν διπλοῦν ἐπιφέρηται. εἰ δὴ πᾶσα συλλαβὴ ἤτοι μακρά ἐστιν ἢ βραχεῖα 123 κατὰ τοὺς ὑποδεδειγμένους τῆς τεχνολογίας τρόπους, ἐὰν παραστήσωμεν μηδετέραν οὖσαν αὐτῶν, δῆλον ὡς οὐδὲ λέξιν ἕξουσιν οἱ γραμματικοί· καθὰ γὰρ τῶν στοιχείων ἀναιρουμένων συναναιροῦνται καὶ αἱ συλλαβαί, οὕτω καὶ τῶν συλλαβῶν μὴ οὐσῶν οὔτε αἱ λέξεις γενήσονται οὔτε κοινῶς τὰ τοῦ λόγου μέρη, διὰ δὲ τοῦτ' οὐδὲ λόγος.

Ἵν' οὖν ᾖ τις βραχεῖα συλλαβή, δεῖ προωμολογῆσθαι 124 ὅτι ἐλάχιστος καὶ βραχὺς ἔστι χρόνος, ἐν ᾧ ὑφίσταται. οὐκ ἔστι δὲ ἐλάχιστος χρόνος· πᾶς γὰρ εἰς ἄπειρον τέμνεται, ὡς ἐν τοῖς ὕστερον δείξομεν· εἰ δὲ εἰς ἄπειρον τέμνεται, οὐκ ἔστιν ἐλάχιστος. οὐκ ἄρα ἔσται βραχεῖα συλλαβὴ βραχὺν ἔχουσα χρόνον. εἰ δὲ λέγοιεν νῦν βραχεῖαν καλεῖν καὶ ἐλαχίστην συλλαβὴν οὐ τὴν πρὸς φύσιν ἐλαχίστην οὖσαν ἀλλὰ τὴν πρὸς αἴσθησιν, ἑαυτοῖς προσαύξουσι τὴν ἀπορίαν. τὰς γὰρ λεγομένας παρ' αὐτοῖς 125 βραχείας συλλαβὰς εὑρήσομεν ὡς πρὸς αἴσθησιν μεριστάς, οἷον τὴν ερ. αἰσθητῶς γὰρ ἐπιβάλλομεν ἐπ' αὐτῆς ὅτι προεκφωνεῖται τῆς τοῦ ρ δυνάμεως ἡ τοῦ ε δύναμις. καὶ ἐναλλάξαντες εἰ λέγοιμεν ρε, πάλιν ἀντιληψόμεθα ὅτι πρώτη μέν ἐστι κατὰ τὴν τάξιν ἡ τοῦ ρ δύναμις, δευτέρα δὲ ἡ τοῦ ε. ἐπεὶ οὖν πᾶν ὃ πρῶτον καὶ δεύτερον μέρος 126 ἔχει πρὸς αἴσθησιν, οὐκ ἔστιν ἐλάχιστον πρὸς αἴσθησιν,

quando é composta por duas vogais, como na palavra αἰεί [sempre], pois as duas sílabas [são] longas, porque cada uma é constituída por duas vogais;[161] ou quando possui um elemento comum que recebeu acento longo, como em Ἄρης [Ares], pois o α dicrônico é agora pronunciado com acento longo. // Portanto, por natureza, a sílaba se alonga de três modos, mas, por posição, de cinco modos:[162] ou quando termina com duas consoantes simples; ou quando a sílaba após ela começa com duas consoantes;[163] ou quando termina com uma consoante e a próxima começa com uma consoante;[164] ou quando termina com um elemento duplo;[165] ou quando um elemento duplo a ela se segue.[166] // Se, de fato, toda sílaba é ou longa ou breve conforme o modo indicado por seu tratamento técnico,[167] então, se estabelecermos que não há nenhuma dessas duas [sílabas], é evidente que os gramáticos não terão tampouco uma palavra, pois, quando os elementos são destruídos, destroem-se as sílabas, e assim, do mesmo modo, se não houver sílabas, também não surgirão palavras, nem em geral as partes do discurso, e, por isso, nem o discurso.

// Para que de fato uma sílaba seja breve, é preciso conceder inicialmente que há um tempo mínimo[168] e curto no qual subsista. Mas não há um tempo mínimo, pois todo [tempo] divide-se ao infinito, conforme demonstraremos posteriormente;[169] mas, se se divide ao infinito, não há mínimo. Não haverá, portanto, sílaba breve que ocupe tempo curto. Mas se disserem agora que chamam de breve e mínima a sílaba que é menor não por natureza, mas a que o é conforme a percepção sensível, aumentam para si próprios a aporia. // Pois descobriremos que as sílabas chamadas por eles de breves são divisíveis pela percepção sensível, por exemplo, ερ. Pois apreendemos pela [própria] percepção, nesse caso, que a força[170] de ε é pronunciada antes da força do ρ. E, invertendo-as, se dissermos ρε, novamente apreenderemos que, por um lado, a força do ρ é a primeira na ordem e, por outro lado, a do ε é a segunda. // Então, já que tudo o que, para a percepção, possui uma primeira e uma segunda parte não é mínimo para a percepção,

φαίνεται δὲ ἡ κατὰ τοὺς γραμματικοὺς βραχεῖα συλλαβὴ πρῶτον καὶ δεύτερον ἔχουσα, οὐκ ἂν εἴη πρὸς αἴσθησιν ἐλάχιστος καὶ βραχεῖα συλλαβή. μουσικοὶ μὲν γὰρ ἴσως ἀλόγους τινὰς χρόνους καὶ φωνῶν παραυξήσεις δυνήσονται ἀπολιπεῖν· τοῖς δὲ μὴ χωροῦσι τὸ τοιοῦτον βάθος γραμματικοῖς τῆς ἀπορίας, ἀλλ' αὐτὸ μόνον εἰς βραχεῖαν καὶ μακρὰν διαιρουμένοις τὴν γενικὴν συλλαβήν, οὐκ ἔστι συγγνωμονεῖν δίκαιον. οὐκοῦν ἀνυπόστατός ἐστιν ἡ βραχεῖα συλλαβή.

127 Καὶ μὴν ἡ μακρὰ πάλιν ἔσται ἀνύπαρκτος· δίχρονον μὲν γὰρ αὐτὴν εἶναι λέγουσι, δύο δὲ χρόνοι οὐ συνυπάρχουσιν ἀλλήλοις. εἰ γὰρ δύο εἰσί, τούτῳ διορίζονται ὅτι εἰσὶ δύο, τῷ τὸν μὲν ἐνεστηκέναι τὸν δὲ μή· εἰ δὲ ὃς μὲν ἐνέστηκεν ὃς δὲ οὐκ ἐνέστηκεν, οὐ συνυπάρχουσιν 128 ἀλλήλοις. διόπερ καὶ ἡ μακρὰ συλλαβὴ εἴπερ ἐστὶ δίχρονος, ὀφείλει, ὅτε μὲν αὐτῆς ἐνέστηκεν ὁ πρῶτος χρόνος, τότε ὁ δεύτερος μὴ ἐνεστηκέναι, καὶ ὅτε ὁ δεύτερος ἐνίσταται, τότε ὁ πρῶτος μηκέτι εἶναι. ἀσυνυπάρκτων δὲ αὐτῆς ὄντων τῶν μερῶν ὅλη μὲν οὐχ ὑφέστηκε, μέρος δέ τι αὐτῆς. ''ἀλλὰ τό γε μέρος αὐτῆς οὐκ ἦν αὐτή, ἐπεὶ 129 οὐ διοίσει τῆς βραχείας ἡ μακρὰ συλλαβή. οὐκ ἄρα οὐδὲ μακρά τις ἔστι συλλαβή. εἰ δὲ λέγοιεν κατὰ συμμνημόνευσιν νοεῖσθαι μακρὰν συλλαβήν (τοῦ γὰρ προλεχθέντος φθόγγου μνημονεύοντες καὶ τοῦ νῦν λεγομένου ἀντιλαμβανόμενοι τὸ ἐξ ἀμφοτέρων συντιθέμενον μακρὰν ἐνενοήσαμεν συλλαβήν) — εἰ δὴ τοῦτο λέγοιεν, οὐδὲν ἄλλο ἢ ἀνυπόστατον ὁμολογήσουσιν εἶναι τὴν τοιαύτην συλλα130 βήν. εἰ γὰρ ὑφέστηκεν, ἤτοι ἐν τῷ προαναφωνουμένῳ φθόγγῳ ὑφέστηκεν ἢ ἐν τῷ ἐπαναφωνουμένῳ. οὔτε δὲ ἐν τῷ προαναφωνουμένῳ οὔτε ἐν τῷ ἐπαναφωνουμένῳ· ἑκάτερος γὰρ αὐτῶν κατ' ἰδίαν μὴ ὑφεστὼς οὐδὲ τὴν ἀρχὴν συλλαβή ἐστιν· ὥστε οὐδὲ ὑφέστηκεν. ὑφεστὼς δὲ

e a sílaba breve, segundo os gramáticos, revela-se possuindo uma primeira e uma segunda parte, não haveria sílaba mínima ou breve para a percepção. Talvez os músicos, por um lado, sejam capazes de nos deixar com tempo e extensão dos sons igualmente irracionais; mas, por outro lado, para com os gramáticos, que não admitem tal profundidade do ilimitado, e somente dividem a sílaba em geral em breve e longa, não é justo ser indulgente. Portanto, a sílaba breve é sem fundamento.

// Além disso, a longa também será sem fundamento, pois dizem, por um lado, que ela é dicrônica, mas, por outro lado, dois tempos não coexistem um com o outro. Pois, se são dois, por isso se distinguem como sendo dois, por um estar presente e o outro não; mas, se um está presente e o outro não, [então] não coexistem um com o outro. // E, por isso, à sílaba longa, se for de fato dicrônica, convém que, quando o primeiro tempo dela está presente, o segundo não está presente, e [por outro lado], quando o segundo está presente, o primeiro não mais estará. E, como as partes dela são incapazes de coexistir, o todo não subsiste, mas [somente] alguma parte dele. Mas a parte dele não seria ele próprio, uma vez que não diferirão a sílaba breve e a longa. Portanto, não há uma sílaba longa. // Mas, se disserem que a sílaba longa é concebida por lembranças concorrentes[171] (isto é, enquanto estamos lembrando o som pronunciado anteriormente e captamos o que é dito agora, concebemos a sílaba longa como uma combinação de ambos) – se de fato disseram isso, concordarão que esse tipo de sílaba não é nada mais além de sem fundamentação. // Pois, se subsiste, subsiste apenas ou no som que foi proferido primeiro ou no que foi proferido depois. Mas não [subsiste] nem no que foi proferido primeiro, nem no que foi proferido depois, pois cada um deles não subsiste por si só, nem é, a princípio, uma sílaba, uma vez que não subsiste; mas, subsistindo,

βραχεῖά ἐστιν ἀλλ' οὐ μακρὰ συλλαβή. οὔτε δὲ ἐν ἀμφοτέροις· ὁ γὰρ ἕτερος αὐτῶν τοῦ ἑτέρου ὑφεστῶτος οὐχ ὑφέστηκεν, ἐκ δὲ τοῦ ὑπάρχοντος καὶ μὴ ὑπάρχοντος οὐδὲν ἔστιν ἐπινοῆσαι συγκείμενον ὡς ἐκ μερῶν. οὐκ ἄρα ἔστι τις μακρὰ συλλαβή.

Ἀνάλογον δὲ τούτοις ἐστὶ καὶ τὰ περὶ λέξεως καὶ τῶν 131 τοῦ λόγου μερῶν ἀπορεῖσθαι ὀφείλοντα. πρῶτον μὲν γάρ, ὡς μικρῷ πρότερον ὑπεδείκνυμεν, μὴ οὔσης συλλαβῆς μηδὲ λέξιν εἶναι δυνατόν· ἐκ συλλαβῶν γὰρ αἱ λέξεις λαμβάνουσι τὴν ὑπόστασιν. εἶτα καὶ κατὰ τὴν αὐτὴν ἔφοδον ἐξέσται προηγουμένως ἐπ' αὐτῆς τῆς λέξεως τὰς αὐτὰς χειρίζειν ἀπορίας. ἢ γὰρ συλλαβή ἐστιν ἢ ἐκ συλλαβῶν συνέστηκεν· ὅπως δ' ἂν ἔχῃ, τὰς ἐκκειμένας ἡμῖν ἐπὶ τῆς συλλαβῆς ἀπορίας ἐπιδέξεται. ἀλλ' ὅμως ἵνα μὴ 132 καινοτέρων ἐλέγχων ἀπορεῖν δοκῶμεν, προσφωνητέον τι κἀνταῦθα τοῖς γραμματικοῖς.

Ὅταν γὰρ μέρη τινὰ λόγου καλῶσιν, οἷον ὄνομα ῥῆμα ἄρθρον καὶ τὰ λοιπά, πόθεν λαβόντες; ἤτοι γὰρ ταῦτα ὅλα τὸν λόγον καλοῦσιν, ἢ ταῦτα μέρη ἐκείνου, μήτε δ' ἐκείνου ὡς ὅλου νοεῖσθαι δυναμένου μήτε τούτων ὡς μερῶν ἐκείνου. λαμβανέσθω δὲ τὰ εἰς τὴν ὑπόθεσιν παραδείγματα, ὡς μὴ ἀπῶμεν τῶν τῆς γραμματικῆς θεωρημάτων. ἔστω τοίνυν ὑποθέσεως χάριν λόγος μὲν ὁ σύμπας οὗτος 133 ὁ στίχος,

μῆνιν ἄειδε θεὰ Πηληϊάδεω Ἀχιλῆος,

μέρη δὲ αὐτοῦ ταῦτα, τό τε μῆνιν προσηγορία καθεστώς, καὶ τὸ ἄειδε ῥῆμα προστακτικόν, καὶ τὸ ""θεά προσηγορία πάλιν θηλυκή, καὶ τὸ Πηληϊάδεω ὄνομα πατρωνυμικόν, πρὸς δὲ τούτοις καὶ τὸ Ἀχιλῆος ὄνομα κύριον. οὐκοῦν ἤτοι ἄλλο τί ἐστιν ὁ λόγος παρὰ τὰ μέρη αὐτοῦ 134 καὶ ἄλλα τὰ μέρη παρὰ τὸν λόγον, ἢ τὸ ἄθροισμα τῶν μερῶν ὁ λόγος ὑπείληπται. καὶ εἰ μὲν ἄλλο τι τῶν με-

é uma sílaba breve, e não uma longa; também não [subsiste] em ambos [os sons], pois, quando um deles subsiste, o outro não subsiste, e nada que é composto por uma parte existente e outra não existente se pode conceber.[172] Portanto, não há uma sílaba longa.

// Análogas a essas são as aporias que devem ser lançadas acerca das palavras[173] e das partes do discurso. Pois, primeiro, como pouco atrás demonstramos, não existindo a sílaba, tampouco a palavra é possível; pois as palavras recebem das sílabas a sua existência. Em seguida, de acordo com o mesmo ataque, será possível lançar as mesmas aporias acerca da própria palavra, pois é ou uma sílaba ou composta por sílabas, e, de qualquer modo que se considere, estarão sujeitas às aporias que propusemos no caso da sílaba. // Ainda assim, para não parecer que estamos com falta de novos argumentos, deve-se dizer algo acerca disso para os gramáticos.

Quando, pois, chamam certas coisas de partes da sentença, por exemplo, nome, verbo, artigo e o resto, de onde pegaram [isso] <...>?[174] Pois ou dizem que tais coisas [são] toda a sentença, ou partes dela, mas a sentença nem pode ser concebida como um todo, nem tais coisas como partes dele. Mas que sejam considerados os exemplos para essa hipótese para que não nos afastemos dos teoremas[175] da Gramática. // Que seja, portanto, [concedida] a hipótese de que este verso é uma sentença completa:

μῆνιν ἄειδε θεὰ Πηληιάδεω Ἀχιλῆος [A ira, canta, deusa, do filho de Peleu, Aquiles],[176]

mas suas partes [são] estas, μῆνιν [ira] vem a ser um substantivo,[177] ἄειδε [canta] um verbo no imperativo, θεὰ [deusa] novamente um substantivo feminino, e Πηληιάδεω [filho de Peleu] um nome patronímico, e, ao lado desses, Ἀχιλῆος [Aquiles], nome próprio. // Então, ou a sentença é outra coisa além de suas partes, e suas partes algo além da sentença, ou o agregado das partes é suposto como a sentença. E se a sentença é outra coisa

ρῶν ἐστιν ὁ λόγος, αἰρομένων δηλονότι τῶν ἐκκειμένων τοῦ λόγου μερῶν ὑπολειφθήσεται ὁ λόγος. τοσοῦτον δὲ ἀπέχει ὁ προειρημένος στίχος τοῦ μένειν πάντων αἰρομένων αὐτοῦ τῶν μερῶν, ὡς κἂν ἓν ὁδηποτοῦν αὐτοῦ μέρος ἀνέλωμεν, οἷον τὸ μῆνιν ἢ τὸ ἄειδε, μηκέτι στίχος ὑπάρ-
135 χειν. εἰ δὲ τὸ ἄθροισμα τῶν τοῦ λόγου μερῶν νοεῖται λόγος, τῷ μηδὲν εἶναι τὸν ἀθροισμὸν παρὰ τὰ ἠθροισμένα καθάπερ καὶ τὸ διάστημα παρὰ τὰ διεστηκότα, οὐδὲν ὑπάρξει ὁ λόγος οὗ νοηθήσεταί τινα μέρη. μηδενὸς δὲ ὄντος ὅλου λόγου οὐδὲ μέρη τινὰ τούτου γενήσεται. ὥσπερ οὖν εἰ μηδέν ἐστιν ἀριστερόν, οὐδὲ δεξιὸν ἔστιν, οὕτως εἰ
136 μὴ ἔστι τι ὅλον λόγος, οὐδὲ τὰ μέρη ὑπάρξει. καθόλου τε, εἰ τὸν ἀθροισμὸν τῶν τοῦ λόγου μερῶν ὅλον ἡγήσονται λόγον, ἀκολουθήσει αὐτοῖς τὰ μέρη τοῦ λόγου ἀλλήλων λέγειν εἶναι μέρη. εἰ γὰρ μηδὲν ὑπόκειται ὅλον παρ' αὐτὰ οὐ γενήσεται μέρη, ἀλλήλων ἔσται μέρη. τοῦτο
137 δὲ ὡς ἔστιν ἀλογώτατον, σκοπῶμεν. τὰ γὰρ μέρη πάντως ἐμπεριέχεται ἐκείνοις τοῖς ὧν λέγεται μέρη, ἴδιον τόπον ἐπέχοντα καὶ ἰδίαν ὑπόστασιν ἔχοντα, ἐν ἀλλήλοις δὲ οὐκ ἐμπεριέχεται. οἷον ἀνθρώπου μὲν μέρη χεῖρες καθεστᾶσι, χειρῶν δὲ δάκτυλοι καὶ δακτύλων ὄνυχες. διόπερ ἐν μὲν ἀνθρώπῳ χεῖρες περιέχονται, ἐν χερσὶ δε δάκτυλοι, ἐν δακτύλοις δὲ ὄνυχες, καὶ οὐχ ἡ μὲν δεξιὰ χεὶρ τὴν ἀριστερὰν συμπληροῖ, ὁ δὲ λιχανὸς τὸν ἀντίχειρα δάκτυλον ἀπαρτίζει, ἢ δὲ κεφαλὴ τοὺς πόδας συντίθησι καὶ οἱ πόδες τὸν
138 θώρακα. ὅθεν καὶ τὰ μέρη τοῦ λόγου οὐ ῥητέον ἀλλήλων εἶναι μέρη, ἐπεὶ ἐν ἀλλήλοις αὐτὰ δεήσει περιέχεσθαι, τὸ μὲν μῆνιν ἐν τῷ ἄειδε, τὸ δὲ ἄειδε ἐν τῷ θεά, καὶ καθόλου πάντα ἐν πᾶσιν, ὅπερ ἀδύνατον. οὐ τοίνυν ἀλλήλων τῶν τοῦ λόγου μερῶν δυναμένων εἶναι μερῶν διὰ τὸ ἀνόητον τοῦ πράγματος, οὔτε ὅλου τινὸς εὑρισκομένου λόγου παρὰ τὰ ἑαυτοῦ μέρη, μηδενός τε εὑρισκομένου

que não suas partes, torna-se evidente que, removidas as partes da sentença que foram mencionadas, a sentença permanecerá. Mas o verso mencionado anteriormente [está] bem longe de permanecer quando forem removidas todas as suas partes, de tal modo que, se removermos uma única parte dele, por exemplo, μῆνιν ou ἄειδε, o verso não mais existe. // Mas, se o agregado das partes da sentença é entendido como a sentença, pelo fato de o agregado nada ser à parte das coisas que agrega, assim como a distância [nada é] à parte das [coisas que estão] distantes, do mesmo modo, portanto, a sentença da qual se concebem certas partes nada será. E nada sendo a sentença completa, tampouco certas partes dela haverão de ser. Então, da mesma forma que, se nada de fato é a canhota, tampouco o é a direita, se não há alguma sentença completa, tampouco as partes existirão. // De modo geral, se considerarem o agregado das partes da sentença como a sentença completa, seguir-se-á que devem dizer que as partes da sentença são partes umas das outras. Pois se, separado das partes, nenhum todo do qual virão a ser partes subsiste, elas serão partes umas das outras. Mas, que isso é irracional, examinemos. // Pois as partes estão certamente contidas naqueles [todos] de que se diz [serem] partes, cada uma ocupando o seu próprio lugar e tendo sua própria existência, mas não estão contidas umas nas outras. Por exemplo, dos homens, por um lado, as mãos vêm a ser partes, e das mãos, por outro lado, os dedos, e dos dedos, as unhas. Por isso, no homem, as mãos estão contidas, nas mãos, os dedos, nos dedos, as unhas, e, por um lado, a mão direita não ajuda a completar a esquerda, e, por outro lado, o dedo indicador não completa o polegar opositor, nem a cabeça compõe os pés, e os pés o tórax. // Por isso, não se deve dizer que as partes da sentença são partes umas das outras, uma vez que precisarão estar incluídas umas nas outras, μῆνιν em ἄειδε, ἄειδε em θεά, e, em geral, tudo em tudo, o que é impossível. Portanto, as partes da sentença não podem ser partes umas das outras, porque essa é uma coisa inconcebível, e tampouco a sentença completa pode ser encontrada separada de suas próprias partes, e nada pode ser encontrado

πράγματος παρ' αὐτὰ τὰ μέρη οὗ λέξομεν εἶναι τὰ μέρη, λείπεται λέγειν ὡς οὐδέν ἐστι μέρος λόγου. διὰ δὲ τοῦτ' οὐδὲ λόγος.

Ἐπακτέον δὲ καὶ οὕτως. εἴπερ τὸ μῆνιν μέρος ἐστὶ 139 "'τοῦ στίχου, ἤτοι ὅλου τοῦ στίχου μέρος ἐστὶν ἢ τοῦ "ἄειδε θεὰ Πηληιάδεω Ἀχιλῆος." ἀλλ' εἰ μὲν τοῦ ὅλου στίχου μέρος ἐστίν, ἐπεὶ ὅλος σὺν αὐτῷ τῷ μῆνιν νοεῖται, καὶ ἑαυτοῦ μέρος συμπληρωτικὸν γενήσεται τὸ μῆνιν, διὰ δὲ τοῦτο καὶ μεῖζον ἑαυτοῦ καὶ ἧττον, μεῖζον μὲν ἑαυτοῦ ᾗ συμπληροῦται ὑφ' ἑαυτοῦ (τὸ γὰρ ὑπό τινος συμπληρούμενον μεῖζόν ἐστι τοῦ συμπληροῦντος αὐτό), ἔλασσον δὲ ᾗ συμπληροῖ ἑαυτό· τὸ γάρ τινος συμπληρωτικὸν ἔλασσόν ἐστι τοῦ συμπληρουμένου. οὐ πάνυ δὲ ταῦτα πιθανά· οὐκ ἄρα τοῦ ὅλου στίχου μέρος ἐστὶ τὸ μῆνιν. καὶ μὴν οὐδὲ τοῦ λειπομένου, φημὶ δὲ τοῦ "ἄειδε θεὰ Πη- 140 ληιάδεω Ἀχιλῆος." πρῶτον μὲν γὰρ τὸ μέρος περιέχεται ἐν τῷ οὗ ἔστι μέρος, τὸ δὲ μῆνιν οὐκ ἐμπεριέχεται ἐν τῷ "ἄειδε θεὰ Πηληιάδεω Ἀχιλῆος", ὥστε οὐκ ἂν εἴη μέρος τούτου. εἶτα δὲ οὐδὲ τὸ "ἄειδε θεὰ Πηληιάδεω Ἀχιλῆος" χρῄζει συμπληρώσεως· κατὰ γὰρ τὸν ἴδιον λόγον συμπεπλήρωται. ἀλλὰ ὅλος ὁ λόγος, λέγω δὲ ὁ στίχος, οὐκ ἔστι τὸ "ἄειδε θεὰ Πηληιάδεω Ἀχιλῆος." τοίνυν οὐδὲ τούτου μέρος ἐστὶ τὸ μῆνιν. ἀλλ' εἰ μήτε τοῦ ὅλου στίχου μέρος ἐστὶ τὸ μῆνιν μήτε τοῦ ἀπολειπομένου μέρους, παρὰ δὲ ταῦτα οὐδὲν ἄλλο ὑπόκειται, οὐδενὸς λόγου μέρος ἐστὶ τὸ μῆνιν.

Ταῦτα μὲν οὖν καθολικώτερον πρὸς τὰ μέρη τοῦ λό- 141 γου ῥητέον· ἐμβάντες δὲ εἰς τὰς κατὰ μέρος παρ' αὐτοῖς περὶ τούτων τεχνολογίας πολὺν λῆρον εὑρήσομεν. καὶ τοῦτο πάρεστι μαθεῖν οὐκ ἐπὶ τὴν πᾶσαν ὕλην φοιτήσαντας (ἀδόλεσχον γάρ ἐστι καὶ γραμματικῆς γραολογίας πλῆρες), ἀλλ' ὅμοιόν τι τοῖς οἰνοκαπήλοις ποιήσαντες, καὶ

separado das próprias partes das quais dizemos que são partes, resta dizer que nada é parte da sentença. Por isso, nada é sentença.

// Mas pode-se fazer o seguinte ataque. Se μῆνιν é parte do verso, ou é parte do verso todo ou de ἄειδε θεὰ Πηληιάδεω Ἀχιλῆος. Mas, se é parte do verso todo, uma vez que o todo é concebido junto com o próprio μῆνιν, e μῆνιν se tornará uma parte completiva de si mesma, e, por isso [será, portanto], tanto maior quanto menor que si própria, maior que si própria, por um lado, na medida em que é completada por si mesma (pois o que é completado por algo é maior do que o que o completa), e menor, por outro lado, na medida em que completa a si própria, pois o que completa é menor do que o que é completado. Mas isso de modo algum é plausível; portanto, μῆνιν não é parte do verso todo. // E nem do restante, digo, de ἄειδε θεὰ Πηληιάδεω Ἀχιλῆος. Pois, primeiro, a parte está contida naquilo de que é parte, mas μῆνιν não está incluído em ἄειδε θεὰ Πηληιάδεω Ἀχιλῆος, de modo que não poderia ser, portanto, parte deste [verso]. Mas, segundo, ἄειδε θεὰ Πηληιάδεω Ἀχιλῆος não precisa ser completado: pois a sentença se completa por si própria. Mas a sentença completa, digo, o verso, não é ἄειδε θεὰ Πηληιάδεω Ἀχιλῆος. Portanto, μῆνιν não é parte deste [verso]. Mas, se μῆνιν não é nem parte do verso completo, nem da parte restante, e nada mais há além dessas coisas, então μῆνιν não é parte de nenhuma sentença.

// Estas são, por um lado, as coisas que se devem dizer em geral contra as partes da sentença; mas, por outro lado, após adentrarmos suas partes técnicas acerca dessas questões, encontraremos muito lixo. E é possível apreender isso não vagando por toda a matéria (pois ela é sem sentido, e cheia dos contos da carochinha dos gramáticos), mas fazendo algo semelhante aos comerciantes de vinho,

ὃν τρόπον ἐκεῖνοι ἐξ ὀλίγου γεύματος τὸν ὅλον δοκιμάζουσι φόρτον, οὕτω καὶ αὐτοὶ ἓν λόγου μέρος προχειρισάμενοι, καθάπερ τὸ ὄνομα, ἐκ τῆς περὶ τούτου τεχνολογίας συνοψόμεθα καὶ τὴν ἐν τοῖς ἄλλοις τῶν γραμματικῶν ἐντρέχειαν.

142 Αὐτίκα τοίνυν ὅταν τῶν ὀνομάτων τὰ μὲν ἀρσενικὰ φύσει λέγωσι τὰ δὲ θηλυκὰ τὰ δὲ οὐδέτερα, καὶ τὰ μὲν ἑνικὰ τῷ ἀριθμῷ τὰ δὲ δυϊκὰ τὰ δὲ πληθυντικά, καὶ ἤδη τὰς ἄλλας ἐπισυνείρωσι διαιρέσεις, ἐπιζητήσωμεν τί ποτε
143 ἔστι τὸ ἐπιφωνούμενον τοῦτο φύσει. ἢ γὰρ ὅτι οἱ πρῶτοι ἀναφθεγξάμενοι τὰ ὀνόματα φυσικὴν ἐποιήσαντο τὴν ἀναφώνησιν αὐτῶν ὡς καὶ τὴν ἐπὶ τῷ ἀλγεῖν κραυγὴν καὶ τὴν ἐπὶ τῷ ἥδεσθαι ἢ τῷ θαυμάζειν ἐκβόησιν, οὕτω λέγουσι φύσει τὰ μὲν τοιαῦτα ″εἶναι τῶν ὀνομάτων τὰ δὲ τοιάδε· ἢ ὅτι καὶ ἐπὶ τοῦ παρόντος ἕκαστον αὐτῶν φυσικῶς ἡμᾶς κινεῖ ὅτι ἀρρενικόν, κἂν ἡμεῖς μὴ νομίζωμεν αὐτὸ ἀρρενικὸν εἶναι, καὶ πάλιν φυσικῶς αὐτὸ ἐνδείκνυται
144 ὅτι θηλυκόν ἐστι, κἂν ἡμεῖς μὴ θέλωμεν. ἀλλὰ τὸ μὲν πρῶτον οὐκ ἂν εἴποιεν. πόθεν γὰρ γραμματικῇ παχύτητι διαγινώσκειν πότερον φύσει ἢ θέσει τὰ ὀνόματα, ἢ τίνα μὲν οὕτως τίνα δὲ ἐκείνως; ὅτε οὐδὲ τοῖς ἐπ' ἄκρον ἥκουσι φυσιολογίας εὐμαρὲς εἰπεῖν διὰ τὰς ἑκατέρωθεν ἰσολογίας.
145 ἄλλως τε καὶ ἰσχυρὸς ἀντικάθηται τούτῳ λόγος, πρὸς ὃν οὐδ' εἰ καταπέλτην ὑπομένοιεν, φασίν, οἱ γραμματικοὶ δυνήσονταί τι συνιδεῖν ἱκνούμενον. εἴπερ γὰρ φύσει τὰ ὀνόματα ἦν καὶ μὴ τῇ καθ' ἕκαστον θέσει σημαίνει, ἐχρῆν πάντας πάντων ἀκούειν, Ἕλληνας βαρβάρων καὶ βαρβάρους Ἑλλήνων καὶ βαρβάρους βαρβάρων. οὐχὶ δέ γε τοῦτο· οὐκ ἄρα φύσει σημαίνει τὰ ὀνόματα. ὥστε τοῦτο
146 μὲν οὐκ ἐροῦσιν· εἰ δ' ὅτι φυσικῶς διαδείκνυσιν ἕκαστον ὄνομα ὅτι ἀρρενικόν ἐστιν ἢ θηλυκὸν ἢ οὐδέτερον, φασὶ τὰ μὲν τοιάδε τὰ δὲ τοιαῦτα τυγχάνειν, ἴστωσαν λειότε-

de modo tal que, a partir de uma pequena prova, testam toda a carga, nós, do mesmo modo, examinando uma parte da sentença, tal como o nome, seremos capazes de obter uma visão geral a partir do tratamento técnico disso, da perícia dos gramáticos acerca das outras [partes].

// Então,[178] para começar, quando dizem que, dentre os nomes,[179] alguns são masculinos por natureza, outros femininos, outros neutros, e que alguns são singulares em número, outros [são] duais e outros plurais, e prontamente lhes adicionam as outras divisões, investiguemos o que querem dizer com esse "por natureza".[180] // Pois, [querem dizer] ou que os primeiros que proferiram os nomes produziram o som natural deles, como o choro na dor e o grito no prazer ou na admiração, e, desse modo, dizem que por natureza alguns nomes são assim e outros de outro jeito, ou [querem dizer] que, no presente, cada um deles nos move[181] naturalmente como masculino, mesmo se nós não considerarmos que ele seja masculino, ou, ao contrário, indicam que é naturalmente feminino, mesmo se não quisermos.[182] // Mas a primeira coisa não poderiam afirmar. Pois, como a estupidez dos gramáticos discerne que os nomes são por natureza ou por imposição, ou quais de um jeito, quais do outro? Quando não é fácil nem para os que alcançaram os mais altos níveis na fisiologia dizer isso, por causa da equipolência dos argumentos em cada lado.[183] // Ademais, um forte argumento é lançado contra isso, contra o qual os gramáticos, mesmo se resistissem à catapulta, segundo dizem, não serão capazes de encontrar uma réplica convincente. Pois, se os nomes eram por natureza e não significavam por imposição particular, então era necessário que todos compreendessem a todos, os gregos aos bárbaros, os bárbaros aos gregos e os bárbaros aos bárbaros.[184] Mas isso não é assim; portanto, os nomes não significam por natureza. Assim, de fato, isso não dirão;[185] // mas se é pelo fato de que cada nome manifesta naturalmente que é masculino, ou feminino, ou neutro que [os gramáticos] dizem que uns são assim, outros de outro modo, verão

ρον αὐτοῖς τρίβοντες τὸν κλοιόν. πάλιν γὰρ φήσομεν ὅτι 147
τὸ φύσει κινοῦν ἡμᾶς ὁμοίως πάντας κινεῖ, καὶ οὐχ οὓς
μὲν οὕτως οὓς δὲ ἐναντίως. οἷον φύσει τὸ πῦρ ἀλεαίνει,
βαρβάρους Ἕλληνας, ἰδιώτας ἐμπείρους, καὶ οὐχ Ἕλληνας
μὲν ἀλεαίνει βαρβάρους δὲ ψύχει· καὶ ἡ χιὼν φύσει ψύχει, καὶ οὐ τινὰς μὲν ψύχει τινὰς δὲ θερμαίνει. ὥστε τὸ
φύσει κινοῦν ὁμοίως τοὺς ἀπαραποδίστους ἔχοντας τὰς
αἰσθήσεις κινεῖ. τὰ δὲ αὐτὰ ὀνόματα οὐ πᾶσίν ἐστι τὰ 148
αὐτά, ἀλλὰ τοῖς μὲν ἀρρενικὰ τοῖς δὲ θηλυκὰ τοῖς δὲ οὐδέτερα. οἷον Ἀθηναῖοι μὲν τὴν στάμνον λέγουσι θηλυκῶς, Πελοποννήσιοι δὲ τὸν στάμνον ἀρρενικῶς, καὶ οἱ
μὲν τὴν θόλον οἱ δὲ τὸν θόλον, καὶ οἱ μὲν τὴν βῶλον οἱ
δὲ τὸν βῶλον. καὶ οὐ διὰ τοῦτο οὗτοι ἢ ἐκεῖνοι λέγονται 149
ἁμαρτάνειν· ἕκαστος γάρ, ὡς τεθεμάτικεν, οὕτω χρῆται.
καὶ οἱ αὐτοὶ δὲ διαφόρως ταυτὰ ὁτὲ μὲν ἀρρενικῶς ἐκφέ-
ρουσιν ὁτὲ δὲ θηλυκῶς, λέγοντες τὸν λιμὸν καὶ τὴν λι-
μόν. οὐκ ἄρα φύσει τῶν ὀνομάτων τὰ μὲν ἀρρενικὰ τὰ
δὲ θηλυκά, ἀλλὰ κατὰ θεματισμὸν τὰ μὲν τοιαῦτα γίνεται τὰ δὲ τοιαῦτα. καὶ μὴν εἴπερ φύσει τῶν ὀνομάτων 150
τὰ μὲν ἦν ἀρρενικὰ τὰ δὲ θηλυκά, ὤφειλον αἱ ἀρρενικαὶ
φύσεις ἀεί ποτε ἀρρενικοῖς ὀνόμασι προσαγορεύεσθαι καὶ
αἱ θηλυκαὶ θηλυκοῖς καὶ μήτε αἱ ἀρρενικαὶ φύσεις μήτε
αἱ θηλυκαὶ οὐδετέρως. οὐχὶ δὲ τοῦτο, ἀλλὰ καὶ τὰς ἀρρε- 151
νικὰς φύσεις θηλυκῶς καλοῦμεν καὶ τὰς θηλυκὰς ἀρρενικῶς καὶ τὰς οὔτε ἀρρενικὰς οὔτε θηλυκὰς ἤτοι ἀρρενικῶς
ἢ θηλυκῶς, οὐχὶ δὲ οὐδετέρως. οἷον κόραξ μὲν λέγεται
ἀετός κώνωψ κάνθαρος σκορπίος μῦς ἀρρενικῶς καὶ ἐπὶ
τοῦ θήλεος, καὶ πάλιν χελιδὼν χελώνη κορώνη ἀκρὶς μυγαλῆ ἐμπίς καὶ ἐπὶ τοῦ ἄρρενος τὴν φύσιν θηλυκῶς.
ὡσαύτως δὲ κλίνη θηλυκῶς ἐπὶ τῆς μήτε ἄρρενος μήτε 152
θηλείας τὴν φύσιν, καὶ στῦλος ἀρρενικῶς ἐπὶ τοῦ οὐδε-

que vagarosamente apertam o próprio grilhão. // Pois mais uma vez diremos que o que naturalmente nos move, igualmente a todos move, e não a uns de um modo e a outros do modo oposto.[186] Por exemplo, por natureza, o fogo aquece bárbaros, gregos, homens comuns, homens experientes, e não aquece os gregos e esfria os bárbaros; e a neve esfria por natureza, e não esfria alguns e esquenta outros. Assim, o que por natureza nos move, move igualmente a quem não tem os sentidos obstruídos.[187] // Mas os mesmos nomes não são os mesmos para todos, mas masculinos para alguns, femininos para outros, e neutros para outros; por exemplo, os atenienses dizem que ἡ στάμνος [jarra] é feminino, os peloponésios, por sua vez, que ὁ στάμνος é masculino, e uns que é ἡ θόλος [rotunda], outros que é ὁ θόλος, e uns que é ἡ βῶλος [torrão], outros que é ὁ βῶλος,[188] // e, por isso, não se pode dizer que estes ou aqueles estão errados; pois cada um os usa conforme foram instituídos. E as mesmas pessoas pronunciam diferentemente os mesmos [nomes], ora como masculinos, ora como femininos, dizendo ὁ λιμός [fome] e ἡ λιμός. Portanto, não é por natureza que alguns nomes são masculinos, outros femininos, mas alguns vêm a ser de um modo segundo convenção, e outros, de outro modo.[189] // E, de fato, se alguns nomes são por natureza masculinos, outros femininos, as naturezas masculinas deveriam sempre ser chamadas por nomes masculinos, e as femininas, por femininos, e as naturezas [que não são] nem masculinas nem femininas, por neutros. // Mas esse não é o caso, já que chamamos as naturezas masculinas no feminino, as femininas no masculino, e as [que não são] nem masculinas nem femininas no masculino ou no feminino, mas não no neutro; por exemplo, κόραξ [corvo], ἀετός [águia], κώνωψ [mosquito], κάνθαρος [escaravelho], σκορπίος [escorpião], μῦς [rato] são chamados no masculino mesmo sendo femininos, e, ao contrário, χελιδών [deglutição], χελώνη [tartaruga], κορώνη [coroa], ἀκρίς [gafanhoto], μυγαλῆ [musaranho], ἐμπίς [pernilongo], mesmo sendo masculinos em natureza, [são chamados] no feminino;[190] // da mesma forma, κλίνη [divã] [é chamado] no feminino, embora não [seja] nem de natureza feminina, nem masculina, e στῦλος [pilar] é [chamado] no masculino, embora [o objeto] seja

τέρου. τοίνυν εἰ φύσει οὐδέν ἐστιν ἀρρενικὸν ἢ θηλυκὸν ὄνομα, ζητῶ πῶς ὁ γραμματικὸς ἐπιλήψεται τοῦ διαστρόφως λέγοντος ὁ χελιδών καὶ ἡ ἀετός. ἤτοι γὰρ ὡς φύσει τοῦ ὀνόματος τῆς χελιδόνος θηλυκοῦ ὄντος, ἐκείνου δὲ ἀρρενικὸν αὐτὸ τῷ ἄρθρῳ βιαζομένου γενέσθαι, ἢ ὡς τῆς κοινῆς συνηθείας θηλυκὸν αὐτὸ θεματισάσης ἀλλ' οὐκ
153 ἀρρενικόν. ἀλλ' εἰ μὲν ὡς φύσει θηλυκοῦ καθεστῶτος, ἐπεὶ οὐδὲν φύσει θηλυκόν ἐστι καθὼς παρεστήσαμεν, ἀδιάφορον τὸ ὅσον ἐπὶ τούτῳ ἐάν τε οὕτως ἐάν τε ἐκείνως ἐκφέρηται· εἰ δ' ὡς ὑπὸ τῆς κοινῆς συνηθείας ἀντὶ θηλυκοῦ θεματισθέν, γενήσεται τοῦ τε εὖ λεγομένου καὶ μὴ κριτήριον οὐχὶ τεχνικός τις καὶ γραμματικὸς ''λόγος ἀλλ' ἡ ἄτεχνος καὶ ἀφελὴς τῆς συνηθείας παρατήρησις.

154 Τὰ δὲ αὐτὰ ταῦτα μετακτέον καὶ ἐπὶ τὰ ἑνικὰ καὶ πληθυντικὰ τῶν ὀνομάτων. Ἀθῆναι γὰρ λέγονται πληθυντικῶς ἡ μία πόλις καὶ Πλαταιαί, καὶ πάλιν Θήβη ἑνικῶς καὶ Θῆβαι πληθυντικῶς, καὶ Μυκήνη καὶ Μυκῆναι. ῥηθήσεται δὲ ἐπιμελέστερον περὶ τῆς ἐν τούτοις ἀνωμαλίας προβαινούσης τῆς ζητήσεως.

Τὰ νῦν δὲ ἐπεὶ καὶ ὑποδειγματικῶς κατωπτεύκαμεν τὴν ἐν τούτοις τῶν γραμματικῶν ἀκρίβειαν, φέρε κἀκεῖνο,
155 πρὶν ἐπ' ἄλλον τρόπον ἀπελθεῖν, ἐξετάσωμεν, φημὶ δὲ τίνα λόγον καλοῦσιν ἢ μέρη λόγου. ἤτοι γὰρ αὐτὴν τὴν σωματικὴν φωνὴν ἐροῦσιν ἢ ἀσώματον λεκτόν, διαφέρον ταύτης. οὔτε δὲ τὴν φωνὴν ἐροῦσιν· ταύτης μὲν γὰρ ῥηθείσης πάντες ἀκούουσιν, Ἕλληνές τε καὶ βάρβαροι, καὶ ἰδιῶται καὶ οἱ παιδείας ἐντός, τοῦ δὲ λόγου καὶ τῶν τούτου μερῶν Ἕλληνες μόνοι καὶ οἱ τούτου ἔμπειροι.
156 τοίνυν οὐχ ἡ φωνή ἐστιν ὁ λόγος καὶ μέρη λόγου. καὶ μὴν οὐδὲ τὸ ἀσώματον λεκτόν. πῶς γὰρ ἀσώματον ἔτι ἔστι τι ἄλλο τοιοῦτο παρὰ τὸ σῶμα καὶ τὸ κενόν, πολλῆς

neutro. Se então nenhum nome é por natureza masculino ou feminino, questiono como o gramático atacará quem disser incorretamente ὁ χελιδών e ἡ ἀετός.[191] Pois [atacará] ou como se ele, mesmo sendo ἡ χελιδών um nome por natureza feminino, o tivesse forçado, por meio do artigo, a se tornar masculino, ou como se o uso comum da linguagem[192] impusesse que é feminino, mas não masculino.[193] // Mas se, por um lado, [o gramático ataca] como [se fosse] feminino por natureza, uma vez que nenhum nome é por natureza feminino, como demonstramos, então é indiferente se é proferido desse jeito ou daquele; se, por outro lado, [ele ataca] como imposto pelo uso comum da linguagem, então o critério do bom discurso não virá a ser nenhuma técnica ou regra gramatical, mas a não técnica e simples observação do uso comum.[194]

// Mas os mesmos [argumentos] devem ser usados quanto aos nomes singulares e plurais. Pois Ἀθῆναι [Atenas], uma única cidade, é dita no plural, e [também] Πλαταιαί [Plateia], mas há, ao contrário, Θήβη [Tebas], no singular, e Θῆβαι [Tebas] no plural, e Μυκήνη [Micenas, no singular] e Μυκῆναι [Micenas, no plural]. Mas com essas anomalias lidaremos mais cuidadosamente conforme avançarmos na investigação.[195]

Agora, uma vez que já exploramos, por meio de exemplos, a precisão dos gramáticos acerca desses [assuntos], venha e, // antes que nos voltemos a outro tropo, examinemos também este ponto, digo, o que chamam de discurso ou partes de um discurso. Pois ou eles dirão que é o próprio som corpóreo da voz ou o *lektón* [exprimível] incorpóreo, que é diferente daquele [som corpóreo da voz]. Mas não dirão que é o som da voz, pois quando [este] é pronunciado, por um lado, todos escutam, gregos e bárbaros, homens comuns e educados, mas a sentença e suas partes, por outro lado, apenas os gregos e os familiarizados [com sua língua]. Portanto, o som da voz não é a sentença e as parte da sentença.[196] // E nem o exprimível incorpóreo. Pois como [pode] ainda haver algo incorpóreo afora o corpo e o vazio quando muita

καὶ ἀνηνύτου γενομένης παρὰ τοῖς φιλοσόφοις περὶ αὐτοῦ διαμάχης; εἰ μὲν γὰρ κινεῖται, σῶμά ἐστιν· τὸ γὰρ κινούμενον σῶμα· εἰ δὲ μένει, δεχόμενον μὲν τὰ εἰς αὐτὸ φερόμενα σώματα καὶ μὴ ἀντιτυποῦν κενὸν γενήσεται, κενοῦ γὰρ ἴδιον τὸ μὴ ἀντιτυπεῖν, ἀντιτυποῦν δὲ τοῖς εἰς αὐτὸ φερομένοις σῶμά ἐστιν, ἰδίωμα γὰρ σώματος "'τὸ ἀντιτυπεῖν. ἄλλως τε ὁ λέγων ἀσώματόν τι λεκτὸν ὑπάρ- 157 χειν ἤτοι φάσει μόνον ἀρκούμενος λέγει ἢ ἀπόδειξιν παραλαμβάνων. ἀλλὰ φάσει μὲν ἀρκούμενος ἐν ἀντιφάσει ἐπισχεθήσεται· ἀπόδειξιν δὲ παραλαμβάνων, ἐπεὶ καὶ αὐτὴ δι' ἀναμφισβητήτων ὀφείλει λημμάτων προάγειν, τὰ δὲ λήμματά ἐστι λεκτά, προαρπάζων τὸ ζητούμενον ὡς ὁμολογούμενον ἄπιστος ἔσται. παρ' ἣν αἰτίαν λοιπόν, εἰ 158 μήτε ἡ φωνὴ λόγος ἐστὶ μήτε τὸ σημαινόμενον ὑπ' αὐτῆς ἀσώματον λεκτόν, παρὰ δὲ ταῦτα νοεῖν οὐδὲν ἐνδέχεται, οὐδέν ἐστι λόγος.

Ἔστω δὲ νῦν καὶ ὁ λόγος καὶ μέρη τούτου ὁπόσα θέλουσιν οἱ γραμματικοὶ ὑπάρχειν. ἀλλ' εἰπάτωσάν γε ἡμῖν πῶς τὸν λόγον μερίζουσιν. ἐπεὶ γὰρ τὸν μερισμὸν 159 τὸν τῶν μέτρων ἐν δυσὶ μάλιστα τοῖς ἀναγκαιοτάτοις κεῖσθαι συμβέβηκεν, ἔν τε τῷ βαίνειν, τουτέστι τῇ εἰς τοὺς πόδας διανομῇ, καὶ ἐν τῇ εἰς τὰ τοῦ λόγου μέρη διαιρέσει, ἀκόλουθον μὲν ἦν τοῖς τελέως πρὸς αὐτοὺς ἀντιλέγουσιν ἑκάτερον κινεῖν, τόν τε τρόπον τοῦ βαίνειν, σκελίσαντας αὐτῶν ἅπαντας τοὺς οἷς βαίνουσι πόδας ὡς ἀνυπάρκτους, καὶ ἔτι τὸν τρόπον τῆς τῶν τοῦ λόγου μερῶν διανομῆς, δείξαντας τὸ ἀδύνατον τῆς διαιρέσεως. ἀλλ' 160 ἐπεὶ κἂν τοῖς πρὸς τοὺς μουσικοὺς προηγουμένως περὶ ποδῶν ζητοῦμεν, ἵνα μὴ προλαμβάνωμεν τὰ μελλήσοντα πρὸς ἐκείνους λέγεσθαι ἢ μὴ δὶς τὰ αὐτὰ λέγωμεν, ταύτην μὲν τὴν ἀπορίαν εἰς τὸν δέοντα καιρὸν ὑπερθη-

e interminável contenda foi produzida entre os filósofos acerca disso? Pois se algo, por um lado, é posto em movimento, é corpóreo; pois o que se move é corpo.[197] Mas se, por outro lado, está em repouso, recebendo em si os corpos que se lhe dirigem sem resistência, então virá a ser o vazio,[198] pois é característica do vazio não resistir, mas, se resiste ao que se lhe dirige, é corpo, pois a resistência é peculiar ao corpo. // Além disso, quem diz que algo como o exprimível incorpóreo existe, ou se satisfaz com a mera asserção que profere, ou emprega uma prova. Mas se, de fato, satisfaz-se com a asserção, será levado ao silêncio por uma contra-asserção; porém se emprega uma prova, tendo em vista que [a prova] tem de decorrer de premissas não controversas, mas as premissas são *lektá* [exprimíveis], será desacreditado por petição de princípio,[199] como se estivesse de acordo [com a conclusão]. // E então, por causa disso, se nem o som da voz é discurso, nem o exprimível incorpóreo significado [pela voz] é uma sentença, e não se pode conceber algo afora isso, nada é sentença.

Mas que seja [concedido] por ora que existem a sentença e quantas partes quiserem os gramáticos. E que nos digam como dividem a sentença. // Uma vez, pois, que a divisão[200] é caracterizada por sustentar-se em duas partes mais necessárias: a escansão[201] – ou seja, a divisão em pés – e a divisão das partes da sentença, segue-se então que quem quer contradizê-los completamente deve dirigir-se a cada uma [dessas partes], o tropo da escansão, fazendo tropeçarem todos os pés com os quais andam como inconsistentes,[202] e ainda o tropo da divisão do discurso em partes, demonstrando a impossibilidade da divisão. // Mas investiguemos a divisão das partes da sentença, uma vez que em *Contra os músicos* analisamos principalmente os pés,[203] para não antecipar o que está reservado para ser dito contra eles [i.e., os músicos], ou para não dizer o mesmo duas vezes,

σόμεθα, περὶ δὲ τῆς διαιρέσεως τῶν τοῦ λόγου μερῶν σκεψώμεθα.

161 Ὁ οὖν μερίζων τινὰ στίχον τὰ μὲν ἀφαιρεῖ τὰ δὲ προστίθησι, καὶ ἀφαιρεῖ μὲν τὸ μῆνιν, εἰ τύχοι, χωρίζων τοῦ παντὸς στίχου, καὶ πάλιν τὸ ἄειδε καὶ τὰ λοιπὰ μέρη, προστίθησι δὲ τοῖς κατὰ συναλοιφὴν ἐκφερομένοις, οἷον τῷ "αἷμ' ἐμέων" τὸ α, τὸ γὰρ πλῆρες ἦν "αἷμα ἐμέων," καὶ πάλιν τῷ "βῆ δ' ἀκέων" τὸ ε, κατὰ γὰρ ἐκπλήρωσιν οὕτως εἶχε "βῆ δὲ ἀκέων." μηδενὸς μέντοι μήτε ἀφαιρεῖσθαι δυναμένου ἀπό τινος μήτε προστίθεσθαί τινι πεφυκότος ἀδύνατος γίνεται ὁ κατὰ γραμματικὴν μερισμός.

162 τὸ δὲ ὅτι οὐδὲν οὐδενὸς ἀφαιρεῖται μάθοιμεν ἂν τόνδε τὸν τρόπον. εἰ γὰρ ἀφαιρεῖταί τι ἀπό τινος, ἢ ὅλον ἀφ' ὅλου ἀφαιρεῖται ἢ μέρος ἀπὸ μέρους ἢ ὅλον ἀπὸ μέρους ἢ μέρος ἀπὸ ὅλου. ὅλον μὲν οὖν ἀπὸ ὅλου οὐκ ἀφαιρεῖται· ἑνὸς γὰρ ὑποκειμένου στίχου, εἰ ὅλον ἐστὶ τὸ ἀφαιρούμενον, ὅλον στίχον ἀφελοῦμεν. καὶ οὕτως εἰ μὲν ἔτι μένει ὁ στίχος ἀφ' οὗ ἡ ἀφαίρεσις, οὐδὲ ὅλως ἔσται γεγονυῖά τις ἀφαίρεσις ἀπ' αὐτοῦ· πῶς γὰρ ἔτι μένειν οἷόν τέ ἐστι τὸ ὅλον, εἴπερ ἀφῄρηται; εἰ δὲ μὴ μένει, δῆλον ὡς ἐκ τοῦ μὴ ὄντος οὐκ ἔστι πάλιν γεγονυῖα ἀφαίρεσις.

163 ὥστε ὅλον ἀπὸ ὅλου οὐκ ἀφαιρεῖται. καὶ μὴν οὐδὲ ὅλον ἀπὸ μέρους· ἐν μὲν γὰρ τῷ μέρει οὐκ ἐμπεριέχεται τὸ ὅλον, οἷον τῷ μῆνιν τὸ "ἄειδε θεὰ Πηληιάδεω Ἀχιλῆος," τὸ δὲ ἀφαιρούμενον ὀφείλει ἐμπεριέχεσθαι τῷ τὴν ἀφαίρεσιν ἐπιδεχομένῳ. λείπεται ἄρα ἢ μέρος ἀφ' ὅλου ἢ μέρος ἀπὸ μέρους ἀφαιρεῖσθαι. ἀλλὰ καὶ τοῦτ' ἄπορον. τὸ γὰρ μῆνιν εἰ μὲν ἀφ' ὅλου ἀφαιρεῖται τοῦ στίχου, καὶ ἀπὸ αὐτοῦ ἀφαιρεῖται· σὺν αὐτῷ γὰρ ὅλος ὁ στίχος ἐνοεῖτο. καὶ ἄλλως, εἰ ἀφ' ὅλου ἀφαιρεῖται, τὸ δ' ὅλον ἦν "μῆνιν ἄειδε θεὰ Πηληιάδεω Ἀχιλῆος," ὤφειλεν ἠλαττῶσθαι καὶ

de fato, essa aporia deve ser adiada até o momento oportuno.

// Então, aquele que divide um verso subtrai algumas coisas, e adiciona outras. Subtrai μῆνιν, por exemplo, separando-o do todo do verso, e, novamente, ἄειδε e o resto das partes,[204] mas adiciona [algo] ao que foi proferido, por elisão,[205] como α em αἷμ' ἐμέων' [vômito de sangue], pois a forma inteira é αἷμα ἐμέων, e, novamente, ε em βῆ δ' ἀκέων [foi quieto], pois tem a forma inteira βῆ δὲ ἀκέων. Contudo, como nada pode ser subtraído de qualquer coisa, nem adicionado a algo por natureza,[206] torna-se impossível a divisão da Gramática. // Mas que nada é subtraído de nada devemos aprender do seguinte modo. Pois, se uma coisa é subtraída de algo, ou o todo é subtraído do todo, ou a parte da parte, ou o todo da parte, ou a parte do todo. De fato, o todo não é subtraído do todo, pois, quando se trata de um único verso, se o todo for subtraído, subtrairemos o verso inteiro. E assim, por um lado, se ainda resta o verso cuja subtração foi feita, nenhuma subtração dele terá sido feita totalmente, pois, como ainda é possível restar o todo, se foi subtraído? Se, por outro lado, não resta, é assim evidente que, do que não é, não advém novamente a subtração. // Portanto, o todo não é subtraído do todo. E nem o todo da parte. Pois, de fato, o todo não é contido na parte, por exemplo, μῆνιν ἄειδε θεὰ Πηληιάδεω Ἀχιλῆος em μῆνιν, mas o que é subtraído deve estar contido no que sofre subtração. Resta então [considerar] se a parte é subtraída do todo, ou a parte da parte. Mas isso é aporético, pois se μῆνιν, por um lado, for subtraído do todo do verso, é subtraído de si mesmo; pois o verso todo é concebido com ele. E, de outra forma, se é subtraído do todo, por outro lado, e o todo era μῆνιν ἄειδε θεὰ Πηληιάδεω Ἀχιλῆος, deve reduzir-se

τὸ "ἄειδε θεὰ Πηληιάδεω Ἀχιλῆος" καὶ μὴ μένειν ἐν τῷ αὐτῷ, παντὸς τοῦ ἀφαίρεσιν ἐπιδεξαμένου μὴ μένοντος ἐν ταὐτῷ. ἐχρῆν δὲ καὶ αὐτὸ τὸ μῆνιν, ἀφ' ὅλου ἐκείνου 164 λαμβάνον τὴν ἀφαίρεσιν, ἔχειν τι ἐξ ἑκάστου τῶν ἐν ἐκείνῳ, ὃ πάλιν ἐστὶ ψεῦδος. εἰ οὖν μήτε ὅλον στίχον ἀπὸ στίχου δυνατὸν μερίζειν μήτε μέρος στίχου ἀπὸ μέρους μήτε ὅλον ἀπὸ μέρους μήτε μέρος ἀφ' ὅλου, καὶ παρὰ ταῦτα οὐδὲν ἐνδέχεται ποιεῖν, ἀδύνατος τῷ γραμματικῷ ὁ μερισμός.

Οὐ μὴν ἀλλὰ καὶ ἡ κατὰ τὰς συναλειπτικῶς ἐκφερομένας 165 λέξεις τινῶν πρόσθεσις οὐκ ἔσται. καὶ τοῦτ' ἔσται σαφές, ἂν μὴ ἐπὶ συλλαβῶν ἢ στοιχείων χειρίζηται ὁ λόγος, ὧν μάλιστα τὰς προσθέσεις ἐν τοῖς μερισμοῖς ποιοῦνται οἱ γραμματικοί, ἀλλ' ἐπὶ ὅλων λέξεων. ὑποκειμένου τοίνυν ἡμιστιχίου τοῦ "ἄειδε θεὰ Πηληιάδεω Ἀχιλῆος" (ἔστω γὰρ πρὸς τὸ παρὸν τουτὶ ἡμιστίχιον, καὶ προσλαμβανέτω τὸ μῆνιν, ὥστε τὸ ἐξ ἀμφοτέρων ἡρωικὸν γενέσθαι μέτρον) ζητοῦμεν τίνι ἡ πρόσθεσις γίνεται; ἤτοι 166 γὰρ ἑαυτῷ "'τὸ μῆνιν προστίθεται ἢ τῷ προϋποκειμένῳ ἡμιστιχίῳ ἢ τῷ ἐξ ἀμφοτέρων ἀποτελεσθέντι ἡρωικῷ μέτρῳ. καὶ ἑαυτῷ μὲν οὐκ ἂν προστεθείη· μὴ ὂν γὰρ ἕτερον ἑαυτοῦ καὶ μὴ διπλασιάζον ἑαυτὸ οὐκ ἂν λέγοιτο ἑαυτῷ προστίθεσθαι. τῷ δὲ προϋποκειμένῳ ἡμιστιχίῳ πῶς ἐνδέχεται; ὅλῳ μὲν γὰρ αὐτῷ προστιθέμενον καὶ αὐτὸ παρισαζόμενον ἐκείνῳ ἡμιστίχιον γενήσεται, ταύτῃ 167 τε ἀκολουθήσει καὶ τὸ μέγα ἡμιστίχιον λέγειν εἶναι βραχύ, βραχεῖ συνεξισούμενον τῷ μῆνιν, καὶ τὸ βραχὺ μέγα, μείζονι ἀντιπαρῆκον τῷ ἡμιστιχίῳ, εἴπερ τῷ παντὶ ἡμιστιχίῳ προστίθοιτο τὸ μῆνιν, οἷον τῷ ἄειδε. καὶ εἰ μὲν μόνον αὐξήσει τὸ ἄειδε, τὸ ὅλον οὐ ποιήσει στίχον. λεί-

ao verso ἄειδε θεὰ Πηληιάδεω Ἀχιλῆος, e não permanecer o mesmo, [pois] tudo o que admite subtração não permanece o mesmo. // Mas o próprio μῆνιν, se aceita a subtração daquele todo, deveria possuir algo de cada uma [das partes] daquele [todo], e novamente isso é falso. Se, portanto, não é possível nem subtrair o verso todo do verso, nem parte do verso de uma parte, nem o todo da parte, nem a parte do todo, e afora isso nada é possível fazer, é impossível a subtração para o gramático.

// Além disso, também não haverá adição no caso de palavras pronunciadas em elisão. Isso ficará claro caso o argumento se aplique não às sílabas ou às letras, às quais os gramáticos geralmente fazem adições em suas divisões, mas às palavras inteiras. Então, se o hemistíquio sublinhado é ἄειδε θεὰ Πηληιάδεω Ἀχιλῆος (que isso seja por ora um hemistíquio, e que seja adicionado μῆνιν,[207] para que se forme a partir de ambos um metro heroico),[208] investiguemos o que vem a ser a adição; // pois μῆνιν é adicionado ou a si mesmo, ou ao hemistíquio preexistente, ou ao verso heroico que foi completado por ambos. Mas, por um lado, não poderia ser adicionado a si próprio, pois, não sendo diferente de si mesmo e não se duplicando a si mesmo, não se pode dizer que é adicionado a si mesmo. Por outro lado, como seria possível [ser adicionado] ao hemistíquio preexistente? Pois, sendo adicionado à sua totalidade e tornando-se igual a ele, virá a ser o hemistíquio, // e disso se seguirá que o hemistíquio longo será chamado de curto, tornando-se igual ao curto, μῆνιν, e o curto [será chamado de] longo, já que o hemistíquio se torna longo, uma vez que μῆνιν é adicionado a todo o hemistíquio. <Mas se, por outro lado, [μῆνιν for adicionado] a uma parte,> como ἄειδε, e se, de fato, acrescentar-se somente ἄειδε, mas o todo <não aumentar>, não perfará um verso.

πεται οὖν φάσκειν τῷ ἐξ ἀμφοῖν, αὐτοῦ τε τοῦ μῆνιν καὶ τοῦ προϋποκειμένου ἡμιστιχίου, ἀποτελουμένῳ ἑξαμέτρῳ καὶ ἡρωικῷ στίχῳ προστίθεσθαι. ὃ τελέως ἦν ἀπίθανον· 168 τὸ γὰρ ἐπιδεχόμενον πρόσθεσιν προϋπόκειται τῆς προσθέσεως, οὐ μὴν τὸ γινόμενον ἐκ τῆς προσθέσεως προϋπόκειται ταύτης. οὐκ ἄρα οὖν τῷ γινομένῳ ἐκ τῆς προσθέσεως τοῦ μῆνιν ἑξαμέτρῳ στίχῳ προστίθεται τὸ μῆνιν· ὅτε μὲν γὰρ γίνεται ἡ πρόσθεσις, οὔπω ἑξάμετρός ἐστιν, ὅτε δὲ ἔστιν ἑξάμετρος, οὐκέτι γίνεται ἡ πρόσθεσις. πλὴν συνῆκται τὸ προκείμενον, καὶ μήτε προσθέσεως μήτε ἀφαιρέσεως οὔσης ἀναιρεῖται ὁ προειρημένος τοῦ μερισμοῦ τρόπος.

Ἀλλὰ δὴ πάλιν τὴν ἐν τούτοις τῶν γραμματικῶν ἀκρίβειαν κατανοήσαντες, φέρε καὶ τῆς ἐν τῷ γράφειν 169 αὐτῶν δυνάμεως ἀποπειραθῶμεν. τὴν γὰρ ὀρθογραφίαν φασὶν ἐν τρισὶ κεῖσθαι τρόποις, ποσότητι ποιότητι μερισμῷ. ποσότητι μὲν οὖν, ὅταν ζητῶμεν εἰ ταῖς δοτικαῖς προσθετέον τὸ ι, καὶ εὐχάλινον καὶ εὐώδινας τῷ ι μόνον γραπτέον ἢ τῇ ει· ποιότητι δέ, ''ὅταν σκεπτώμεθα πότερον διὰ τοῦ ζ γραπτέον ἐστὶ τὸ σμιλίον καὶ τὴν Σμύρναν ἢ διὰ τοῦ σ· μερισμῷ δέ, ἐπειδὰν διαπορῶμεν περὶ τῆς ὄβριμος λέξεως, πότερόν ποτε τὸ β τῆς δευτέρας ἐστὶ συλλαβῆς ἀρχὴ ἢ τῆς προηγουμένης πέρας, καὶ ἐπὶ τοῦ Ἀρι- 170 στίων ὀνόματος ποῦ τακτέον τὸ σ. πάλιν δ' ἡ τοιαύτη τεχνολογία, ἵνα μηδὲν τῶν ἀπορωτέρων κινῶμεν, μάταιος εἶναι φαίνεται, πρῶτον μὲν ἐκ τῆς διαφωνίας, ἔπειτα δὲ καὶ ἐξ αὐτῶν τῶν ἀποτελεσμάτων. καὶ ἐκ μὲν τῆς διαφωνίας, ἐπείπερ οἱ τεχνικοὶ μάχονταί τε καὶ εἰς αἰῶνα μαχήσονται πρὸς ἀλλήλους, τῶν μὲν οὕτως τῶν δὲ ἐκεί- 171 νως τὸ αὐτὸ γράφειν ἀξιούντων. ὅθεν καὶ οὕτως αὐτοὺς ἐρωτητέον. εἰ χρειώδης ἐστὶν ἡ περὶ ὀρθογραφίας τεχνο-

Resta então falar que [é] a partir de ambos, do próprio μῆνιν e do hemistíquio preexistente, que se formam o hexâmetro completo e o verso heroico somados. // O que seria plenamente improvável, pois o que recebe adição preexiste à adição; de fato, o que resulta da adição não preexiste a ela. Portanto, o μῆνιν não é de fato adicionado ao verso que resulta da adição do μῆνιν; pois quando, por um lado, se dá a adição, ainda não há um hexâmetro, e quando, por outro, há um hexâmetro, não mais é feita a adição. Contudo, o exposto foi concluído, e não existindo nem a adição, nem a subtração, destrói-se o mencionado tópico da divisão.

Mas, agora que novamente observamos bem a precisão dos gramáticos acerca disso, prossigamos e testemos sua habilidade na escrita. // Dizem, pois, que a ortografia se fundamenta em três tropos: quantidade, qualidade e divisão. Na quantidade, por um lado, quando investigamos se aos dativos se deve somar ι,[209] e se εὐχάλινον [com boas rédeas] e εὐώδινας [feliz na paternidade][210] deveriam ser escritos somente com ι ou com ει; na qualidade, por outro lado, quando é investigado se σμιλίον [bisturi] e Σμύρναν [Smirna, cidade jônica] são escritos com ζ ou σ;[211] na divisão, sempre que se discute sobre a palavra ὄβριμος [forte, poderoso], se β pode estar no começo da segunda sílaba, ou no fim da primeira, e, quanto ao nome Ἀριστίων, onde se poria σ.[212] // Mas, novamente, tal tratamento técnico, sem que levantemos quaisquer aporias, parece ser vazio, primeiro por causa das diafonias,[213] em seguida por causa dos seus próprios resultados. E, quanto às diafonias, porque os especialistas disputam e, ao longo das eras, disputarão uns com os outros pensando que [uma palavra] escreve-se desse modo ou daquele. // Daí, deve-se questioná-los do seguinte modo: "o tratamento técnico da ortografia

λογία τῷ βίῳ, ἐχρῆν ἡμᾶς τε καὶ ἕκαστον τῶν διαφωνούντων περὶ αὐτῆς γραμματικῶν, ἀνεπικρίτου ἀκμὴν καθεστώσης τῆς κατὰ ταύτην διαφωνίας, παραποδίζεσθαι εἰς ἃ ἂν δέῃ γράφειν. οὔτε δὲ ἡμῶν οὔτε τούτων ἕκαστος 172 παραποδίζεται, ἀλλὰ συμφώνως πάντες τυγχάνουσι τῆς προθέσεως, ἅτε δὴ μὴ ἀπ᾿ ἐκείνης ἀλλ᾿ ἀπὸ κοινοτέρας τινὸς καὶ συμφώνου ὁρμώμενοι τριβῆς, καθ᾿ ἣν τὰ μὲν κατ᾿ ἀνάγκην ὀφείλοντα παραλαμβάνεσθαι στοιχεῖα πρὸς τὴν μήνυσιν τοῦ ὀνόματος πάντες παραλαμβάνουσι, καὶ οἱ γραμματικοὶ καὶ οἱ μὴ γραμματικοί, περὶ δὲ τῶν μὴ κατ᾿ ἀνάγκην ἀδιαφοροῦσιν. οὐκ ἄρα χρειώδης ἐστὶν ἡ περὶ ὀρθογραφίας παρὰ τοῖς γραμματικοῖς ὑφήγησις.

ἀλλ᾿ ὁ μὲν ἀπὸ τῆς διαφωνίας ἔλεγχος τοιοῦτος, ὁ δὲ ἀπὸ 173 τῶν ἀποτελεσμάτων ἐμφανής. οὐδὲν γὰρ βλαπτόμεθα, ἐάν τε σὺν τῷ ι γράφωμεν τὴν δοτικὴν πτῶσιν ἐάν τε μή, καὶ ἐάν τε διὰ τοῦ σ τὸ σμιλίον καὶ τὴν Σμύρναν ἐάν τε διὰ τοῦ ζ, καὶ ἐπὶ τοῦ Ἀριστίων ὀνόματος ἐάν τε τῇ προηγουμένῃ συλλαβῇ τὸ σ προσμερίζωμεν ἐάν τε τῇ ἐπιφερομένῃ τοῦτο συντάττωμεν. εἰ μὲν γὰρ παρὰ τὸ 174 διὰ τοῦ σ ἀλλὰ μὴ διὰ τοῦ ζ γράφειν τὸ σμιλίον οὐκέτι σμιλίον γίνεται ἀλλὰ δρέπανον, καὶ εἰ παρὰ τὸ τοῦ Ἀριστίων ὀνόματος οὕτως ἀλλὰ μὴ ἐκείνως συντάσσεσθαι τὸ σ ὁ Ἀριστίων, "καθώς φησί τις τῶν χαριεντιζομένων, Δειπνίων γίνεται, ἥρμοζε μὴ ἀδιαφορεῖν. εἰ δ᾿ ὅπως ἂν ἔχῃ τὰ τῆς γραφῆς, τὸ σμιλίον, ἐάν τε διὰ τοῦ σ ἐάν τε διὰ τοῦ ζ κατάρχηται, ὅ τε Ἀριστίων ἀεί ποτέ ἐστιν Ἀριστίων, ἐάν τε τῷ ι ἐάν τε τῷ τ τὸ σ προσμερίζωμεν, τίς χρεία τῆς πολλῆς καὶ ματαίας παρὰ τοῖς γραμματικοῖς περὶ τούτων μωρολογίας;

Κεφαλαιωδέστερον δὴ καὶ περὶ ὀρθογραφίας διεξιόντες, 175 ἴδωμεν εἰς συμπλήρωσιν τῆς πρὸς τὸ τεχνικὸν μέρος αὐ-

é necessário para a vida?"; tanto nós quanto cada um dos gramáticos que discorda sobre isso – que por essas diafonias somos levados à mais elevada indeterminação – devemos estar confusos quanto ao que escrever. // No entanto, nenhum de nós e nenhum deles está confuso, mas todos harmoniosamente realizamos nossos propósitos, na medida em que não procedemos daquele [tratamento técnico], mas de uma prática mais comum e incontestada, de acordo com a qual todos, por um lado, tanto os gramáticos quanto os não gramáticos, utilizamos os elementos que necessariamente devem ser empregados para a indicação do nome, sem nos importar, por outro lado, com quais não devem necessariamente [ser utilizados]. Portanto, não é necessária a instrução dos gramáticos acerca da ortografia. // Mas tal é, por um lado, a refutação decorrente da diafonia, e a decorrente dos seus resultados, por outro lado, é clara. Pois nada nos incapacita[214] se escrevermos o caso dativo com ou sem ι, ou σμιλίον e Σμύρναν com σ ou com ζ, e, quanto ao nome Ἀριστίων, se atribuímos σ à primeira sílaba, ou se o pomos na seguinte. // Pois se, por um lado, σμιλίον, escrito com σ, mas não com ζ, não mais houvesse de ser σμιλίον, mas δρέπανον [foice], e se, por causa da disposição do σ deste modo, mas não daquele, no nome Ἀριστίων, o Ἀριστίων, como dizem os zombeteiros, tornar-se Δειπνίων,[215] [se assim fosse] não caberia ser indiferente [neste caso]. Mas se, como quer que seja escrito, σμιλίον <é bisturi>, se começando com σ ou com ζ, e Ἀριστίων é sempre Aristíon, se atribuirmos σ ao ι ou ao τ, que necessidade tem o longo, vão e estúpido discurso dos gramáticos acerca disso?

// Já que sumariamente expusemos a ortografia, com vistas a completarmos nossa controvérsia contra sua parte técnica,

τῶν ἀντιρρήσεως πότερον ἔχουσί τινα πρὸς τὸ ἑλληνίζειν συνεστῶσαν μέθοδον ἢ οὐδαμῶς.

176 Ὅτι μὲν δεῖ τινὰ φειδὼ ποιεῖσθαι τῆς περὶ τὰς διαλέκτους καθαριότητος, αὐτόθεν συμφανές· ὅ τε γὰρ ἑκάστοτε βαρβαρίζων καὶ σολοικίζων ὡς ἀπαίδευτος χλευάζεται, ὅ τε ἑλληνίζων ἱκανός ἐστι πρὸς τὸ σαφῶς ἅμα καὶ ἀκριβῶς παραστῆσαι τὰ νοηθέντα τῶν πραγμάτων. ἤδη δὲ τοῦ ἑλληνισμοῦ δύο εἰσὶ διαφοραί· ὃς μὲν γάρ ἐστι κεχωρισμένος τῆς κοινῆς ἡμῶν συνηθείας καὶ κατὰ γραμματικὴν ἀναλογίαν δοκεῖ προκόπτειν, ὃς δὲ κατὰ τὴν ἑκάστου τῶν Ἑλλήνων συνήθειαν ἐκ παραπλασμοῦ καὶ τῆς
177 ἐν ταῖς ὁμιλίαις παρατηρήσεως ἀναγόμενος. οἷον ὁ μὲν τῆς Ζεύς ὀρθῆς πτώσεως τὰς πλαγίους σχηματίζων τοῦ Ζεός τῷ Ζεῖ τὸν Ζέα κατὰ τὸν πρότερον τοῦ ἑλληνισμοῦ χαρακτῆρα διαλέλεκται, ὁ δὲ ἀφελῶς τοῦ Ζηνός λέγων καὶ τῷ Ζηνί καὶ τὸν Ζῆνα κατὰ τὸν δεύτερον καὶ συνηθέστερον ἡμῖν. πλὴν δυοῖν ὄντων τῶν ἑλληνισμῶν εὔχρηστον μὲν εἶναί φαμεν τὸν δεύτερον διὰ τὰς προειρημένας αἰτίας, ἄχρηστον δὲ τὸν πρῶτον διὰ τὰς λεχθησομένας.
178 ὥσπερ γὰρ ἐν πόλει νομίσματός τινος προχωροῦντος κατὰ τὸ '''ἐγχώριον ὁ μὲν τούτῳ στοιχῶν δύναται καὶ τὰς ἐν ἐκείνῃ τῇ πόλει διεξαγωγὰς ἀπαραποδίστως ποιεῖσθαι, ὁ δὲ τοῦτο μὲν μὴ παραδεχόμενος ἄλλο δέ τι καινὸν χαράσσων ἑαυτῷ καὶ τούτῳ νομιστεύεσθαι θέλων μάταιος καθέστηκεν, οὕτω κἂν τῷ βίῳ ὁ μὴ βουλόμενος τῇ συνήθως παραδεχθείσῃ, καθάπερ νομίσματι, ὁμιλίᾳ κατακο-
179 λουθεῖν ἀλλ' ἰδίαν αὑτῷ τέμνειν μανίας ἐγγύς ἐστιν. διόπερ εἰ οἱ γραμματικοὶ ὑπισχνοῦνται τέχνην τινὰ τὴν καλουμένην ἀναλογίαν παραδώσειν, δι' ἧς κατ' ἐκεῖνον ἡμᾶς τὸν ἑλληνισμὸν ἀναγκάζουσι διαλέγεσθαι, ὑποδεικτέον ὅτι ἀσύστατός ἐστιν αὕτη ἡ τέχνη, δεῖ δὲ τοὺς ὀρθῶς βουλομένους διαλέγεσθαι τῇ ἀτέχνῳ καὶ ἀφελεῖ κατὰ τὸν βίον

consideremos se têm algum método organizado sobre o helenismo[216] ou não. // Que de fato é preciso resguardar certa pureza do discurso é evidente por si próprio;[217] pois quem [incorre] constantemente em barbarismos e solecismos é zombado como sem educação, quem fala o bom grego é competente para expressar ao mesmo tempo clara e precisamente as coisas que pensa. Mas, agora, há dois diferentes helenismos, pois um é divorciado do nosso uso comum, e parece proceder de acordo com a analogia gramatical, enquanto o outro, segundo o uso de cada um dos helenos, procede da assimilação e da observação das conversações.[218] // Por exemplo, quem, por um lado, do nominativo Ζεύς [Zeus] declina as formas oblíquas Ζεός, Ζεῖ, Ζέα[219] discursa de acordo com o primeiro tipo de helenismo; por outro lado, quem simplesmente diz Ζηνός, Ζηνὶ e Ζῆνα[220] o faz de acordo com o segundo tipo, mais familiar para nós. Embora haja dois helenismos, dizemos que, por um lado, o segundo é útil, pelas causas mencionadas anteriormente; por outro lado, o primeiro é inútil, pelo que será dito. // Pois, por exemplo, na cidade em que é corrente uma cunhagem de acordo com seu costume, quem submeter-se [a esse uso] é capaz desse modo de fazer negócios nessa cidade sem impedimentos, mas quem não admitir isso e cunhar uma nova [moeda] para si próprio e quiser fazê-la correr será tomado por louco;[221] desse modo, na vida, quem não quer se juntar, assim como na cunhagem, à linguagem comumente aceita, mas talha uma privada para si próprio, está perto da loucura.[222] // Portanto, se os gramáticos professam que transmitem certa arte chamada analogia, por meio da qual nos forçam a falar aquele bom grego, deve-se demonstrar que essa arte é inconsistente, e quem quer falar corretamente deve atender à não técnica e simples observância,

καὶ τῇ κατὰ τὴν κοινὴν τῶν πολλῶν συνήθειαν παρατηρήσει προσανέχειν.

Εἴπερ οὖν ἔστι τις περὶ ἑλληνισμὸν τέχνη, ἤτοι ἔχει 180 ἀρχὰς ἐφ' αἷς συνέστηκεν ἢ οὐκ ἔχει. καὶ μὴ ἔχειν μὲν οὐκ ἂν φαῖεν οἱ γραμματικοί· πᾶσα γὰρ τέχνη ἀπό τινος ἀρχῆς ὀφείλει συνίστασθαι. εἰ δὲ ἔχει, ἤτοι τεχνικὰς ταύτας ἔχει ἢ ἀτέχνους. καὶ εἰ μὲν τεχνικάς, πάντως ἢ ἀφ' ἑαυτῶν ἢ ἀπ' ἄλλης τέχνης συνέστησαν, κἀκείνη πάλιν ἀπὸ τρίτης, καὶ ἡ τρίτη ἀπὸ τετάρτης, καὶ τοῦτ' εἰς ἄπειρον, ὥστε ἄναρχον γιγνομένην τὴν περὶ ἑλληνισμὸν τέχνην μηδὲ τέχνην ὑπάρχειν· εἰ δὲ ἀτέχνους, οὐκ ἄλλαι τινὲς 181 εὑρεθήσονται παρὰ τὴν συνήθειαν. ἢ ἄρα συνήθεια τοῦ τί τέ ἐστιν ἑλληνικὸν καὶ τί ἀνελλήνιστον γίνεται κριτήριον, καὶ οὐκ ἄλλη τις περὶ τὸν ἑλληνισμὸν τέχνη. ἄλλως 182 τε, ἐπεὶ τῶν τεχνῶν αἱ μὲν τῷ ὄντι εἰσὶ τέχναι, ὡς ἡ ἀνδριαντοποιικὴ καὶ ζωγραφία, αἱ δὲ ἐπαγγέλματι μέν εἰσι τέχναι, οὐ πάντως δὲ καὶ κατ' ἀλήθειαν, ὡς Χαλδαϊκή τε καὶ θυτική, ἵνα μάθωμεν ''πότερόν ποτε καὶ ἡ περὶ τὸν ἑλληνισμὸν λεγομένη τέχνη ὑπόσχεσις μόνον ἐστὶν ἢ καὶ ὑποκειμένη δύναμις, δεήσει κριτήριόν τι ἡμᾶς ἔχειν εἰς τὴν ταύτης δοκιμασίαν. τοῦτ' οὖν τὸ κριτήριον πάλιν 183 ἤτοι τεχνικόν τί ἐστι καὶ περὶ ἑλληνισμόν, εἴγε καὶ τῆς περὶ τὸν ἑλληνισμὸν κρινούσης, εἰ ὑγιῶς κρίνει, δοκιμαστικὸν καθέστηκεν, ἢ ἄτεχνον. ἀλλὰ τεχνικὸν μὲν περὶ ἑλληνισμὸν οὐκ ἂν εἴη διὰ τὴν προειρημένην εἰς ἄπειρον ἔκπτωσιν· ἄτεχνον δ' εἰ λαμβάνοιτο τὸ κριτήριον, οὐκ ἄλλο τι εὑρήσομεν ἢ τὴν συνήθειαν. ἢ ἄρα συνήθεια καὶ αὐτὴν τὴν περὶ ἑλληνισμὸν τέχνην κρίνουσα οὐ δεήσεται τέχνης.

Εἴπερ δὲ οὐκ ἄλλως ἔστιν ἑλληνίζειν ἐὰν μὴ παρὰ 184 γραμματικῆς μάθωμεν τὸ ἑλληνικόν, ἤτοι ἐναργές ἐστι

de acordo com a vida e com o uso comum.

// Se, de fato, há alguma arte do helenismo, ou tem princípios pelos quais se organiza, ou não tem. Que não tem, por um lado, os gramáticos não virão a afirmar, pois toda arte deve organizar-se de acordo com algum princípio. Por outro lado, se tem [princípios], tem ou técnicos ou não técnicos. E se, de fato, [tem] técnicos, eles sempre se organizam a partir de si próprios ou de outra arte, e, novamente, essa [arte] de uma terceira, e a terceira de uma quarta, e assim ao infinito; desse modo, sem princípio seria a arte do helenismo, e tampouco seria arte; // mas, se [tem] não técnicos, nada se encontrará além do uso; portanto, o uso é o critério do que vem a ser bom grego e não bom grego, e não alguma arte do helenismo.[223]
// Ademais, uma vez que dentre as artes, por um lado, algumas são de fato técnicas, como a escultura e a pintura de animais, e outras, por outro lado, que professam ser artes, mas não o são completa e verdadeiramente, como a [astrologia] caldaica e a haruspicação, [então,] para aprendermos se a chamada arte do helenismo é ou somente uma promessa, ou um poder consolidado, será necessário ter algum critério pelo qual nós a testemos.
// Então, esse critério, novamente, ou é algo técnico (e concernente ao helenismo, uma vez que avalia se a [arte] que julga o helenismo o faz de modo são), ou não técnico. Mas técnico, por um lado, quanto ao helenismo, não virá a ser, por causa do regresso ao infinito demonstrado anteriormente; por outro lado, se o critério for tomado como não técnico, nenhum outro se achará além do uso. O uso, portanto, sendo o próprio critério acerca do helenismo, não precisará de arte.

// Mas, se não é possível falar o bom grego de outro modo, a não ser que aprendamos pela Gramática o bom grego, é ou algo evidente

τοῦτο καὶ ἐξ αὐτοῦ βλεπόμενον ἢ ἀδηλότερον. ἀλλ' ἐναργὲς μὲν οὐκ ἔστιν, ἐπεὶ σύμφωνον ἂν ἦν παρὰ πᾶσιν ὡς
185 τὰ λοιπὰ τῶν ἐναργῶν. καὶ ἄλλως πρὸς μὲν τὴν τοῦ ἐναργοῦς ἀντίληψιν οὐδεμιᾶς τέχνης ἐστὶ χρεία, καθάπερ οὐδὲ πρὸς τὸ λευκὸν ὁρᾶν ἢ γλυκέος γεύεσθαι ἢ θερμοῦ θιγγάνειν· πρὸς δὲ τὸ ἑλληνίζειν μεθόδου τινὸς καὶ τέχνης κατὰ τοὺς γραμματικούς ἐστι χρεία. οὐκ ἄρα ἐναργές
186 ἐστι τὸ ἑλληνίζειν. ἄδηλον δὲ εἴπερ ἐστί, πάλιν ἐπεὶ τὸ ἄδηλον ἔκ τινος ἑτέρου γνωρίζεται, ἤτοι φυσικῷ τινὶ κατακολουθητέον κριτηρίῳ, ἐξ οὗ διαγινώσκεται τί τὸ ἑλληνικὸν καὶ τί τὸ ἀνελλήνιστον, ἢ τῇ ἑνὸς συνηθείᾳ ὡς ἄκρως ἑλληνίζοντος χρηστέον πρὸς τὴν τούτου κατάληψιν,
187 ἢ τῇ πάντων. ἀλλὰ φυσικὸν μὲν κριτήριον εἰς τὸ ἑλληνικὸν καὶ τὸ μὴ τοιοῦτον οὐδὲν ἔχομεν· τοῦ γὰρ Ἀττικοῦ τὸ τάριχος λέγοντος ὡς ἑλληνικὸν καὶ τοῦ Πελοποννησίου ὁ τάριχος προφερομένου ὡς ἀδιάστροφον, καὶ τοῦ μὲν τὴν στάμνον ὀνομάζοντος τοῦ δὲ τὸν στάμνον, οὐδὲν ἔχει ἐξ ἑαυτοῦ κριτήριον πιστὸν ὁ γραμματικὸς εἰς τὸ οὕτως ἀλλὰ μὴ οὕτως δεῖν λέγειν, εἰ μὴ ἄρα τὴν ἑκάστου
188 συνήθειαν, ἥτις οὔτε τεχνικὴ οὔτε φυσική ἐστιν. τῇ δὲ τινὸς συνηθείᾳ δεῖν ἀκολουθεῖν εἴπερ ἐροῦσιν, ἤτοι φάσει μόνον ἐροῦσιν ἢ ἐμμεθόδοις ἀποδείξεσι χρησάμενοι. ἀλλὰ φάσιν μὲν λέγουσι φάσιν ἀντιθήσομεν περὶ τοῦ τοῖς πολλοῖς μᾶλλον ἢ τῷ ἑνὶ δεῖν ἀκολουθεῖν· ἐμμεθόδως δὲ ἀποδεικνύντες ὅτι οὗτος ἑλληνίζει, ἀναγκασθήσονται ἐκείνην τὴν μέθοδον κριτήριον ἑλληνισμοῦ λέγειν δι' ἣν καὶ
189 οὗτος ἑλληνίζων δέδεικται, ἀλλ' οὐχὶ τοῦτον. λείπεται οὖν τῇ πάντων συνηθείᾳ προσέχειν. εἰ δὲ τοῦτο, οὐ χρεία τῆς ἀναλογίας ἀλλὰ παρατηρήσεως τοῦ πῶς οἱ πολλοὶ διαλέγονται καὶ τί ὡς ἑλληνικὸν παραδέχονται ἢ ὡς οὐ τοιοῦτον ἐκκλίνουσιν. τό γε μὴν ἑλληνικὸν ἤτοι φύσει ἐστὶν ἢ θέσει. καὶ φύσει μὲν οὐκ ἔστιν, ἐπεὶ οὐκ ἂν

e visível por si só, ou não evidente. Mas não é evidente, uma vez que seria então aceito por todos, como são os outros evidentes. // E, além disso, por um lado, nenhuma arte é necessária para captar o que é evidente, assim como não o é para ver o branco, ou saborear o doce, ou tocar o quente; por outro lado, para os gramáticos, um método e uma arte são necessários para falar o bom grego. Portanto, o bom grego não é evidente. // Mas se, de fato, não é evidente, tendo em vista novamente que o não evidente vem a ser conhecido por meio de outra coisa, ou se deve seguir algum critério natural, pelo qual é diagnosticado o que é helenismo e o que não é helenismo, ou se deve usar, para apreendê-lo, o uso do bom grego por um homem que [nele seja] proeminente, ou o de todos. // Mas, de fato, não temos critério natural para o helenismo; pois o ático diz τὸ τάριχος [múmia, neutro] como bom grego, e o peloponésio profere ὁ τάριχος [múmia, masculino] como incontroverso, e um denomina τὴν στάμνον [jarro, feminino], o outro, τὸν στάμνον [jarro, masculino],[224] o gramático não tem um critério por si só confiável para que se deva falar desse modo em vez daquele modo, a não ser o uso de cada um, que não é técnico nem natural. // Mas se, de fato, dizem que é preciso seguir o uso de alguém, ou falam somente por falar, ou utilizando um método probativo. Mas se, por um lado, falam por falar, contradizemos que se deve seguir a muitos, em vez de um único; se, por outro lado, utilizando um método probativo, [asserem] que alguém fala o bom grego, serão forçados a dizer que aquele método pelo qual alguém demonstrou falar o bom grego é o critério do helenismo, mas não a pessoa ela mesma. // Resta, então, aderir ao uso de todos. Mas, se assim é, não há necessidade da analogia, e sim da observância de como a maioria conversa e do que os gregos adotam ou não como helenismo. No entanto, ou o helenismo é por natureza, ou por convenção. E, por um lado, não é por natureza, uma vez que

ποτε ταὐτὸν τοῖς μὲν ἑλληνικὸν ἐδόκει τυγχάνειν τοῖς δὲ
οὐχ ἑλληνικόν· θέσει δὲ εἴπερ ἔστι καὶ νόμῳ τῶν ἀνθρώ- 190
πων, ὁ συνασκηθεὶς μάλιστα καὶ τριβεὶς ἐν τῇ συνηθείᾳ,
οὗτος ἑλληνίζει, καὶ οὐχ ὁ τὴν ἀναλογίαν ἐπιστάμενος.
καὶ γὰρ ἄλλως ἔνεστι παραστῆσαι ὅτι οὐ δεόμεθα πρὸς
τὸ ἑλληνίζειν τῆς γραμματικῆς. ἐν γὰρ ταῖς ἀνὰ χεῖρα 191
ὁμιλίαις ἤτοι ἀντικόψουσιν ἡμῖν οἱ πολλοὶ ἐπί τισι λέξε-
σιν ἢ οὐκ ἀντικόψουσιν. καὶ εἰ μὲν ἀντικόψουσιν, εὐθὺς
καὶ διορθώσονται ἡμᾶς, ὥστε παρὰ τῶν ἐκ τοῦ βίου καθεστώτων ἀλλ' οὐχὶ παρὰ γραμματικῶν ἔχειν τὸ ἑλληνίζειν.
εἰ δ' οὐ δυσχεραίνουσιν ἀλλ' ὡς σαφέσι καὶ ὀρθῶς ἔχουσι 192
συμπεριφέροιντο τοῖς λεγομένοις, καὶ ἡμεῖς αὐτοῖς ἐπιμε-
νοῦμεν. κατά τε ταύτην τὴν ἀναλογίαν ἤτοι πάντες ἢ
οἱ πλεῖστοι ἢ οἱ πολλοὶ διαλέγονται· οὔτε δὲ πάντες οὔθ'
οἱ πλεῖστοι οὔθ' οἱ πολλοί· μόλις γὰρ δύο ἢ τρεῖς τοιοῦ-
τοι εὑρίσκονται, οἱ δὲ πλεῖστοι οὐδὲ ἴσασιν αὐτήν. τοίνυν 193
ἐπεὶ τῇ τῶν πολλῶν συνηθείᾳ καὶ οὐ τῇ τῶν δυοῖν ἀναγκαῖον κατακολουθεῖν, ῥητέον τὴν παρατήρησιν τῆς κοινῆς
συνηθείας χρησιμεύειν πρὸς τὸ ἑλληνίζειν, ἀλλὰ μὴ τὴν
ἀναλογίαν. ἐπὶ πάντων γε μὴν σχεδὸν τῶν χρησιμευόν-
των τῷ βίῳ μέτρον ἐστὶν ἱκανὸν τὸ μὴ παραποδίζεσθαι
πρὸς τὰς χρείας. διόπερ εἰ καὶ ὁ ἑλληνισμὸς διὰ δύο 194
μάλιστα προηγούμενα ἔτυχεν ἀποδοχῆς, τήν τε σαφήνειαν
καὶ τὴν προσήνειαν τῶν δηλουμένων (τούτοις γὰρ ἔξωθεν
κατ' ἐπακολούθησιν συνέζευκται τὸ μεταφορικῶς καὶ ἐμ-
φατικῶς καὶ κατὰ τοὺς ἄλλους τρόπους φράζειν), ζητήσο-
μεν οὖν ἐκ ποτέρας ταῦτα μᾶλλον περιγίνεται, ἆρά γε
τῆς κοινῆς συνηθείας ἢ τῆς ἀναλογίας, ἵνα ἐκείνη προσθώ-
μεθα. βλέπομεν δέ γε ὡς ἐκ τῆς κοινῆς συνηθείας μᾶλ- 195
λον ἢ ὅτι ἐκ τῆς ἀναλογίας. ἐκείνη ἄρα ἀλλ' οὐ ταύτῃ
χρηστέον. τὸ μὲν γὰρ τῆς ὀρθῆς πτώσεως ὁ Ζεύς οὔσης
τὰς πλαγίους προφέρεσθαι "'Ζηνός Ζηνί Ζῆνα καὶ τῆς

[neste caso] uma mesma coisa não viria a ser considerada bom grego por uns e não bom grego por outros; // por outro lado, se é por convenção e por costume dos homens, quem muito pratica e é versado no uso fala o bom grego, e não quem sabe analogia. Mas é possível, pois, mostrar de outro modo que não precisamos da Gramática para falar o bom grego.[225] // Pois, nos intercursos cotidianos, ou a maioria contestar-nos-á em relação a algumas palavras, ou não nos contestará. Mas se, por um lado, nos contestar, corrigir-nos-á na mesma hora, de modo que temos o helenismo a partir da vida, mas não a partir dos gramáticos. // E se não se ofendem, mas concordam com os discursos que emitirmos como claros e corretos, nós permaneceremos com eles. Mas ou todos, ou a maioria, ou muitos falam de acordo com essa analogia; mas nem todos, nem a maioria, tampouco muitos; pois somente dois ou três encontram-se em tal condição, mas a maioria não a conhece. // Portanto, uma vez que se deve seguir o uso de muitos e não o [decorrente das regras da analogia], deve-se dizer que a observância do uso comum é útil para falar o bom grego, mas não a analogia. Assim, não impedir as necessidades é medida suficiente em quase tudo que é útil para a vida.[226] // Por isso, se o helenismo veio a ser aceito por dois motivos, a clareza e a facilidade das descrições (pois, adicionados de fora, seguem-se a estes o uso de metáfora, ênfase e de outros tropos), investigaremos então por qual dessas duas [opções] é mais bem [garantida a clareza e a facilidade], pelo uso comum ou pela analogia, para nos associarmos a ela.[227] // Mas vemos que [é] mais pelo uso comum do que pela analogia. Portanto, aquele deve ser utilizado, mas não esta. Pois dizer que, por um lado, do caso nominativo Ζεύς são declinados os oblíquos Ζηνός, Ζηνί, Ζῆνα, e de

κύων κυνός κυνί κύνα σαφές, ἀλλὰ καὶ ἀπρόσκοπον τοῖς πολλοῖς εἶναι φαίνεται· τοῦτο δέ ἐστι τὸ τῆς κοινῆς συνηθείας. τὸ δὲ ἀπὸ τῆς Ζεύς ὀρθῆς Ζεός λέγειν καὶ Ζεῖ καὶ Ζέα, καὶ ἀπὸ τῆς κύων σχηματίζειν κύωνος κύωνι κύωνα, ἢ ἀπὸ τῆς κυνός γενικῆς ἀξιοῦν τὴν ὀρθὴν πῶς ὑπάρχειν, καὶ ἐπὶ τῶν ῥηματικῶν φερήσω λέγειν καὶ βλεπήσω ὡς ποιήσω καὶ θελήσω, οὐ μόνον ἀσαφὲς ἀλλὰ καὶ
196 γέλωτος ἔτι δὲ προσκοπῆς ἄξιον εἶναι δοκεῖ· τοῦτο δὲ γίνεται ἀπὸ ἀναλογίας. τοίνυν, ὡς ἔφην, οὐ ταύτῃ χρηστέον ἀλλὰ τῇ συνηθείᾳ.

Μήποτε δὲ καὶ περιτρέπονται, καὶ ἐάν τε θελήσωσιν ἐάν τε καὶ μή, ἀναγκασθήσονται χρῆσθαι μὲν τῇ συνηθείᾳ παραπέμπειν δὲ τὴν ἀναλογίαν. σκοπῶμεν δ' ἐντεῦθεν τὸ λεγόμενον, τουτέστιν ἐκ τῆς πρὸς αὐτοὺς ἀκολου-
197 θίας. ζητουμένου γὰρ τοῦ πῶς δεῖ λέγειν, χρῆσθαι ἢ χρᾶσθαι, φασὶν ὅτι χρᾶσθαι, καὶ ἀπαιτούμενοι τούτου τὴν πίστιν λέγουσιν ὅτι χρῆσις καὶ κτῆσις ἀνάλογά ἐστιν· ὡς οὖν κτᾶσθαι μὲν λέγεται κτῆσθαι δὲ οὐ λέγεται, οὕτω
198 καὶ χρᾶσθαι μὲν ῥηθήσεται χρῆσθαι δὲ οὐ πάντως. ἀλλ' εἰ ἐπακολουθῶν τις αὐτοῖς πύθοιτο "αὐτὸ δὲ τοῦτο τὸ κτᾶσθαι ὅτι ὀρθῶς εἴρηται, ἀφ' οὗ καὶ τὸ χρᾶσθαι ἀποδείκνυμεν, πόθεν ἴσμεν;" φήσουσιν ὅτι ἐν τῇ συνηθείᾳ λέγεται. τοῦτο δὲ λέγοντες δώσουσι τὸ τῇ συνηθείᾳ δεῖν
199 ὡς κριτηρίῳ προσέχειν, ἀλλὰ μὴ τῇ ἀναλογίᾳ. εἰ γὰρ ὅτι ἐν τῇ συνηθείᾳ λέγεται κτᾶσθαι, ῥητέον καὶ χρᾶσθαι, ὀφείλομεν παρέντες τὴν ἀναλογικὴν τέχνην ἐπὶ τὴν συνήθειαν ἀναδραμεῖν, ἀφ' ἧς κἀκείνη ἤρτηται.

Καὶ μὴν ἡ ἀναλογία ὁμοίων πολλῶν ὀνομάτων ἐστὶ παράθεσις, τὰ δὲ ὀνόματα ταῦτα ἐκ τῆς συνηθείας, ὥστε καὶ ἡ σύστασις τῆς ἀναλογίας ἀπὸ τῆς συνηθείας πρόει-
200 σιν. τούτου δὲ οὕτως ἔχοντος ἐρωτητέον τρόπῳ τῷδε. ἤτοι ἐγκρίνετε τὴν συνήθειαν ὡς πιστὴν πρὸς διάγνωσιν

κύων [cão], κυνός, κυνί, κύνα, <não é somente> claro, mas parece ser inobjetável para muitos; mas esse é o uso comum. Porém, dizer que, por outro lado, do nominativo Ζεύς [são declinados] Ζεός, Ζεΐ, Ζέα, e [que] de κύων se formam κύωνος, κύωνι, κύωνα,²²⁸ ou pensar que o genitivo κυνός, se origina do nominativo *κῦς,²²⁹ e que a conjugação verbal de *φερήσω [levarei] e *βλεπήσω [olharei] se diz como κυήσω [conceberei] e θελήσω [desejarei] parece ser algo merecedor de riso e questionamento; // mas essas [declinações e conjugações] advêm da analogia. Então, como digo, não é ela que se deve seguir, mas ao uso.

Contudo, talvez se autorrefutem e, querendo ou não, serão compelidos a, por um lado, incorrer no uso, e, por outro, rejeitar a analogia. Mas examinemos o que dizem a partir daí, isto é, a partir das próprias consequências [do que dizem] contra si próprios. // Pois quando se investiga como se deve falar, χρῆσθαι ou χρᾶσθαι [usar, empregar], dizem que [é] χρᾶσθαι, e quando se lhes exige prova disso, dizem que χρῆσις [uso, emprego] e κτῆσις [aquisição] são análogos; assim como, de fato, se diz κτᾶσθαι [adquirir, possuir], mas não se diz κτῆσθαι, da mesma forma, então, se fala χρᾶσθαι, mas nunca χρῆσθαι.²³⁰ // Mas se alguém, dando prosseguimento, inquire-lhes: "mas como nós sabemos isto, que a própria κτᾶσθαι é correta, a partir da qual deduzimos χρᾶσθαι?", dirão que é dita no uso. Mas, dito isso, concederão que o uso se deve sustentar como critério, mas não a analogia. // Pois, se κτᾶσθαι é dito no uso e se deve dizer χρᾶσθαι, deve-se abandonar a técnica da analogia e retornar ao uso, do qual aquela [analogia] depende.

E, de fato, a analogia é o mesmo que a justaposição de muitos nomes similares, mas esses nomes advêm do uso; portanto, a existência da analogia procede do uso. // Mas, sendo assim, tem que se lhes arguir do seguinte modo: ou reconhece-se ou rejeita-se o uso como confiável para o diagnóstico

ἑλληνισμοῦ ἢ ἐκβάλλετε. εἰ μὲν ἐγκρίνετε, αὐτόθεν συνῆκται τὸ προκείμενον, καὶ οὐ χρεία τῆς ἀναλογίας· εἰ δὲ ἐκβάλλετε, ἐπεὶ καὶ ἡ ἀναλογία ἐκ ταύτης συνίσταται, ἐκβάλλετε καὶ τὴν ἀναλογίαν. καὶ πάλιν, ἄτοπον τὸ αὐτὸ καὶ ὡς πιστὸν προσίεσθαι καὶ ὡς ἄπιστον παραιτεῖσθαι. οἱ δὲ γραμματικοὶ θέλοντες τὴν συνήθειαν ὡς ἄπιστον 201 ἐκβάλλειν καὶ πάλιν ταύτην ὡς πιστὴν "'παραλαμβάνειν, τὸ αὐτὸ πιστὸν ἅμα καὶ ἄπιστον ποιήσουσιν. ἵνα γὰρ δείξωσιν ὅτι οὐ διαλεκτέον κατὰ τὴν συνήθειαν, εἰσάγουσι τὴν ἀναλογίαν· ἡ δὲ ἀναλογία οὐκ ἰσχυροποιεῖται, εἰ μὴ συνήθειαν ἔχοι τὴν βεβαιοῦσαν· τῇ ἄρα συνηθείᾳ ἐκβάλ- 202 λοντες τὴν συνήθειαν τὸ αὐτὸ πιστὸν ἅμα καὶ ἄπιστον ποιήσουσιν. ἐκτὸς εἰ μή τι φήσουσι μὴ τὴν αὐτὴν συνήθειαν ἐκβάλλειν ἅμα καὶ προσίεσθαι, ἀλλ' ἄλλην μὲν ἐκβάλλειν ἄλλην δὲ προσίεσθαι. ὅπερ καὶ λέγουσιν οἱ ἀπὸ Πινδαρίωνος. ἀναλογία, φασίν, ὁμολογουμένως ἐκ τῆς συνηθείας ὁρμᾶται· ἔστι γὰρ ὁμοίου τε καὶ ἀνομοίου θεωρία, τὸ δὲ ὅμοιον καὶ ἀνόμοιον ἐκ τῆς δεδοκιμασμένης 203 λαμβάνεται συνηθείας, δεδοκιμασμένη δὲ καὶ ἀρχαιοτάτη ἐστὶν ἡ Ὁμήρου ποίησις· ποίημα γὰρ οὐδὲν πρεσβύτερον ἧκεν εἰς ἡμᾶς τῆς ἐκείνου ποιήσεως. διαλεξόμεθα ἄρα τῇ Ὁμήρου κατακολουθοῦντες συνηθείᾳ. ἀλλὰ πρῶ- 204 τον μὲν οὐχ ὑπὸ πάντων ὁμολογεῖται ποιητὴς ἀρχαιότατος εἶναι Ὅμηρος· ἔνιοι γὰρ Ἡσίοδον προήκειν τοῖς χρόνοις λέγουσιν, Λίνον τε καὶ Ὀρφέα καὶ Μουσαῖον καὶ ἄλλους παμπληθεῖς. οὐ μὴν ἀλλὰ καὶ πιθανόν ἐστι γεγονέναι μέν τινας πρὸ αὐτοῦ καὶ κατ' αὐτὸν ποιητάς, ἐπεὶ καὶ αὐτός πού φησι

  τὴν γὰρ ἀοιδὴν μᾶλλον ἐπικλείουσ' ἄνθρωποι
  ἥτις ἀκουόντεσσι νεωτάτη ἀμφιπέληται,

do helenismo. Se, por um lado, reconhece-se, a presente [questão] resolve-se por si só, e não há necessidade da analogia; se, por outro lado, rejeita-se [o uso], uma vez que a analogia advém dele, rejeita-se [também] a analogia. E, novamente, é estranho admitir a mesma coisa como confiável e depreciá-la como inconfiável. // Mas os gramáticos, querendo rejeitar o uso como inconfiável e, novamente, aceitando-o como confiável, farão da mesma coisa algo simultaneamente confiável e inconfiável. Pois, para demonstrarem que não se deve falar segundo o uso, introduzem a analogia; mas a analogia não é válida se não tiver o uso como garantia;[231] // portanto, [utilizando] o uso para rejeitar o uso, eles fazem da mesma coisa algo ao mesmo tempo confiável e não confiável. Exceto se disserem que não rejeitam e aceitam simultaneamente o mesmo uso, mas rejeitam um e aceitam outro. O mesmo que falam os seguidores de Pindário.[232] A analogia, dizem, parte reconhecidamente do uso; pois é uma teoria do semelhante e do dessemelhante, // mas o semelhante e o dessemelhante são apreendidos pelo uso sancionado, e o que é sancionado e mais antigo é a poesia de Homero; pois nenhum poema mais velho que esse chegou até nós; portanto, sigamos em nosso discurso o uso de Homero.[233] // Mas, primeiramente, não é acordado por todos que o poeta mais antigo é Homero; pois alguns dizem que Hesíodo o precede no tempo, também Lino, Orfeu, Museu e muitos outros.[234] E, de fato, é provável que houvesse, por um lado, outros poetas antes dele e em sua época, uma vez que em algum lugar diz:

> Pois homens aplaudem muito mais a canção
> que aos ouvintes soa mais nova.[235]

τούτους δὲ ὑπὸ τῆς περὶ αὐτὸν λαμπρότητος ἐπεσκοτῆσθαι.
205 καὶ εἰ ἀρχαιότατος δὲ ὁμολογοῖτο τυγχάνειν Ὅμηρος, οὐδὲν εἴρηται ὑπὸ τοῦ Πινδαρίωνος ἱκνούμενον. ὥσπερ γὰρ προηπορούμεν περὶ τοῦ πότερόν ποτε τῇ συνηθείᾳ ἢ τῇ ἀναλογίᾳ χρηστέον, οὕτω καὶ νῦν διαφορήσομεν πότερον τῇ ''' συνηθείᾳ ἢ τῇ ἀναλογίᾳ, καὶ εἰ τῇ συνηθείᾳ, ἆρα τῇ καθ᾽ Ὅμηρον ἢ τῇ τῶν ἄλλων ἀνθρώπων· πρὸς ὅπερ
206 οὐδὲν εἴρηται. εἶτα κἀκείνην μάλιστα δεῖ τὴν συνήθειαν μεταδιώκειν ᾗ προσχρώμενοι οὐ γελασθησόμεθα· τῇ δὲ Ὁμηρικῇ κατακολουθοῦντες οὐ χωρὶς γέλωτος ἑλληνιοῦμεν, μάρτυροι λέγοντες καὶ "σπάρτα λέλυνται" καὶ ἄλλα τούτων ἀτοπώτερα. τοίνυν οὐδ᾽ οὗτός ἐστιν ὁ λόγος ὑγιής, μετὰ τοῦ συγκεχωρῆσθαι τὸ κατασκευαζόμενον ὑφ᾽ ἡμῶν,
207 τουτέστι τὸ μὴ χρῆσθαι ἀναλογίᾳ. τί γὰρ διήνεγκεν εἴτ᾽ ἐπὶ τὴν τῶν πολλῶν εἴτ᾽ ἐπὶ τὴν Ὁμήρου συνήθειαν ἐλθεῖν; ὡς γὰρ ἐπὶ τῆς τῶν πολλῶν τηρήσεώς ἐστι χρεία ἀλλ᾽ οὐ τεχνικῆς ἀναλογίας, οὕτω καὶ ἐπὶ τῆς Ὁμήρου· τηρήσαντες γὰρ αὐτοὶ πῶς εἴωθε λέγειν, οὕτω καὶ διαλε-
208 ξόμεθα. τὸ δὲ ὅλον, ὡς αὐτὸς Ὅμηρος οὐκ ἀναλογίᾳ προσεχρήσατο ἀλλὰ τῇ τῶν κατ᾽ αὐτὸν ἀνθρώπων συνηθείᾳ κατηκολούθησεν, οὕτω καὶ ἡμεῖς οὐκ ἀναλογίας πάντως ἑξόμεθα βεβαιωτὴν ἐχούσης Ὅμηρον, ἀλλὰ τὴν συνήθειαν τῶν καθ᾽ αὑτοὺς ἀνθρώπων παραπλασόμεθα.
209 Ἄρτι μὲν οὖν ἐκ τῆς πρὸς τοὺς γραμματικοὺς ἀκολουθίας συνῆκται τὸ παρέλκειν μὲν τὴν ἀναλογίαν πρὸς ἑλληνισμόν, εὐχρηστεῖν δὲ τὴν τῆς συνηθείας παρατήρη-
210 σιν· δῆλον δὲ ἴσως ἔσται ἐκ τῶν ῥητῶν. ὁριζόμενοι γὰρ τόν τε βαρβαρισμὸν καὶ τὸν σολοικισμὸν φασὶ "βαρβαρισμός ἐστι παράπτωσις ἐν ἁπλῇ λέξει παρὰ τὴν κοινὴν συνήθειαν" καὶ "σολοικισμός ἐστι παράπτωσις ἀσυνήθης

Contudo, esses [poetas] foram obscurecidos pelo brilho de Homero.[236] // E, se vier a ser acordado que Homero é o mais antigo, nada do que foi dito por Pindário será convincente. Pois, assim como estávamos em aporia anteriormente sobre qual dos dois se deve utilizar, o uso ou a analogia, do mesmo modo estamos [novamente] em aporia agora sobre qual dos dois, o uso ou a analogia, e, se [é] o uso, que [seja] portanto de acordo com Homero ou com os outros homens; em relação a isso nada foi dito [por Pindário]. // Ademais, é preciso seguir sobretudo o uso pelo qual não seremos ridicularizados quando o utilizarmos; mas, quando falamos o bom grego seguindo o homérico, não escapamos ao ridículo, quando dizemos μάρτυροι [mártires],[237] σπάρτα λέλυνται [as cordas foram afrouxadas][238] e outras [coisas] mais estranhas que essas. Portanto, esse argumento não é bom, além de fazer concessão ao que foi disposto anteriormente por nós, ou seja, que não se deve usar a analogia. // Pois qual é a diferença entre seguir de acordo com o uso de muitos ou com o de Homero? Como há necessidade de observação no caso do uso de muitos, mas não de analogia técnica, do mesmo modo [há necessidade] no caso do uso de Homero, pois, tendo observando como ele costuma falar, do mesmo modo falamos nós. // Mas, em geral, como o próprio Homero não se utilizava da analogia, mas seguiu o uso dos homens, do mesmo modo nós nunca aderiremos à analogia, tendo Homero como autoridade, mas nos conduziremos de acordo com o uso dos próprios homens.[239] // Assim, foi demonstrado, a partir das consequências [dos argumentos dos próprios] gramáticos, que a analogia é supérflua para o helenismo, e que a observação do uso é útil; mas isso também ficará claro a partir do que dizem. // Pois, definindo o barbarismo e o solecismo, dizem que "barbarismo é o erro em uma única palavra, contra o uso comum", e que "solecismo é o erro não costumeiro

κατὰ τὴν ὅλην σύνταξιν καὶ ἀνακόλουθος." πρὸς ἃ δυ- 211 νάμεθα λέγειν εὐθύς, ἀλλ' εἰ ὁ μὲν βαρβαρισμός ἐστιν ἐν ἀπλῇ λέξει ὁ δὲ σολοικισμὸς ἐν συνθέσει λέξεων, δέδεικται δὲ ἔμπροσθεν ὡς οὔτε ἁπλῆ ἐστι λέξις τις οὔτε σύνθεσις λέξεων, οὐδέν ἐστι βαρβαρισμὸς ἢ σολοικισμός. "πάλιν εἰ ἐν λέξει μιᾷ ὁ βαρβαρισμὸς νοεῖται καὶ ἐν συν- 212 θέσει λέξεων ὁ σολοικισμός, ἀλλ' οὐκ ἐν τοῖς ὑποκειμένοις πράγμασι, πῶς ἥμαρτον εἰπὼν "οὗτος," δείκνυμι δὲ γυναῖκα, ἢ "αὕτη," δείκνυμι δὲ νεανίαν; οὔτε γὰρ ἐσολοίκισα· οὐ γὰρ σύνθεσιν πολλῶν ἀκαταλλήλων λέξεων προηνεγκάμην, ἀλλ' ἁπλῆν τὴν οὗτος λέξιν ἢ αὕτη· οὔτ' ἐ- 213 βαρβάρισα· οὐδὲν γὰρ ἀσύνηθες εἶχεν ἡ οὗτος λέξις, ὡς ἡ παρὰ τοῖς Ἀλεξανδρεῦσιν ἐλήλυθαν καὶ ἀπελήλυθαν.

Πλὴν τοιαῦτα μὲν πολλὰ πρὸς τοὺς γραμματικοὺς ἐνδέχεται λέγειν· ἵνα δὲ μὴ δοκῶμεν ἐν πᾶσιν ἀπορητι- 214 κοὶ τυγχάνειν, ἐπὶ τὴν ἐξ ἀρχῆς πρόθεσιν ἀναδραμόντες φήσομεν ὡς εἴπερ ὁ βαρβαρισμὸς παράπτωσίς ἐστι παρὰ τὴν κοινὴν συνήθειαν ἐν μιᾷ λέξει θεωρούμενος, ὡσαύτως δὲ καὶ ὁ σολοικισμὸς ἐν πολλαῖς λέξεσι τὴν ὑπόστασιν λαμβάνων, καὶ ἔστι βάρβαρον μὲν τὸ τράπεσα διὰ τὸ μὴ σύνηθες εἶναι τὸ ῥῆμα, σόλοικον δὲ τὸ "πολλὰ περιπατήσας κοπιᾷ μου τὰ σκέλη" διὰ τὸ μὴ λέγεσθαι τῇ κοινῇ συνηθείᾳ, ὡμολόγηται ὅτι ἡ μὲν ἀναλογιστικὴ τέχνη ὄνομα κενόν ἐστι πρὸς τὸ μὴ βαρβαρίζειν ἢ σολοικίζειν, δεῖ δὲ τὴν συνήθειαν παρατηρεῖν καὶ ἀκολούθως αὐτῇ διαλέγεσθαι. εἰ μὲν γὰρ μετακαθίσαντες λέγοιεν βαρβα- 215 ρισμὸν ἁπλῶς παράπτωσιν ἐν ἁπλῇ λέξει, δίχα τοῦ προσθεῖναι τὸ παρὰ τὴν κοινὴν συνήθειαν, καὶ σολοικισμὸν παράπτωσιν κατὰ τὴν ὅλην σύνταξιν καὶ ἀνακόλουθον, χωρὶς τοῦ παραλαβεῖν τὸ ἀσύνηθες, ἢ χεῖρόν τι κινήσουσιν ἑαυτοῖς πρᾶγμα. τὰ γὰρ τοιαῦτα καθ' ὅλην τὴν σύνταξιν ἀκολουθοῦντα ἕξουσιν, "Ἀθῆναι καλὴ πόλις, Ὀρέ-

e anômalo na totalidade da sintaxe".[240] // Contra isso podemos dizer diretamente: mas se, por um lado, o barbarismo é [o erro] em uma única palavra e, por outro lado, o solecismo [é] na combinação das palavras,[241] e foi demonstrado anteriormente que não há nenhuma palavra nem combinação de palavras, [então] não há barbarismo ou solecismo. // Novamente, se o barbarismo é concebido em uma única palavra, e o solecismo na combinação das palavras, mas não nos estados de coisas a elas subjacentes, como erro dizendo οὗτος [este] ao mostrar uma mulher, ou αὕτη [esta] ao mostrar um jovem?[242] Pois não cometi solecismo, visto que não proferi uma combinação de muitas palavras incongruentes, mas somente da palavra οὗτος ou αὕτη; // nem barbarismo; pois a palavra οὗτος não possui algo não costumeiro, como as palavras *ἐλήλυθαν [vieram] e *ἀπελήλυθαν [foram][243] dos alexandrinos.

Além desses [argumentos], muitos outros se podem dizer contra os gramáticos. // Mas, para não parecer que somos aporéticos em tudo, voltemos ao propósito inicial e digamos que, uma vez que o barbarismo é o erro contrário ao uso comum observado em uma única palavra, e, do mesmo modo, o solecismo consiste em várias palavras, e τράπεζα[244] é barbarismo por ser um verbo não usual, e πολλὰ περιπατήσας κοπιᾷ μου τὰ σκέλη [tendo muito caminhado, minhas pernas estão cansadas][245] é solecismo por não ser dito de acordo com o uso comum, deve ser acordado que a técnica analógica é um nome vazio para evitar barbarismos e solecismos; é preciso observar o uso e falar de acordo com ele. // Pois se, de fato, mudarem de posição e disserem unicamente que o barbarismo é o erro em uma única palavra, sem acrescentar que é contrário ao uso comum, e o solecismo é o erro e a anomalia na totalidade da sintaxe, sem acrescentar que contraria o costumeiro, moverão contra si próprios uma consequência ainda pior. Pois, quanto à totalidade da sintaxe, tais [frases] possuiriam <in>coerências: Ἀθῆναι καλὴ πόλις [Atenas é uma cidade bela],

στης καλή τραγωδία, ή βουλή οι εξακόσιοι·" ἃ δεήσει σολοικισμοὺς λέγειν, οὐχὶ δέ γε σολοικισμοί τυγχάνουσι 216 διὰ τὸ σύνηθες. οὐκ ἄρα ψιλῇ τῇ ἀκολουθίᾳ κριτέον τὸν σολοικισμόν, ἀλλὰ τῇ συνηθείᾳ.

Εὖ δ' ἂν ἔχοι καὶ μετὰ τὴν ἐκ τῆς ἀκολουθίας καὶ τῶν ῥητῶν ἔνστασιν ἔτι καὶ ἀπὸ '''τῆς κατὰ τὸ ὅμοιον 217 μεταβάσεως αὐτοὺς δυσωπεῖν. εἴπερ γὰρ τοῦ ὁμοίου θεωρητικοὶ καθεστήκασιν, ἐπεὶ τῷ εἰς ἀντικνήμιον τύπτεσθαι ἀνάλογόν ἐστι τὸ εἰς τὴν ῥῖνα τύπτεσθαι καὶ τὸ εἰς τὴν γαστέρα, λέγεται δὲ τὸ πρῶτον ἀντικνημιάζειν, ἀναλόγως καὶ τὸ γαστρίζειν ἢ μυκτηρίζειν. τὸ δὲ αὐτὸ καὶ ἐπὶ τοῦ ἱππάζεσθαι καὶ κατακρημνίζεσθαι καὶ ἡλιάζεσθαι ὑποδεικτέον. οὐ λέγομεν δὲ ταῦτα διὰ τὸ παρὰ τὴν κοινὴν εἶναι συνήθειαν· τοίνυν οὐδὲ τὸ κυήσω οὐδὲ τὸ φερήσω καὶ τὰ ἄλλα πάντα, ἅπερ ἀναλογίας ἐστὶν ὀφειλόμενα λέγεσθαι, διὰ τὸ μὴ κατὰ τὴν συνήθειαν λέγεσθαι. 218 οὐ μὴν ἀλλ' εἴπερ ἄριστα μὲν θρᾳκιστὶ διαλέγεσθαί φαμεν τὸν ὡς σύνηθές ἐστι Θρᾳξὶ διαλεγόμενον, καὶ κάλλιστα ῥωμαϊστὶ τὸν ὡς σύνηθες Ῥωμαίοις, ἀκολουθήσει καὶ τὸ ἑλληνιστὶ ὑγιῶς διαλέγεσθαι τὸν ὡς σύνηθες Ἕλλησι διαλεγόμενον, ἐὰν τῇ συνηθείᾳ ἀλλὰ μὴ τῇ διατάξει κατακολουθῶμεν. τῇ ἄρα συνηθείᾳ, οὐ τῇ ἀναλογίᾳ κατα- 219 κολουθοῦντες ἑλληνιοῦμεν. καθόλου τε ἤτοι σύμφωνός ἐστι τῇ συνηθείᾳ ἡ ἀναλογία ἢ διάφωνος. καὶ εἰ μὲν σύμφωνος, πρῶτον μὲν ὡς ἐκείνη οὐκ ἔστι τεχνική, οὕτως οὐδὲ αὕτη γενήσεται τέχνη· τὸ γὰρ ἀτεχνίᾳ συμφωνοῦν πάντως καὶ αὐτό ἐστιν ἄτεχνον. καὶ ἄλλως τὸ κατ' ἐκείνην ἑλληνικὸν καὶ κατ' αὐτὴν ἐκείνῃ συμφωνοῦσαν γενήσε- 220 ται ἑλληνικόν, καὶ τὸ κατ' ἐκείνην ἔσται τοιοῦτον. τούτου δ' οὕτως ἔχοντος οὐ δεησόμεθα τῆς ἀναλογίας πρὸς

Ὀρέστης καλὴ τραγῳδία [*Orestes* é uma bela tragédia], ἡ βουλὴ οἱ ἑξακόσιοι [a assembleia são os seiscentos].²⁴⁶ Seria necessário dizer que são solecismos, mas não vêm a ser solecismos por causa do uso. // Portanto, o solecismo não se julga pela simples concordância, mas pelo uso. Mas seria bom, após a nossa objeção a partir das consequências <contra si próprios> e do que disseram, envergonhá-los ainda em relação à transição baseada na similaridade. // Pois se, de fato, colocam-se como teóricos da similaridade, na medida em que ser golpeado no nariz ou no estômago é análogo a sê-lo na canela, e o anterior é expresso por ἀντικνημιάζειν [golpear na canela], [então] analogamente [se deveria dizer] γαστρίζειν [golpear no estômago] ou μυκτηρίζειν [golpear no nariz]²⁴⁷ <...>;²⁴⁸ e o mesmo se pode apontar em relação a ἱππάζεσθαι [cavalgar], κατακρημνίζεσθαι [cair de um precipício], ἡλιάζεσθαι [ficar sob o sol].²⁴⁹ Mas não falamos tais [palavras], porque são contrárias ao uso comum; da mesma forma, não [falamos] κυήσω [conceberei], nem φερήσω [levarei]²⁵⁰ e todas as outras que, por analogia, deveriam ser ditas, porque não são ditas de acordo com o uso. // Contudo, se dissermos que a língua trácia, por um lado, é mais bem falada por quem fala como os trácios, e mais belamente a língua romana [por quem fala] conforme o uso dos romanos, seguir-se-á que quem falar um bom grego falará conforme o uso dos gregos, na medida em que seguimos o uso [comum], e não as prescrições dos gramáticos. Portanto, seguindo o uso, não a analogia, falamos um bom grego. // Em geral, ou a analogia é concordante com o uso ou discordante. Se, por um lado, [é] concordante, então, em primeiro lugar, como o uso não é técnico, da mesma forma a analogia não será técnica, pois o que concorda com o que não é técnico certamente não é, ele próprio, técnico. E, em segundo lugar, se o que é helenismo segundo o uso também será helenismo segundo a analogia, já que esta concorda com o uso, então o que está de acordo com o uso também será helenismo.²⁵¹ // Mas, sendo assim, não teremos necessidade da analogia para

διάγνωσιν τοῦ ἑλληνισμοῦ, ἔχοντες εἰς τοῦτο τὴν συνήθειαν. εἰ δὲ διάφωνός ἐστιν αὕτη, πάντως ἑτέραν εἰσηγουμένη συνήθειαν παρ' ἐκείνην καὶ οἱονεὶ βάρβαρον ἀδόκιμος γενήσεται καὶ ὡς προσκοπὴν ἐμποιοῦσα τελέως ἄχρηστος.

Ἐπιχειρητέον δὲ καὶ ἀπὸ τῆς συστάσεως τῆς τέχνης 221 αὐτῶν. θέλουσι μὲν γὰρ καθολικά τινα θεωρήματα συστησάμενοι ἀπὸ τούτων πάντα τὰ κατὰ μέρος κρίνειν ὀνόματα, εἴτε ἑλληνικά ἐστιν εἴτε καὶ μή· οὐ δύνανται δὲ [καὶ] τοῦτο ποιεῖν διὰ τὸ μήτε τὸ καθολικὸν αὐτοῖς συγχωρεῖσθαι ὅτι καθολικόν ἐστι, μήτ' ἄλλως ἀναπτυσσόμενον τοῦτο τὴν τοῦ καθολικοῦ σώζειν '''φύσιν. λαμβα- 222 νέσθω δὲ εἰς τοῦτο παράδειγμα ἀπ' αὐτῶν τῶν γραμματικῶν. ζητήσεως γὰρ οὔσης ἐπί τινος τῶν κατὰ μέρος ὀνομάτων, οἷον ἐπὶ τοῦ εὐμενής, πότερον χωρὶς τοῦ σ προενεκτέον ἐστὶ τὴν πλάγιον πτῶσιν, εὐμενοῦ λέγοντας, ἢ σὺν τῷ σ, εὐμενοῦς, πάρεισιν οἱ γραμματικοὶ καθολικόν τι προφερόμενοι καὶ ἀπὸ τούτου τὸ ζητούμενον βεβαιοῦντες. φασὶ γὰρ "πᾶν ὄνομα ἁπλοῦν, εἰς ης λῆγον, ὀξύτονον, τουτὶ ἐξ ἀνάγκης σὺν τῷ σ κατὰ τὴν γενικὴν ἐξενεχθήσεται, οἷον εὐφυής εὐφυοῦς, εὐσεβής εὐσεβοῦς, εὐκλεής εὐκλεοῦς. τοίνυν καὶ τὸ εὐμενής ὀξυτόνως ἐκφερόμενον παραπλησίως τούτοις διὰ τοῦ σ ἐπὶ τῆς γενικῆς προενεκτέον, εὐμενοῦς λέγοντας." οὐκ ᾔδεσαν δὲ οἱ θαυ- 223 μάσιοι πρῶτον μὲν ὅτι ὁ εὐμενοῦ ἀξιῶν λέγειν οὐ δώσει αὐτοῖς καθολικὸν εἶναι τὸ παράπηγμα· τοῦτο γοῦν αὐτὸ τὸ εὐμενής ἁπλοῦν ὄνομα καθεστὼς καὶ ὀξύτονον οὐ φήσει σὺν τῷ σ ἐκφέρεσθαι, ἀλλὰ ἐκείνους τὸ ζητούμενον ὡς ὁμολογούμενον συναρπάζειν. ἄλλως τε, εἰ καθολικόν 224 ἐστι τὸ παράπηγμα, ἤτοι πάντα τὰ κατὰ μέρος ὀνόματα ἐπελθόντες καὶ τὴν ἐν αὐτοῖς ἀναλογίαν κατανοήσαντες συνέθεσαν αὐτό, ἢ οὐ πάντα. ἀλλὰ πάντα μὲν οὐκ ἐπελη-

o diagnóstico do bom grego, se temos o uso para isso. Mas se, por outro lado, a [analogia] é discordante do uso, introduzindo um uso completamente diferente deste, como se fosse bárbaro, será reprovada e, como causa ofensa, completamente inútil.[252]
// Mas pode-se argumentar a partir da estrutura de sua própria arte. Pois, de fato, [os gramáticos] reuniram alguns teoremas universais e querem julgar, a partir deles, todas as palavras em particular, se é helenismo ou não; mas não podem fazer isso, porque nem é assentido que seu universal é universal, nem ainda que, aplicado de outro [modo], sua natureza universal se mantém. // Mas tomemos, para tal, exemplos dos próprios gramáticos. Pois, havendo uma investigação sobre alguma palavra particular, por exemplo, sobre εὐμενής [bem disposto], se se deve pronunciar sem σ no caso oblíquo, dizendo εὐμενοῦ, ou, com σ, εὐμενοῦς, os gramáticos estão [sempre] presentes, proferindo algo universal, e, através disso, determinando o que está sendo investigado. Pois dizem: "todo nome simples, terminado em ης [e] oxítono, necessariamente deve ser declinado com σ no genitivo, como εὐφυής εὐφυοῦς, εὐσεβής εὐσεβοῦς, εὐκλεής εὐκλεοῦς;[253] portanto, εὐμενής é acentuado de modo oxítono e, assim como os outros, deveria ser pronunciado com σ no genitivo, dizendo εὐμενοῦς". // Mas não veem, os maravilhosos [gramáticos] que, em primeiro lugar, quem de fato pensa que se diz εὐμενοῦ não garantirá que sua regra seja universal: asserirá que o próprio εὐμενής, embora seja um nome simples e oxítono, não é pronunciado com σ [no genitivo]. Mas eles escapam da investigação, como se isso fosse dado por acordo. // Em segundo lugar, se a regra é universal, eles a formularam ou após considerarem todos os nomes particulares e neles observarem a analogia, ou não todos. Mas não consideraram todos,

λύθασιν· ἄπειρα γάρ ἐστι, τῶν δὲ ἀπείρων οὐκ ἔστι τις γνῶσις. εἰ δὲ τινά, πόθεν ὅτι πᾶν ὄνομα τοιοῦτόν ἐστιν; οὐ γὰρ ὅ τι τισὶ συμβέβηκεν ὀνόμασι, τοῦτο καὶ πᾶσιν. 225 ἀλλ' εἰσί τινες οἱ πρὸς τοῦτο γελοίως ἀπαντῶντες καὶ λέγοντες ὅτι ἐκ πλειόνων ἐστὶ τὸ καθολικὸν παράπηγμα. οὐχ ἑώρων γὰρ ὅτι πρῶτον μὲν ἄλλο τί ἐστι τὸ καθολικὸν καὶ ἄλλο τὸ ὡς ἐπὶ τὸ πολύ, καὶ τὸ μὲν καθολικὸν οὐδέποτε ἡμᾶς διαψεύδεται, τὸ δ' ὡς τὸ πολὺ κατὰ τὸ 226 σπάνιον· εἶθ' ὅτι καὶ εἰ ἐκ πολλῶν ἐστὶ τὸ καθολικόν, οὐ πάντως τὸ τοῖς πολλοῖς ὀνόμασι συμβεβηκός, τοῦτο ἐξ ἀνάγκης καὶ πᾶσι τοῖς ὁμοειδέσι συμβέβηκεν, ἀλλ' ὃν τρόπον ἐν πολλοῖς καὶ ἄλλοις φέρει τινὰ κατὰ μονοειδείαν ἡ φύσις, οἷον ἐν ὄφεσι μὲν ἀπείροις οὖσι τὸν κεράστην κερασφόρον, ἐν τετράποσι δὲ τὸν ἐλέφαντα προβοσκίδι κεχρημένον, ἐν ἰχθύσι δὲ τὸν γαλεὸν ζωοτόκον, ἐν λίθοις δὲ τὸν μάγνητα σιδηραγωγόν, οὕτως εὔλογόν ἐστι καὶ ἐν πολλοῖς ὁμοιοπτώτοις ὀνόμασιν εἶναί τι ὄνομα ὃ μὴ 227 ὁμοίως τοῖς πολλοῖς ὀνόμασι κλίνεται. ὅθεν παρέντες ζητεῖν εἰ ἀνάλογόν ἐστι τοῖς πολλοῖς, σκοπῶμεν πῶς αὐτῷ χρῆται ἡ συνήθεια, πότερον ἀνάλογον ἐκείνοις ἢ κατὰ ἴδιον τύπον· καὶ ὡς ἂν ᾖ χρωμένη, οὕτω καὶ ἡμεῖς προοισόμεθα.

Περιδιωκόμενοι δὴ ποικίλως οἱ γραμματικοὶ θέλουσιν 228 ἀναστρέφειν τὴν ἀπορίαν. πολλαὶ γάρ, φασίν, εἰσὶ συνήθειαι, καὶ ἄλλη μὲν Ἀθηναίων ἄλλη δὲ Λακεδαιμονίων, καὶ πάλιν Ἀθηναίων διαφέρουσα μὲν ἡ παλαιὰ ἐξηλλαγμένη δὲ ἡ νῦν, καὶ οὐχ ἡ αὐτὴ μὲν τῶν κατὰ τὴν ἀγροικίαν ἡ αὐτὴ δὲ τῶν ἐν ἄστει διατριβόντων, παρὸ καὶ ὁ κωμικὸς λέγει Ἀριστοφάνης
   διάλεκτον ἔχοντα μέσην πόλεως,
   οὔτ' ἀστείαν ὑποθηλυτέραν
   οὔτ' ἀνελεύθερον ὑπαγροικοτέραν.

pois é infinito, e não há conhecimento dos infinitos. Mas se [consideraram apenas] alguns, como [sabem] que todo nome é de determinado modo? Pois o que se aplica a um nome não [se aplica] a todos. // Mas há alguns que replicam ridiculamente a isso e dizem que a regra universal é derivada da maioria [dos casos]. Pois não viram, em primeiro lugar, que uma coisa, por um lado, é o universal, e outra coisa, por outro lado, é a maioria dos casos, e que o universal nunca nos engana, enquanto a maioria dos casos às vezes o faz;[254] // também não [veem], em segundo lugar, que, mesmo se o universal é procedente de muitos, nem sempre o que se aplica a muitos nomes se aplica necessariamente a todos os nomes de formas similares, mas, do mesmo modo que, em muitos outros casos, a natureza produz algo singular, por exemplo, entre as incontáveis serpentes, há a chifruda cerastes, entre os quadrúpedes, o elefante, que possui uma probóscide, entre os peixes, o tubarão vivíparo, entre as pedras, o magneto, que atrai o ferro, do mesmo modo, é razoável que, entre muitos nomes similares, haja um nome que não é declinado da mesma forma que os outros nomes.[255] // Portanto, abstenhamo-nos de investigar se é análogo a muitos [casos], e examinemos como o uso comum o emprega, se analogamente aos outros ou conforme um tipo particular; e, do modo que for empregado, assim o pronunciaremos.

Perseguidos então por todos os lados e de vários modos, os gramáticos querem inverter a aporia. // Pois muitos, dizem, são os usos, um o dos atenienses, outro o dos lacedemônios, e, novamente, o antigo uso dos atenienses é diferente, e o uso de agora mudou, e o uso do campo não é o mesmo empregado na cidade;[256] desse modo, diz o cômico Aristófanes:

> Possuindo o linguajar habitual da cidade,
> nem sofisticado e muito afeminado,
> nem servil e muito rústico.[257]

πολλῶν οὖν οὐσῶν συνηθειῶν, [ὡς] φασί, ποίᾳ χρησό- 229
μεθα; οὔτε γὰρ πάσαις κατακολουθεῖν δυνατὸν διὰ τὸ
μάχεσθαι πολλάκις, οὔτε τινὶ ἐξ αὐτῶν, ἐὰν μή τις τεχνικῶς προκριθῇ. ἀλλὰ πρῶτον μέν, φήσομεν, τὸ ζητεῖν
ποίᾳ χρηστέον συνηθείᾳ ἔστιν ἴσον τῷ εἶναί τινα τέχνην
περὶ ἑλληνισμόν. αὕτη γάρ, φημὶ δ' ἡ ἀναλογία, ὁμοίου
καὶ ἀνομοίου ἐστὶ θεωρία· τὸ δὲ ὅμοιον καὶ ἀνόμοιον
λαμβάνετε ἀπὸ τῆς συνηθείας· κἂν μὲν ᾖ τετριμμένον,
χρῆσθε αὐτῷ, εἰ δὲ μή, οὐκέτι. πευσόμεθα οὖν καὶ ἡμεῖς, 230
ἀπὸ ποίας συνηθείας λαμβάνετε τὸ ὅμοιον καὶ τὸ ἀνόμοιον; πολλαὶ γάρ εἰσι καὶ πολλάκις μαχόμεναι. ὅπερ
δὲ ἀπολογούμενοι πρὸς τοῦτο ἐρεῖτε, τοῦτο καὶ παρ' ἡμῶν
ἀκούσεσθε. καὶ πάλιν ὅταν λέγητε τὸν βαρβαρισμὸν πα- 231
ράπτωσιν ἐν ἁπλῇ λέξει παρὰ τὴν συνήθειαν, ἀνταπορή-
σομεν λέγοντες ποίαν φατὲ πολλῶν οὐσῶν, καὶ ᾗ ἂν εἴ-
πητε, "'ταύτῃ φήσομεν καὶ ἡμεῖς ἀκολουθεῖν. κοινῆς οὖν 232
οὔσης ἀπορίας οὐκ ἄπορος ἡ παρ' ἡμῶν ταύτης ἐστὶ λύ-
σις. τῶν γὰρ συνηθειῶν αἱ μέν εἰσι κατὰ τὰς ἐπιστήμας
αἱ δὲ κατὰ τὸν βίον. καὶ γὰρ ἐν φιλοσοφίᾳ ὀνομάτων
τινῶν ἐστὶν ἀποδοχὴ καὶ ἐν ἰατρικῇ ἐξαιρέτως, καὶ ἤδη
κατὰ μουσικὴν καὶ γεωμετρίαν. ἔστι δὲ καὶ βιωτική τις
ἀφελὴς συνήθεια τῶν ἰδιωτῶν, κατὰ πόλεις καὶ ἔθνη διαφέρουσα. ὅθεν ἐν φιλοσοφίᾳ μὲν τῇ τῶν φιλοσόφων στοι- 233
χήσομεν, ἐν ἰατρικῇ δὲ τῇ ἰατρικωτέρᾳ, ἐν δὲ τῷ βίῳ τῇ
συνηθεστέρᾳ καὶ ἀπερίττῳ καὶ ἐπιχωριαζούσῃ. παρὸ καὶ 234
διχῶς τοῦ αὐτοῦ πράγματος λεγομένου πειρασόμεθα πρὸς
τὰ παρόντα ἁρμοζόμενοι πρόσωπα τὸ μὴ γελώμενον προφέρεσθαι, ὁποῖόν ποτ' ἂν ᾖ κατὰ τὴν φύσιν. οἷον τὸ
αὐτὸ ἀρτοφόριον καὶ πανάριον λέγεται, καὶ πάλιν τὸ αὐτὸ

// De fato, havendo muitos usos, [como] dizem, qual preferiremos? Pois nem a todos é possível seguir, porque amiúde conflitam, nem a algum deles, a não ser que um seja escolhido tecnicamente. Mas, primeiro, replicaremos que investigar qual uso se deve empregar é o mesmo [que dizer] que <não> há uma técnica acerca do helenismo. Pois essa [técnica], digo, a analogia, é uma teoria do similar e do dissimilar; mas o similar e o dissimilar são captados a partir do uso, e, quando é frequentemente empregado, utiliza-se, mas, quando não [o é], não se utiliza. // Então, nós também perguntaremos: a partir de qual uso captam o similar e o dissimilar? Pois estes são muitos e amiúde disputados. Mas qualquer que seja a réplica que pronunciarem em relação a isso, o mesmo ouvirão de nós. // E, novamente, quando dizem que o barbarismo é um erro em uma palavra particular contrária ao uso, replicamos perguntando de qual [uso] falam, já que são muitos, e, como quer que respondam, a esse [uso] diremos que seguimos. // Assim, [embora] a aporia nos seja comum, a solução não é aporética para nós. Pois alguns usos são para as ciências, outros, para a vida comum. Pois, na Filosofia, são aceitos certos nomes, e na medicina especialmente, e ainda na música e na Geometria, mas também há um uso simples que pertence à vida das pessoas comuns, que difere entre cidades e etnias. // Assim sendo, na Filosofia, por um lado, submetemo-nos ao [uso] dos filósofos, mas na medicina, por outro lado, ao dos médicos, e, na vida, ao uso simples, corriqueiro e local. // Consequentemente, se um mesmo objeto é dito de dois modos, tentaremos nos adaptar às pessoas próximas, proferindo aquilo que não provoca riso, como quer que seja por natureza. Por exemplo, a mesma coisa é chamada ἀρτοφόριον e πανάριον,[258] e, novamente,

σταμνίον καὶ ἀμίδιον καὶ ἴγδις καὶ θυΐα. ἀλλὰ στοχαζόμενοι τοῦ καλῶς ἔχοντος καὶ σαφῶς καὶ τοῦ μὴ γελᾶσθαι ὑπὸ τῶν διακονούντων ἡμῖν παιδαρίων καὶ ἰδιωτῶν πανάριον ἐροῦμεν, καὶ εἰ βάρβαρόν ἐστιν, ἀλλ' οὐκ ἀρτοφορίδα, καὶ σταμνίον, ἀλλ' οὐκ ἀμίδα, καὶ θυΐαν μᾶλλον ἢ
235 ἴγδιν. καὶ πάλιν ἐν διαλέξει ἀποβλέποντες πρὸς τοὺς παρόντας τὰς μὲν ἰδιωτικὰς λέξεις παραπέμψομεν, τὴν δὲ ἀστειοτέραν καὶ φιλόλογον συνήθειαν μεταδιώξομεν· ὡς γὰρ ἡ φιλόλογος γελᾶται παρὰ τοῖς ἰδιώταις, οὕτως ἡ ἰδιωτικὴ παρὰ τοῖς φιλολόγοις. δεξιῶς οὖν ἑκάστῃ περιστάσει τὸ πρέπον ἀποδιδόντες δόξομεν ἀμέμπτως ἑλληνίζειν.

236 Ἄλλως τε, ἐπεὶ ἐγκαλοῦσιν ὡς ἀνωμάλῳ καὶ πολυειδεῖ τῇ συνηθείᾳ, καὶ ἡμεῖς ἀπὸ τῆς αὐτῆς ἀφορμῆς αὐτοῖς ἐγκαλέσομεν. εἰ γὰρ ἡ ἀναλογία ὁμοίου παράθεσίς ἐστι, τὸ δὲ ὅμοιον ἐκ τῆς συνηθείας, ἡ δὲ συνήθεια ἀνώμαλός τε καὶ ἄστατος, δεήσει καὶ τὴν ἀναλογίαν μὴ ἔχειν ἑστῶτα
237 παραπήγματα. καὶ τοῦτο πάρεστι διδάσκειν ἐπὶ τῶν ὀνομάτων καὶ τῶν ῥημάτων καὶ μετοχῶν καὶ καθόλου τῶν ἄλλων ἁπάντων. οἷον ἐπὶ μὲν τῶν ὀνομάτων παρόσον τὰ κατὰ τὰς ὀρθὰς πτώσεις ἀνάλογα ὄντα καὶ ὅμοια, ταῦτα κατὰ τὰς πλαγίους ἀνομοίως τε καὶ οὐκ ἀναλόγως σχηματίζεται, οἷον Ἄρης Χάρης χάρτης - Ἄρεως Χάρητος χάρτου, καὶ Μέμνων Θέων λέων - Μέμνονος Θέωνος λέοντος, Σκόπας μέλας Ἄβας - Σκόπα μέλανος Ἄβαντος.
238 ἐπὶ δὲ τῶν ῥηματικῶν πολλὰ ὁμοίως κατὰ τὸν ἐνεστῶτα χρόνον λεγόμενα οὐκ ἀναλόγως ἐν τοῖς ἄλλοις χρόνοις σχηματίζεται, ἐνίων δὲ συζυγίαι τινὲς ἐκλελοίπασιν, οἷον αὐλεῖ ἀρέσκει - ηὔληκεν ἀρήρεκεν. καὶ κτείνεται μὲν λέγεται, ἔκτανκε δὲ οὐ λέγεται· ἀλήλιπται μὲν εἴποι τις

σταμνίον e ἀμίδιον,²⁵⁹ ἴγδις e θυΐα.²⁶⁰ Mas, buscando o que tem propriedade e clareza, e não provoca riso nos nossos jovens serventes e nas pessoas comuns, falamos πανάριον, mesmo se é bárbaro, mas não ἀρτοφορίδα, e σταμνίον, mas não ἀμίδα, e θυΐαν mais do que ἴγδιν.²⁶¹ // Novamente, na discussão, considerados os presentes, evitaremos as palavras comuns, e ao uso mais sofisticado e literário seguiremos; pois, assim como o [uso] literário provoca riso nas [pessoas] comuns, do mesmo modo, o [uso] comum [provoca riso] entre os literatos. Então, respondendo habilmente em cada ocasião com a [palavra] apropriada, pareceremos falar irrepreensivelmente o bom grego.

// Ademais, uma vez que eles acusam o uso comum de anômalo e variegado, também os acusaremos a partir do mesmo ponto. Pois, se a analogia é a justaposição do similar, e o similar advém do uso, mas o uso é anômalo e também instável, segue-se necessariamente que a analogia não possui regras estáveis. // E isso se pode ensinar no caso dos nomes, dos verbos, dos particípios e de todos os outros em geral. Por exemplo, quanto aos nomes, alguns, embora sejam análogos e semelhantes no caso nominativo, são formados diferentemente e não analogamente no caso oblíquo, como Ἄρης [Áres], Χάρης [Cháres], χάρτης [papiro] – Ἄρεως, Χάρητος, χάρτου; e Μέμνων [Mémnon], Θέων [Théon], λέων [leão] – Μέμνονος, Θέωνος, λέοντος; e Σκόπας [Scópas], μέλας [negro], Ἄβας [Ábas] – Σκόπα, μέλανος, Ἄβαντος.²⁶² // Mas, quanto aos verbos, muitos que são pronunciados semelhantemente no presente não são formados analogamente nos outros tempos <como εὑρίσκει, ἀρέσκει – ηὕρηκεν, ἀρήρεκεν>,²⁶³ mas as conjugações de alguns estão incompletas, e se diz ἔκτονε,²⁶⁴ mas não se diz *ἔκταγκε, pode-se dizer ἀλήλιπται,²⁶⁵

ἄν, ἤλειπται δὲ οὐκέτι. ἐπὶ δὲ τῶν μετοχῶν βοῶν σαρῶν νοῶν - βοῶντος σαροῦντος νοοῦντος, καὶ ἐπὶ τῶν προσηγοριῶν ἄναξ ἄβαξ - ἄνακτος ἄβακος, γραῦς ναῦς - γραὸς νηός. ὡσαύτως δὲ καὶ ἐπὶ τῶν τοιούτων. ἄρχων γὰρ λέ- 239 γεται καὶ ὀνοματικῶς καὶ ὁ τὴν ἀρχὴν διέπων· ἀλλ' Ἄρχωνος μὲν γίνεται κατὰ πλάγιον πτῶσιν τὸ ὀνοματικόν, ἄρχοντος δὲ τὸ μετοχικόν. καὶ κατὰ ὅμοιον τρόπον μένων θέων νέων μετοχικὰ ὄντα καὶ ὀνοματικὰ διαφερούσας λαμβάνει τὰς κλίσεις· Μένωνος μὲν γὰρ γίνεται τὸ ὀνοματικόν, μένοντος δὲ ἡ μετοχή, καὶ Θέωνος μὲν τὸ ὀνοματικόν, θέοντος δὲ ἡ μετοχή ἐστιν. πλὴν ἐκ τούτων 240 συμφανὲς ὡς τῆς συνηθείας ἀνωμάλου καθεστώσης οὐχ ἕστηκε τὰ παραπήγματα τῆς ἀναλογίας, ἀλλ' ἀνάγκη ἀποστάντας αὐτῶν τοῖς κατὰ τὴν συνήθειαν σχηματισμοῖς προσέχειν, παρέντας τὸ ἀνάλογον.

Τὰ δὲ αὐτὰ λεκτέον πρὸς αὐτοὺς καὶ ὅταν δι' ἐτυ- 241 μολογίας κρίνειν θέλωσι τὸν ἑλληνισμόν. πάλιν γὰρ ἤτοι σύμφωνός ἐστι τῇ συνηθείᾳ ἡ ἐτυμολογία ἢ διάφωνος· καὶ εἰ μὲν σύμφωνος, παρέλκει, εἰ δὲ διάφωνος, οὐ χρηστέον αὐτῇ ὡς προσκοπὴν ἐμποιούσῃ μᾶλλον τοῦ βαρβαρίζειν ἢ σολοικίζειν. καὶ καθόλου μετακτέον τὰς ὁμοίας ἀντιρρήσεις ταῖς ἔμπροσθεν ἡμῖν ἀποδοθείσαις. ἰδιαί- 242 τερον ''' δὲ ἐκεῖνο λεκτέον. τὸ ἐτυμολογίᾳ κρινόμενον ὄνομα ὅτι ἑλληνικόν ἐστιν, ἤτοι ἔτυμα πάντως ἔχειν ὀφείλει τὰ προηγούμενα αὐτοῦ ὀνόματα ἢ εἴς τινα τῶν φυσικῶς ἀναφωνηθέντων καταλήγειν. καὶ εἰ μὲν ἀπὸ ἐτύμων πάντων, κατὰ τοῦτο εἰς ἄπειρον τῆς ἐκπτώσεως γινομένης ἄναρχος ἔσται ἡ ἐτυμολογία, καὶ οὐκ εἰσόμεθα εἰ ἑλληνικόν ἐστι τὸ ἔσχατον λεγόμενον ὄνομα, ἀγνοοῦντες ποῖον ἦν τὸ ἀφ' οὗ πρῶτον κατάγεται. οἷον εἰ ὁ λύχνος 243 εἴρηται ἀπὸ τοῦ λύειν τὸ νύχος, ὀφείλομεν μαθεῖν εἰ καὶ

mas nunca *ἤλειπται. E, quanto aos particípios, βοῶν, σαρῶν, νοῶν – βοῶντος, σαροῦντος, νοοῦντος,²⁶⁶ e, quanto aos apelativos, ἄναξ, ἄβαξ – ἄνακτος, ἄβακος;²⁶⁷ γραῦς, ναῦς – γραός, νηός.²⁶⁸ // O mesmo [se dá] nos casos seguintes: pois ἄρχων se diz tanto como nome quanto como "soberano que comanda"; mas, por um lado, o nome se torna Ἄρχωνος na declinação do caso genitivo, e, no particípio, por outro lado, [torna-se] ἄρχοντος.²⁶⁹ E do mesmo modo com μένων, θέων e νέων, que, quando são nomes e particípios, assumem diferentes declinações: por um lado, o nome se torna Μένωνος, o particípio μένοντος, e, por outro lado, o nome [se torna] Θέωνος, e o particípio θέοντος. // Quanto a isso, está claro que, como o uso é anômalo, as regras da analogia não são fixas, mas é necessário afastarmo-nos delas e atermo-nos às formas [que estão] de acordo com o uso comum, desistindo da analogia.

// Mas devem-se dizer as mesmas coisas contra eles quando, por meio da etimologia,²⁷⁰ quiserem julgar o helenismo. Pois, novamente, ou a etimologia é concordante com o uso, ou discordante; se, por um lado, for concordante, será redundante, e se, por outro, for discordante, não se deverá usá-la, porque produziria mais ofensa do que o barbarismo e o solecismo. E, em geral, devemos trazer de volta as mesmas controvérsias que antes demonstramos. // Mas uma, em especial, deve ser dita. O nome que é julgado pela etimologia como bom grego deve ou ter [como] raízes²⁷¹ todas as palavras que o precedem, ou remontar a alguma das que são proferidas naturalmente. Mas se, por um lado, [derivar] completamente de raízes, haverá um regresso ao infinito quanto a isso, a etimologia será sem princípio, e não saberemos se o último nome é helenismo, uma vez que ignoramos qual seria derivado de qual. // Assim, se λύχνος [lâmpada] advém de λύειν τὸ νύχος [dissolver a escuridão], devemos aprender se

τὸ νύχος ἀπό τινος ἑλληνικοῦ εἴρηται, καὶ τοῦτο πάλιν ἀπ' ἄλλου· καὶ οὕτως εἰς ἄπειρον γινομένης τῆς ἀνόδου, καὶ ἀνευρέτου καθεστῶτος τοῦ πρῶτον ἀναφωνηθέντος ὀνόματος, συνακαταληπτεῖται καὶ τὸ εἰ ἑλληνικῶς ὁ λύχνος 244 εἴρηται. εἰ δὲ ἐπί τινα τῶν ἀνετύμως κειμένων ὀνομάτων καταλήγοι τὸ ἐτυμολογούμενον ὄνομα, ὃν τρόπον ἐκεῖνα τὰ εἰς ἃ κατέληξεν οὐ διότι ἔστιν ἔτυμα παραδεξόμεθα, ἀλλὰ διότι τέτριπται κατὰ τὴν συνήθειαν, οὕτω καὶ τὸ δι' ἐτυμολογίας κρινόμενον παραδεξόμεθα οὐ διὰ τὴν ἐτυμολογίαν ἀλλὰ διὰ τὸ σύνηθες. οἷον προσκεφάλαιον ἀπὸ τοῦ τῇ κεφαλῇ προστίθεσθαι εἴρηται, ἡ δὲ κεφαλὴ καὶ 245 τὸ πρός, ὅ ἐστι πρόθεσις, ἀνετύμως κέκληται. τοίνυν ὡς ταῦτα χωρὶς ἐτυμολογίας πεπίστευται ὅτι ἔστιν ἑλληνικά, τῆς συνηθείας αὐτοῖς χρωμένης, οὕτω καὶ τὸ προσκεφάλαιον δίχα ἐτυμολογίας ἔσται πιστόν. ἄλλως τε ἐνίοτε τὸ αὐτὸ πρᾶγμα δυσὶν ὀνόμασι καλεῖται, τῷ μὲν ἐτυμολογίαν ἐπιδεχομένῳ τῷ δὲ ἀνετυμολογήτῳ, καὶ οὐ διὰ τοῦτο τὸ μὲν ἔτυμον λέγεται ἑλληνικὸν τὸ δὲ ἀνέτυμον βαρβαρικόν, ἀλλ' ὡς ἐκεῖνο ἑλληνικόν, οὕτω καὶ τοῦτο. 246 οἷον τὸ ὑφ' ἡμῶν καλούμενον ὑποπόδιον Ἀθηναῖοι καὶ Κῷοι χελωνίδα καλοῦσιν· ἀλλ' ἔστι τὸ μὲν ὑποπόδιον ἔτυμον, ἡ δὲ χελωνὶς ἀνέτυμον, καὶ οὐ διὰ τοῦτο οἱ μὲν Ἀθηναῖοι λέγονται βαρβαρίζειν ἡμεῖς δὲ ἑλληνίζειν, ἀλλ' 247 ἀμφότεροι '''ἑλληνίζειν. τοίνυν ὡς ἐκεῖνοι διὰ τὴν συνήθειαν καὶ οὐ διὰ τὴν τοῦ ὀνόματος ἐτυμότητα λέγονται ἑλληνίζειν, οὕτω καὶ ἡμεῖς διὰ τὸ ἐν τῇ αὐτῶν συνηθείᾳ τετριμμένον ἔχειν τὸ τοιοῦτον ὄνομα καὶ οὐ διὰ τὴν τῆς ἐτυμολογίας πίστιν ἑλληνιοῦμεν.

Ἀλλ' ὅτι μὲν τὸ τεχνικὸν μέρος τῆς γραμματικῆς ἀνυπόστατόν ἐστιν, αὐτάρκως ἐκ τῶν εἰρημένων δέδεικται· χωρῶμεν δὲ ἀκολούθως καὶ ἐπὶ τὸ ἱστορικόν,

248 Ὅτι μὲν οὖν ἀξιοῦται τοῦτο ὁλοσχερῶς εἶναι μέρος γραμματικῆς, συμφανές. Ταυρίσκος γοῦν ὁ Κράτητος

νύχος [escuridão] advém de alguma [palavra] grega, e se essa, novamente, advém de outra, e, assim, como [regressa] ao infinito, torna-se indeterminado e impossível descobrir o nome primeiramente proferido e, com isso, não se pode compreender se λύχνος é dito de acordo com o helenismo. // Mas, se o nome cuja etimologia está em questão remonta a alguns nomes sem raízes, então, assim como admitimos as palavras às quais eles remontam não porque são raízes, mas porque são empregadas de acordo com o uso, da mesma forma admitiremos o que é julgado pela etimologia não por causa da [própria] etimologia, mas por causa do uso. Por exemplo, προσκεφάλαιον [travesseiro] é dito a partir de τῇ κεφαλῇ προστίθεσθαι [acrescentar algo à cabeça],[272] mas κεφαλή [cabeça] e πρός [para, à/ao, a partir de, contra], que é uma preposição, são considerados sem raízes. // Portanto, assim como essas são consideradas bom grego independentemente da etimologia, já que são empregadas pelo uso, da mesma forma προσκεφάλαιον será considerado sem etimologia. Além disso, às vezes a mesma coisa é chamada por dois nomes, um que admite etimologia, outro que não, mas não é por isso que o que tem raiz será chamado de bom grego e o que não tem raiz de barbarismo, e, assim como o primeiro é bom grego, o outro também o é. // Por exemplo, o que chamamos ὑποπόδιον, os atenienses e coanos chamam χελωνίδα;[273] mas, de fato, ὑποπόδιον tem raiz, mas χελωνίς não, e não é por isso que se diz que os atenienses falam barbarismos e nós o bom grego, pois ambos falam o bom grego. // Portanto, assim como se diz que eles falam o bom grego por causa do uso, e não por causa do étimo de um nome, da mesma forma nós também falamos o bom grego porque em nosso próprio uso tal nome possui recorrência, e não por causa da confiabilidade da etimologia.

Que a parte técnica da Gramática é sem fundamento já foi suficientemente demonstrado pelo que foi dito. Prossigamos em seguida para a histórica.

// Que essa de fato é considerada geralmente uma parte da Gramática está claro. Certamente Taurisco,[274] discípulo

ἀκουστής, ὥσπερ οἱ ἄλλοι κριτικοί, ὑποτάσσων τῇ κριτικῇ τὴν γραμματικήν, φησὶ τῆς κριτικῆς εἶναι τὸ μέν τι λογικὸν τὸ δὲ τριβικὸν τὸ δ' ἱστορικόν, λογικὸν μὲν τὸ 249 στρεφόμενον περὶ τὴν λέξιν καὶ τοὺς γραμματικοὺς τρόπους, τριβικὸν δὲ τὸ περὶ τὰς διαλέκτους καὶ τὰς διαφορὰς τῶν πλασμάτων καὶ χαρακτήρων, ἱστορικὸν δὲ τὸ περὶ τὴν προχειρότητα τῆς ἀμεθόδου ὕλης. Διονύσιος δὲ ὁ 250 Θρᾷξ ἓξ μέρη γραμματικῆς εἶναι λέγων, ἅπερ ἡμεῖς ἀνώτερον ὁλοσχερῶς τρία προσηγορεύσαμεν, ἐν τούτοις καὶ τὸ ἱστορικὸν ἀποδίδωσιν· εἶναι γάρ φησι γραμματικῆς μέρη ἀνάγνωσιν ἐντριβῆ κατὰ προσῳδίαν, ἐξήγησιν κατὰ τοὺς ἐνυπάρχοντας ποιητικοὺς τρόπους, λέξεων καὶ ἱστοριῶν ἀπόδοσιν, ἐτυμολογίας εὕρεσιν, ἀναλογίας ἐκλογισμόν, κρίσιν ποιημάτων, ἀτόπως διαιρούμενος καὶ τάχα μὲν ἀποτελέσματά τινα καὶ μόρια γραμματικῆς [οὐ] μέρη ταύτης ποιῶν, ὁμολόγως δὲ τὴν μὲν ἐντριβῆ ἀνάγνωσιν 251 καὶ τὴν ἐξήγησιν καὶ τὴν κρίσιν τῶν ποιημάτων ἐκ τῆς περὶ ποιητὰς καὶ συγγραφεῖς θεωρίας λαμβάνων, τὴν δὲ ἐτυμολογίαν καὶ ἀναλογίαν ἐκ τοῦ τεχνικοῦ, ''τοῖς δὲ τὸ ἱστορικὸν ἀντεκτιθείς, ἐν ἱστοριῶν καὶ λέξεων ἀποδόσει κείμενον. Ἀσκληπιάδης δὲ ἐν τῷ περὶ γραμματικῆς τρία 252 φήσας εἶναι τὰ πρῶτα τῆς γραμματικῆς μέρη, τεχνικὸν ἱστορικὸν γραμματικόν, ὅπερ ἀμφοτέρων ἐφάπτεται, φημὶ δὲ τοῦ ἱστορικοῦ καὶ τοῦ τεχνικοῦ, τριχῇ ὑποδιαιρεῖται τὸ ἱστορικόν· τῆς γὰρ ἱστορίας τὴν μέν τινα ἀληθῆ εἶναί φησι τὴν δὲ ψευδῆ τὴν δὲ ὡς ἀληθῆ, καὶ ἀληθῆ μὲν τὴν πρακτικήν, ψευδῆ δὲ τὴν περὶ πλάσματα καὶ μύθους, ὡς ἀληθῆ δὲ οἷά ἐστιν ἡ κωμῳδία καὶ οἱ μῖμοι. τῆς δὲ ἀληθοῦς 253 τρία πάλιν μέρη· ἡ μὲν γάρ ἐστι τὰ περὶ πρόσωπα θεῶν καὶ ἡρώων καὶ ἀνδρῶν ἐπιφανῶν, ἡ δὲ περὶ τοὺς τόπους καὶ χρόνους, ἡ δὲ περὶ τὰς πράξεις. τῆς δὲ ψευδοῦς, του-

de Crates, assim como os outros críticos que subordinaram a Gramática à crítica, diz que, da crítica, uma [parte] é racional, outra é prática, e outra, histórica,[275] // a racional, por um lado, é voltada para a linguagem e os tropos gramaticais; a prática, por outro lado, [é voltada] para os dialetos e diferenças das formações e dos caracteres; e a histórica, para assuntos cuja matéria é desorganizada.[276] // Mas Dionísio, o trácio, dizendo que as partes da Gramática são seis, embora tenhamos afirmado anteriormente serem três em geral, introduz entre elas a histórica; pois diz que as partes da Gramática são: a habilidade em leitura segundo as marcas prosódicas, a interpretação de acordo com os tropos poéticos presentes, a explicação das palavras e histórias, a descoberta de etimologia, o cômputo das analogias e o julgamento dos poemas; dividindo assim estranhamente e, talvez, tomando alguns resultados e partículas da Gramática como partes dela, // pois, de fato, ele está retirando a habilidade em leitura pública, a interpretação e o julgamento das poesias da teoria sobre os poetas e escritores, a etimologia e a analogia da [parte] técnica, e, em oposição a essas, a parte histórica, que consiste na explanação das histórias e palavras. // Mas Asclepíades, em *Sobre a Gramática*, após dizer que as partes primárias da Gramática são três: a técnica, a histórica e a gramatical, que a ambas abrange, digo, a histórica e a técnica, subdivide de três modos a histórica; pois ele diz que, das [divisões da parte] histórica, uma é verdadeira, uma é falsa, e a outra é como [se fosse] verdadeira; a prática é verdadeira, a que concerne às ficções e aos mitos é falsa, e as comédias, os mimos e outras desse tipo são as como verdadeiras; // e, da verdadeira, novamente há três partes; pois uma é a que concerne às personas dos deuses, heróis e homens notáveis, outra concerne aos lugares e épocas, outra concerne às ações. Mas da falsa, isto

τέστι τῆς μυθικῆς, ἓν εἶδος μόνον ὑπάρχειν λέγει τὸ γενεαλογικόν. ὑποτάσσεσθαι δὲ τῷ ἱστορικῷ κοινῶς φησί, καθὼς καὶ Διονύσιος, τὸ περὶ τὰς γλώττας· ἱστορεῖ γὰρ ὅτι κρήγυον ἀληθές ἐστιν ἢ ἀγαθόν. ὡσαύτως δὲ καὶ τὸ περὶ παροιμιῶν καὶ ὅρων.

Ἀλλ' ὅτι μὲν γραμματικῆς εἶναι μέρος βούλονται τὸ 254 ἱστορικόν, ἐκ τούτων ἐστὶ συμφανές· λοιπὸν δέ, ἐπεὶ οἱ πλείους ὡμολογήκασιν αὐτὸ ἄτεχνον εἶναι καὶ ἐκ τῆς ἀμεθόδου ὕλης τυγχάνειν, ἀπολελύκασι μὲν ἡμᾶς τῆς ἐπὶ πλεῖον πρὸς αὐτοὺς ἀντιρρήσεως, ὅμως δ' οὖν ὑπὲρ τοῦ μὴ ἀνεπισήμαντον παρελθεῖν τὸν τόπον οὕτως ἐρωτητέον. ἤτοι τέχνη ἐστὶν ἡ γραμματικὴ ἢ οὐκ ἔστι τέχνη. καὶ εἰ μὲν οὐκ ἔστιν, αὐτόθεν συμβεβίβασται τὸ προκείμενον· εἰ δὲ τέχνη ἐστίν, ἐπεὶ τὰ τῆς τέχνης μέρη πάντως ἐστὶ τεχνικά, τὸ δ' ἱστορικὸν ἀμέθοδον ὡμολόγηται τυγχάνειν, 255 οὐκ ἂν εἴη τῆς γραμματικῆς μέρος τὸ ἱστορικόν. καὶ ὅτι τῷ ὄντι τοιοῦτόν ἐστιν, αὐτόθεν σχεδὸν ὑπέπιπτεν. οὐ γὰρ ὥσπερ ἀπὸ καθολικῆς τινὸς μεθόδου καὶ τεχνικῆς δυνάμεως λέγει ὁ μὲν ἰατρὸς ὅτι τόδε "τὸ ἐπὶ μέρους ὑγιεινόν ἐστι καὶ τόδε νοσερόν, ὁ δὲ μουσικὸς ὅτι τόδε ἡρμοσμένον καὶ τόδε ἀνάρμοστον, καὶ ἡρμοσμένον μὲν κατὰ τήνδε τὴν συμφωνίαν ἀλλ' οὐχὶ κατὰ τήνδε, οὕτω καὶ ὁ γραμματικὸς δύναται ἀπὸ ἐπιστημονικῆς τινὸς καὶ καθολικῆς θεωρίας ἀπαγγέλλειν ὅτι ὁ μὲν Πέλοπος ὦμος ἐλεφάντινος ἦν ὑπὸ τοῦ Ἄρεως ἢ ὑπὸ Δήμητρος βρωθείς, ἡ δὲ τοῦ Ἡρακλέους κεφαλὴ ἐψέδνωτο ῥυεισῶν αὐτοῦ τῶν τριχῶν ὅτε ὑπὸ τοῦ ἐφορμῶντος τῇ Ἡσιόνῃ κήτους 256 κατεπόθη, ἀλλ' ἵνα τούτων ποιήσηται τὴν ἔκθεσιν, ὀφείλει πᾶσι τοῖς κατὰ μέρος ἱστοροῦσι περὶ αὐτῶν ἐντυχεῖν. τὸ δὲ πάντων τῶν κατὰ μέρος ποιεῖσθαι τὴν ἀνάληψιν αὐτοῖς ἐντυγχάνοντα τοῖς κατὰ μέρος οὐκ ἔστι τεχνικόν. οὐκ

é, da mítica, ele diz que há apenas um tipo, o genealógico. E [ele] diz, assim como Dionísio, que comumente a que concerne às línguas se submete à [parte] histórica, pois investiga[277] se κρήγυον [bom, honesto, útil][278] é ἀληθές [verdade] ou ἀγαθόν [bom]. E, da mesma forma, a que concerne aos provérbios e definições.

Mas que desejam que a histórica seja parte da Gramática está claro a partir do [que foi dito]; // ademais, uma vez que a maioria deles concordou que ela [i.e., a parte histórica] não é técnica e que se constitui a partir de matéria desorganizada, poupam-nos de refutá-los mais uma vez; contudo, para que esse tópico não passe despercebido, se lhes deve colocar a seguinte questão: ou a Gramática é técnica, ou não é técnica. Se não for técnica, por um lado, a [questão] proposta se resolve por si só, mas, por outro, se for, então, uma vez que todas as partes da técnica são técnicas, e é acordado que a [parte] histórica é desorganizada, a histórica não seria parte da Gramática. // E que isso é de fato assim revela-se praticamente por si só. Pois, enquanto o médico, por um lado, a partir de um método geral e de uma capacidade técnica, diz que isso em particular é saudável e aquilo malsão, e o músico que isso é sonante e aquilo dissonante, e que é sonante por causa desse acorde, mas não por causa daquele, o gramático, por outro lado, não é capaz, da mesma forma, a partir de uma teoria científica e geral, de declarar que o ombro de Pélops, após ter sido devorado por Ares ou Deméter, era de marfim,[279] ou que a cabeça de Héracles se tornou calva tendo caído seus cabelos após ter sido engolido pelo monstro marinho que atacava Hesíone,[280] // já que, para fazer uma exposição dessas coisas, ele deve estar em contato com todos os seus relatos particulares. Mas fazer a repetição de todos os particulares entrando em contato com cada um deles não é algo técnico.

ἆρα ἐκ τέχνης τινὸς μεθοδεύεται τοῖς γραμματικοῖς τὸ ἱστορικόν. καὶ μὴν ἐπεὶ τῆς ἱστορίας ἡ μέν τίς ἐστι το- 257 πικὴ ἡ δὲ χρονικὴ ἡ δὲ περὶ τὰ πρόσωπα ἡ δὲ περὶ τὰς πράξεις, δῆλον ὡς εἰ μὴ τεχνική ἐστιν ἡ τῶν τόπων καὶ ἡ τῶν χρόνων ἀπόδοσις, οὔθ' ἡ τῶν προσώπων οὐδ' ἡ τῶν πράξεων τεχνικὴ γενήσεται· τί γὰρ διήνεγκε τούτων ἢ ἐκείνων ἀποκρατεῖν; ἀλλὰ μὴν οὐδὲν ἔχει τεχνικὸν τὸ ἀποδιδόναι τοπικὴν ἱστορίαν, λέγοντας ὅτι, εἰ τύχοι, Βριλησσὸς μὲν καὶ Ἀράκυνθος τῆς Ἀττικῆς ἐστιν ὄρος, Ἀκάμας δὲ τῆς Κυπρίας ἀκρωτήριον, ἢ χρονικὴν ἐκτίθεσθαι, καθάπερ ὅτι Ξενοφάνης Κολοφώνιος ἐγένετο περὶ τὴν τεσσαρακοστὴν ὀλυμπιάδα. τοῦτο γὰρ καὶ ὁ μὴ ὢν γραμματικὸς ἄλλως δὲ περίεργος δυνήσεται ποιεῖν. τοίνυν 258 οὐδὲ τὸ περὶ προσώπων καὶ πράξεων ἀπαγγέλλειν τεχνικὸν γενήσεται, οἷον ὅτι Πλάτων μὲν ὁ φιλόσοφος Ἀριστοκλῆς πρότερον ἐκαλεῖτο καὶ ἐτέτρητο τὸ οὖς ἐλλόβιον φορήσας ὅτ' ἦν μειρακίσκος, Πυθιὰς δὲ ἡ Ἀριστοτέλους θυγάτηρ τρισὶν ἀνδράσιν ἐγαμήθη, πρῶτον μὲν Νικάνορι τῷ Σταγειρίτῃ, οἰκείῳ ὄντι Ἀριστοτέλους, δευτέρῳ δὲ Προκλεῖ Δημαράτου τοῦ Λακεδαιμονίων βασιλέως ἀπογόνῳ, ὃς καὶ δύο ἐξ αὐτῆς τεκνοῦται παῖδας, Προκλέα τε καὶ Δημάρατον τοὺς παρὰ Θεοφράστῳ φιλοσοφήσαντας, τρίτῳ δὲ Μητροδώρῳ ἰατρῷ, Χρυσίππου μὲν τοῦ Κνιδίου μαθητῇ Ἐρασιστράτου δὲ ὑφηγητῇ, ᾧ γίνεται παῖς Ἀριστοτέλης. ταῦτα γὰρ καὶ τὰ τούτοις ὅμοια πρὸς τῷ τε- 259 λέως ἀχρηστεῖν ἔτι οὐδεμίαν ἐμφαίνει τεχνικὴν δύναμιν, ὥστε οὐδὲ ἡ τῶν ἱστορικῶν ἀπόδοσίς ἐστιν ἔντεχνος. ἄλλως τε καὶ ὡς ἀνώτερον ὑπεδείξαμεν, οὔτε τῶν ἀπείρων οὔτε τῶν ἄλλοτε ἄλλως γινομένων ἔστι τις τεχνικὴ γνῶσις. αἱ 260 δέ γε κατὰ μέρος ἱστορίαι ἄπειροί τε διὰ τὸ πλῆθός εἰσι, καὶ οὐχ ἑστῶσαι διὰ τὸ μὴ τὰ αὐτὰ περὶ τοῦ αὐτοῦ παρὰ

Portanto, a [parte] histórica dos gramáticos não é organizada[281] a partir de uma técnica. // E, uma vez que uma [parte] da histórica trata do lugar, outra do tempo, outra das personas e outra das ações, está claro assim que, se a explicação dos lugares e dos tempos não é técnica, não será técnica também a das personas e das ações; pois qual diferença faz uma sobrepujar a outra? Mas, de fato, não há nada técnico em contar a história de um lugar dizendo, por exemplo, que Brilesus e Araquintos são montanhas da Ática, que Acamas é um promontório de Chipre, ou em fazer cronologia, [dizendo,] por exemplo, que Xenófanes de Cólofon nasceu na quadragésima olimpíada.[282] Pois isso, mesmo quem não é gramático, mas, ao contrário, curioso, é capaz de fazer. // Nem, portanto, será técnico fazer declarações sobre as personas e ações, por exemplo, que Platão, o filósofo, antes se chamava Aristócles e teve uma orelha furada e usava brinco quando era jovem,[283] ou que Pítias, a filha de Aristóteles, se casou com três homens, primeiro com Nicanor, o estagirita, que era familiar de Aristóteles, em seguida com Procleus, descendente do rei dos lacedemônios, Demarato, que engendrou dois filhos nela, Procleus e Demarato, que estudaram Filosofia com Teofrasto, e, por fim, com o médico Metrodoro, aluno de Crisipo de Cnido[284] e professor de Erasístrato, que era pai de Aristóteles.[285] // Pois essas [histórias] e aquelas semelhantes, além de serem completamente inúteis, ainda não demonstram qualquer habilidade técnica; desse modo, a exposição de histórias não é técnica. Ademais, como também demonstramos anteriormente, não há conhecimento técnico nem dos ilimitados e nem do que está em devir. // Contudo, por causa de seu grande número, as histórias particulares são tanto ilimitadas, e não fixadas, porque os mesmos [fatos] em relação às mesmas pessoas não são

πᾶσιν ίστορεῖσθαι. οἷον (οὐκ ἄτοπον γὰρ ἵνα συμφυέσι τε καὶ οἰκείοις χρησώμεθα τῶν πραγμάτων παραδείγμασιν) ὑπόθεσιν γὰρ ἑαυτοῖς ψευδῆ λαμβάνοντες οἱ ἱστορικοὶ τὸν ἀρχηγὸν ἡμῶν τῆς ἐπιστήμης Ἀσκληπιὸν κεκεραυνῶσθαι λέγουσιν, οὐκ ἀρκούμενοι τῷ ψεύσματι, ἐν ᾧ καὶ
261 ποικίλως αὐτὸ μεταπλάττουσι, Στησίχορος μὲν ἐν Ἐριφύλῃ εἰπὼν ὅτι τινὰς τῶν ἐπὶ Θήβαις πεσόντων ἀνιστᾷ, Πολύανθος δὲ ὁ Κυρηναῖος ἐν τῷ περὶ τῆς Ἀσκληπιαδῶν γενέσεως ὅτι τὰς Προίτου θυγατέρας "'κατὰ χόλον Ἥρας ἐμμανεῖς γενομένας ἰάσατο, Πανύασις δὲ διὰ τὸ νεκρὸν Τυνδάρεω ἀναστῆσαι, Στάφυλος δὲ ἐν τῷ περὶ Ἀρκάδων ὅτι Ἱππόλυτον ἐθεράπευσε φεύγοντα ἐκ Τροιζῆνος κατὰ τὰς παραδεδομένας κατ' αὐτοῦ ἐν τοῖς τραγῳδουμένοις
262 φήμας, Φύλαρχος δὲ ἐν τῇ ἐννάτῃ διὰ τὸ τοὺς Φινέως υἱοὺς τυφλωθέντας ἀποκαταστῆσαι, χαριζόμενον αὐτῶν τῇ μητρὶ Κλεοπάτρᾳ τῇ Ἐρεχθέως, Τελέσαρχος δὲ ἐν τῷ Ἀργολικῷ ὅτι τὸν Ὠρίωνα ἐπεβάλετο ἀναστῆσαι. οὐ τοίνυν τῆς οὕτως ἀπὸ ψευδοῦς ὑποθέσεως ἀρχομένης καὶ ἀδιεξιτήτου κατὰ πλῆθος καὶ πρὸς τὴν ἑκάστου προαίρεσιν μεταπλαττομένης γένοιτ' ἄν τις τεχνικὴ θεωρία.
263 Πρὸς τούτοις ἐπεὶ τῶν ἱστορουμένων τὸ μέν ἐστιν ἱστορία τὸ δὲ μῦθος τὸ δὲ πλάσμα, ὧν ἡ μὲν ἱστορία ἀληθῶν τινῶν ἐστὶ καὶ γεγονότων ἔκθεσις, ὡς ὅτι Ἀλέξανδρος ἐν Βαβυλῶνι δι' ἐπιβούλων φαρμακευθεὶς ἐτελεύτα, πλάσμα δὲ πραγμάτων μὴ γενομένων μὲν ὁμοίως δὲ τοῖς γενομένοις λεγομένων, ὡς αἱ κωμικαὶ ὑποθέσεις
264 καὶ οἱ μῖμοι, μῦθος δὲ πραγμάτων ἀγενήτων καὶ ψευδῶν ἔκθεσις, ὡς ὅτι τὸ μὲν τῶν φαλαγγίων καὶ ὄφεων

relatados por todos. Por exemplo (pois não é fora de propósito utilizarmos exemplos familiares e habituais dos fatos), os próprios historiadores dizem, tomando uma hipótese falsa, que Asclépio, o fundador da nossa ciência,[286] foi atingido por um raio,[287] e, não satisfeitos com essa mentira, moldam diferentes variações dela,[288] // [tais como] Stesícoro,[289] que diz, no *Eriphyle*, que [Asclépio] ressuscitou alguns dos que tombaram em Tebas, e Polianthus,[290] o cirenaico, [que diz,] em *Sobre a origem de Asclepíades*, que ele curou as filhas de Proteus, que se tornaram loucas pela fúria de Hera, e também Paniassis,[291] [que diz que é por] ter ressuscitado o cadáver de Tindareu, e Stáfilos,[292] que, em *Sobre os arcádios*, diz que ele cuidou de Hipólito quando este fugiu de Trezena, segundo os relatos transmitidos sobre ele nas tragédias; // Filarco,[293] em seu nono livro, [diz] que é porque ele restituiu a visão aos filhos de Fineús, que estavam cegos, como favor à sua mãe Cleópatra, a filha de Erecteu, e também Telesarchus,[294] [que diz,] no *Argólico*, que ele tentou ressuscitar Órion. Portanto, do que principia desse modo a partir de uma hipótese falsa e cuja variedade não pode ser esgotada, e que é remodelada de acordo com a escolha de cada um, não pode haver uma teoria técnica.

// Em adição a tais coisas, tendo em vista que um dos objetos da História é a história, outro o mito, e o outro a ficção; e que a História é a exposição de coisas verdadeiras e que ocorreram de fato, por exemplo, que Alexandre morreu envenenado na Babilônia por conspiradores, a ficção é a narração de fatos que não se deram, mas que são semelhantes aos que se deram, como as peças cômicas e os mimos, // e o mito [é] a exposição de fatos não ocorridos e falsos, como quando contam que a raça das aranhas venenosas e das serpentes

γένος Τιτήνων ἐνέπουσιν ἀφ' αἵματος ἐζωογονῆσθαι, τὸν δὲ Πήγασον λαιμοτομηθείσης τῆς Γοργόνος ἀπὸ τῆς κεφαλῆς ἐκθορεῖν, "καὶ οἱ μὲν Διομήδους ἑταῖροι εἰς θαλασσίους μετέβαλον ὄρνις, ὁ δὲ Ὀδυσσεὺς εἰς ἵππον, ἡ δὲ Ἑκάβη εἰς κύνα, — τοιαύτης δὲ οὔσης τῶν ἱστοριῶν 265 διαφορᾶς, ἐπεὶ οὐκ ἔστι τέχνη τις περὶ τὰ ψευδῆ καὶ ἀνύπαρκτα, ψευδῆ δέ ἐστι καὶ ἀνύπαρκτα τὰ περὶ τοὺς μύθους καὶ τὰ πλάσματα, περὶ ἃ μάλιστα τοῦ ἱστορικοῦ μέρους ἡ γραμματικὴ καταγίνεται, οὐκ ἂν εἴη τις τέχνη περὶ τὸ ἱστορικὸν μέρος τῆς γραμματικῆς. ὅθεν καταγε- 266 λᾶν ἄξιον τῶν λεγόντων ὅτι εἰ καὶ ἡ ὕλη τῆς ἱστορίας ἐστὶν ἀμέθοδος, ἡ μέντοι κρίσις ταύτης γενήσεται τεχνική, δι' ἧς γινώσκομεν τί τε ψευδῶς ἱστόρηται καὶ τί ἀληθῶς. πρῶτον μὲν γὰρ οὐ παραδεδώκασιν ἡμῖν οἱ γραμματικοὶ 267 τῆς ἀληθοῦς ἱστορίας κριτήριον, ἵνα καὶ ἐξετάζωμεν πότε ἀληθής ἐστιν αὕτη καὶ πότε ψευδής. εἶτα καὶ μηδεμιᾶς οὔσης ἀληθοῦς ἱστορίας παρὰ τοῖς γραμματικοῖς οὐδὲ τὸ τοῦ ἀληθοῦς κριτήριον ὑποστατόν ἐστιν, ἐπεὶ πῶς οὐκ ἔργον, τινὸς μὲν λέγοντος ὅτι Ὀδυσσεὺς ὑπὸ Τηλεγόνου παιδὸς κατὰ ἄγνοιαν ἀνήρηται, τινὸς δὲ ὅτι λάρου κέντρον θαλασσίας τρυγόνος ἀφέντος αὐτοῦ τῇ κεφαλῇ διεφώνησεν, ἄλλου δὲ ὅτι εἰς ἵππον μετέβαλε τὴν μορφήν, θέλειν ἐν οὕτως ἀπερρωγόσι πράγμασιν εὑρεῖν τἀληθές; πρότερον γὰρ δεῖ ὑποστῆναι ἐν τοῖς διαφωνοῦσι τὸν ἀληθεύοντα, καὶ τότε ζητεῖν τί ἐστιν· πάντων δὲ ἀπίθανα 268 καὶ ψευδῆ λεγόντων οὐδὲ τεχνικῷ τινι κριτηρίῳ δίδοται πάροδος.

Καὶ μὴν οὐδὲ δι' ὧν ἂν ἱστορία καλῶς γραφείη διδάσκουσιν οἱ γραμματικοί, ἵνα κατ' ἀναφορὰν τὴν ὡς ἐπὶ τὰ τοιαῦτα θεωρήματα λέγωμεν τεχνικόν τι μέρος ὑπάρχειν παρ' αὐτοῖς τὸ ἱστορικόν· τοῦτο γὰρ ῥητορικῶν ἐστι

nasceu do sangue dos Titãs, que Pégaso saltou da cabeça da Górgona quando a garganta dela foi cortada, e que os companheiros de Diomedes se transformaram em pássaros marinhos, Odisseu em um cavalo e Hécuba em um cão, // essas sendo as divisões da História, tendo em vista que não há uma técnica sobre algo falso e irreal, sendo falso e irreal o que concerne aos mitos e às ficções, e é com o que acima de tudo se ocupa a Gramática em sua parte histórica, não pode haver algo técnico sobre a parte histórica da Gramática. // Portanto, merecem ser ridicularizados os que asserem que, apesar de a matéria da História ser desorganizada, o julgamento dela se tornará técnico, por meio do qual distinguimos o que é falso e o que é verdadeiro na História. // Pois, primeiramente, os gramáticos não nos fornecem um critério de História verdadeira, para que possamos examinar quando ela é verdade e quando é falsa. Em segundo lugar, não havendo nenhuma História verdadeira entre os gramáticos, também não há nenhum critério de verdade, pois quando alguém diz que Odisseu foi morto em ignorância por seu filho Telégono, outro que ele expirou quando uma gaivota despejou o ferrão de uma arraia em sua cabeça, outro que ele assumiu a forma de um cavalo, como pode não ser difícil querer encontrar a verdade em tais circunstâncias absurdas? Pois primeiramente se deve encontrar quem fala a verdade entre os que estão em desacordo, e então investigar o que é [verdade]; // mas, quando todos dizem coisas inconvincentes e falsas, nenhuma passagem se dá para um critério técnico.

E tampouco os gramáticos nos ensinam como a História deve ser belamente escrita, de modo que, em referência a tais regras, diríamos, segundo eles, que a parte histórica é técnica, pois esse é o trabalho

269 τὸ ἔργον. ὥστε εἰ καὶ αὐτοὶ ἐξομολογοῦνται ἀμέθοδόν τι εἶναι παράπηγμα τὴν ἱστορίαν καὶ ἡμεῖς ἐπελογισάμεθα, καὶ ἄλλως οὐδὲν τεχνικὸν θεώρημα πρὸς τὴν γνῶσιν αὐτῆς ἢ σύστασιν παραδεδώκασι, ῥητέον καὶ κατὰ τὸ ἱστορικὸν μέρος ἀσύστατον εἶναι τὴν γραμματικήν.

270 "Ἤδη μὲν δυνάμει καὶ τὸ περὶ ποιητὰς καὶ συγγραφεῖς μέρος τῆς γραμματικῆς ἡμῖν ἀνῄρηται, δείξασι τὸ ἀδύνατον τοῦ κατὰ τὰς τεχνολογίας καὶ τὸ ἱστορικόν· χωρὶς γὰρ τούτων οὐκ ἀπευθύνεταί τις ποιήσεως ἐξήγησις. ὅμως δ' οὖν καὶ τὰ ἐν τούτῳ τῷ μέρει πειρασόμεθα κοινότερον δυνάμενα λέγεσθαι σκοπεῖν, καὶ μάλιστα ὅτι οὕτως ἐπιτεθαρρήκασιν αὐτῷ οἱ γραμματικοὶ ὡς καὶ τὸ βιωφελὲς τῆς γραμματικῆς καὶ πρὸς εὐδαιμονίαν ἀναγκαῖον ἐξ αὐτοῦ τολμᾶν πιστοῦσθαι. φασὶ γοῦν ὡς ἡ ποιητικὴ πολλὰς δίδωσιν ἀφορμὰς πρὸς σοφίαν καὶ εὐδαίμονα βίον, ἄνευ δὲ τοῦ ἀπὸ γραμματικῆς φωτὸς οὐχ οἷόν τε τὰ παρὰ τοῖς ποιηταῖς διορᾶν ὁποῖά ποτε ἐστίν· χρειώδης ἄρα ἡ

271 γραμματική. τὸ δ' ὅτι συχνὰς δίδωσιν ἡ ποιητικὴ ἀφορμὰς πρὸς εὐδαιμονίαν δῆλον ἐκ τοῦ τὴν ὄντως κρατίστην καὶ ἠθοποιὸν φιλοσοφίαν ἀπὸ τῆς παρὰ τοῖς ποιηταῖς γνωμολογίας τὴν ἀρχὴν ἐρριζῶσθαι, καὶ διὰ τοῦτο τοὺς φιλοσόφους, εἴ ποτε παραινετικῶς τι λέγοιεν, ταῖς ποιητικαῖς φωναῖς ὡσπερεὶ σφραγίζεσθαι τὸ ὑπ' αὐτῶν λεγόμενον. καὶ ὁ μὲν ἐπ' ἀρετὴν παρακαλῶν φησὶν

ἀρετὴ δὲ κἂν θάνῃ τις οὐκ ἀπόλλυται·

ὁ δὲ φιλαργυρίαν φεύγειν ἐγκελευόμενος προφέρεται τὸ

μὴ Πλοῦτον εἴπῃς· οὐχὶ θαυμάζω θεόν
ὃν χὠ κάκιστος ῥᾳδίως ἐκτήσατο·

ὁ δὲ αὐτάρκειαν ὑπαγορεύων συμπιστοῦται τὸ δόγμα ἐκ τοῦ τὸν Εὐριπίδην λέγειν

dos retóricos. // Assim, uma vez que eles próprios admitem que a História é uma compilação desorganizada e nós o comprovamos, e, além disso, não transmitiram uma regra técnica para o conhecimento ou estruturação da História, deve-se dizer que, também na parte histórica, a Gramática é incoerente.

Que a parte da Gramática sobre os poetas e escritores é incoerente[295]

// A parte da Gramática que concerne aos poetas e escritores já foi praticamente destruída por nós, uma vez que demonstramos a impossibilidade do tratamento técnico e do histórico; pois, sem esses, não se pode fazer corretamente nenhuma exegese da poesia. Ainda assim, no entanto, tentaremos examinar de modo geral o que se pode dizer também dessa parte, sobretudo porque os gramáticos depositam tanta confiança nela que ousam provar, a partir dela, a utilidade da Gramática para a vida e sua necessidade para a bem-aventurança.[296] [Eles] dizem, pelo menos, que a poética fornece muitos pontos de partida para a sabedoria e a vida bem-aventurada, mas que, sem a luz da Gramática, não é possível ver claramente que tipo de coisas são [ditas] pelos poetas; // e que, portanto, a Gramática é necessária. Que a poesia fornece muitos pontos de partida para a bem-aventurança está claro a partir do fato de que a Filosofia realmente mais poderosa e formadora de caráter está enraizada, no princípio, nas gnomologias dos poetas, e, por isso, os filósofos, quando dizem algo exortativamente, selam o que dizem, por assim dizer, com ditos poéticos. Assim, um deles, encorajando a excelência, diz:

A excelência, ainda que alguém morra, jamais perece.[297]

E outro, exortando-nos a fugir da avareza, profere:

Não mencione Pluto. Não honro um deus
a quem até o pior homem facilmente conquista.[298]

Outro, aconselhando a autossuficiência, confirma seu dogma a partir do que diz Eurípides:

τί γὰρ δέει βροτοῖσι πλὴν δυοῖν μόνον,
Δήμητρος ἀκτῆς πώματός θ' ὑδρηχόου,
ἃ δὴ πάρεστι καὶ πέφυχ' ἡμᾶς τρέφειν;

καὶ τὸ μὲν τοὺς ἄλλους φιλοσόφους τοῦτο ποιεῖν οὐ παράδοξον, αὐτοὺς δὲ εὑρήσομεν τοὺς τῆς γραμματικῆς κατηγόρους, Πύρρωνά τε καὶ Ἐπίκουρον, ἐξομολογουμένους τὸ ἀναγκαῖον αὐτῆς· ὧν ὁ μὲν Πύρρων ἱστορεῖται τὴν Ὁμηρικὴν διὰ παντὸς ποίησιν ἀναγινώσκων, μὴ ἄν ποτε τοῦτο ποιήσας εἴπερ μὴ ἐγίνωσκεν αὐτὴν χρησίμην καὶ διὰ τοῦτο τὴν γραμματικὴν ἀναγκαίαν, ὁ δὲ Ἐπίκουρος φωρᾶται τὰ κράτιστα τῶν δογμάτων παρὰ ποιητῶν ἀνηρπακώς. τόν τε γὰρ ὅρον τοῦ μεγέθους τῶν ἡδονῶν, ὅτι ἡ παντός ἐστι τοῦ ἀλγοῦντος ὑπεξαίρεσις, ἐξ ἑνὸς στίχου δέδεικται λαβών, 272 273

αὐτὰρ ἐπεὶ πόσιος καὶ ἐδητύος ἐξ ἔρον ἕντο·

τόν τε θάνατον, ὅτι οὐδέν ἐστι πρὸς ἡμᾶς, Ἐπίχαρμος αὐτῷ προμεμήνυκεν, εἰπὼν

ἀποθανεῖν ἢ τεθνάναι οὔ μοι διαφέρει.

ὡσαύτως δὲ καὶ τὰ νεκρὰ τῶν σωμάτων ἀναισθητεῖν παρ' Ὁμήρου κέκλοφε, γράφοντος

κωφὴν γὰρ δὴ γαῖαν ἀεικίζει μενεαίνων.

καὶ μὴν οὐ ταῦτα μόνον τοῖς ποιηταῖς δεξιῶς εἰρῆσθαι φαίνεται ἀλλὰ καὶ τὰ περὶ θεῶν, οἷόν ἐστι καὶ τὸ παρὰ τῷ Εὐριπίδῃ λεχθὲν ἐν Φρίξῳ, 274

ὅστις δὲ θνητῶν οἴεται καθ' ἡμέραν
κακόν τι πράσσων τοὺς θεοὺς λεληθέναι,
δοκεῖ πονηρά, καὶ δοκῶν ἁλίσκεται
ὅταν σχολὴν ἄγουσα τυγχάνῃ δίκη.

O que é necessário aos mortais além dessas duas coisas,
os grãos de Deméter, um pouco d'água derramada,
que estão sempre disponíveis naturalmente a nos nutrir?[299]

// Que os outros filósofos façam isso não é paradoxal, mas descobriremos que os próprios detratores da Gramática, Pirro e Epicuro, admitem que ela é necessária; desses, Pirro é relatado como alguém que lia constantemente a poesia de Homero,[300] o que ele não faria se não a reconhecesse como útil e que, por isso, a Gramática é necessária, // enquanto Epicuro, por outro lado, foi descoberto roubando dos poetas[301] as mais poderosas de suas doutrinas, pois foi demonstrado que retirou o "limite da magnitude dos prazeres", que é a "remoção de tudo [que é] doloroso", deste único verso:

E, assim, após saciarem o desejo de comida e bebida,[302]

e a morte, "que é nada para nós", já lhe fora indicado por Epicarmo,[303] dizendo:

Morrer ou estar morto para mim não importa,[304]

da mesma forma, que os corpos dos mortos não têm sentidos ele roubou de Homero, que escreve:

Pois tenta ferir, enfurecido, a terra insensível.[305]

// Além disso, está claro que não apenas essas coisas foram habilmente ditas pelos poetas, mas também coisas acerca dos deuses, como é expresso por Eurípedes em seu *Phrixus*:

Qualquer um dentre os mortais supõe, dia a dia,
que passa despercebido aos deuses quando faz algo vil,
pensa crueldades e, pensando assim, é capturado
quando casualmente a justiça tem tempo disponível.[306]

ἀλλ᾿ εἴπερ ταῦτα καὶ τὰ τούτοις ἐοικότα χρειώδη ἐστί, λαμβάνεται δ᾿ οὐ χωρὶς γραμματικῆς, ἔσται καὶ ἡ γραμ-
275 ματικὴ τῶν βιωφελῶν. ἔχοι δ᾿ ἄν τινα, φασίν, ἐξαιρέτως καὶ ταῖς τῶν μανθανόντων αὐτὴν πατρίσιν ἀναγκαῖα. Λεβεδίων γοῦν διαφερομένων πρὸς τοὺς ἀστυγείτονας περὶ Καμανδωδοῦ '''ὁ γραμματικὸς τὸ Ἱππωνάκτειον παραθέμενος ἐνίκα,

μηδέ μοι μῦ
λαλεῖν Λεβεδίην ἰσχάδ᾿ ἐκ Καμανδωδοῦ.

ὁμιλητικούς τε παρεχομένη τοὺς προσέχοντας αὐτῇ εὐθὺς καὶ ταύτῃ [καὶ] τοῖς πέλας κατὰ πολλὰς περιστάσεις ὀνη-
276 σιφόρος γίνεται. πάρεστι δὲ τὸ λεγόμενον σκοπεῖν ἐξ αὐτῶν τῶν ἀποτελεσμάτων. Σώστρατος γάρ, ὥς φασίν, ἀποσταλεὶς ὑπὸ Πτολεμαίου πρὸς τὸν Ἀντίγονον βασιλικῆς τινὸς ἕνεκα χρείας, κἀκείνου εἰκαιότερον ἀποκρινομένου, ἐπέτυχεν εἰπὼν

οὕτω δὴ κέλεαι, γαιήοχε κυανοχαῖτα;
τόνδε φέρω Διὶ μῦθον ἀπηνέα τε κρατερόν τε;
ἤ τι μεταστρέψεις; στρεπταὶ μέν τε φρένες ἐσθλῶν.

ταῦτα γὰρ ἀκούσας Ἀντίγονος μετεβάλετο.

277 Πολλῶν δὴ τοιούτων λεγομένων εἰς τὸ χρησιμώτατον εἶναι τὸ τῆς γραμματικῆς μέρος τὸ περὶ ποιητὰς καὶ συγγραφεῖς καταγιγνόμενον, δείγματος χάριν τοῖς ἐκκειμένοις ἀρκεσθέντες λέγωμεν πρὸς ἕκαστον αὐτῶν. τὸ τοίνυν βιωφελῆ εἶναι τὴν ποιητικὴν γνωμολογίαν καὶ φιλοσοφίας ἀρχήν, ταύτης δὲ ἀποδοτικὴν ὑπάρχειν τὴν γραμματικήν,
278 ὄντως γραμματικόν ἐστιν. πρῶτον μὲν γάρ, ἵνα συνδράμωμεν αὐτοῖς μηδὲν ποιητικῆς κατειπόντες, ἀλλ᾿ οὖν γε ἐκεῖνο πρόδηλόν ἐστιν ὅτι ὁπόσα μὲν βιωφελῆ καὶ ἀναγκαῖα εὑρίσκεται παρὰ ποιηταῖς, οἷά ἐστι τὰ γνωμικὰ καὶ

Mas, se esses [versos] e outros parecidos são úteis, e não são apreendidos sem a Gramática, então a Gramática será útil para a vida. // E ela também teria, dizem, algumas coisas especialmente necessárias para as pátrias daqueles que a aprendem.[307] Assim, quando os lebedianos[308] lutavam contra os seus vizinhos por Camandodus, o [gramático deles] venceu, citando Hipônax:[309]

> Que não se murmure para mim
> do lebédio figo seco de Camandodus.[310]

E, também, tornando afável quem a ela presta atenção, imediatamente [ela] se torna vantajosa para os vizinhos em muitas circunstâncias. // E essa asserção pode ser investigada a partir dos seus próprios resultados. Pois Sóstrato, dizem, foi enviado por Ptolomeu a Antígono para alguma necessidade do rei,[311] e, quando Antígono respondeu aleatoriamente, Sóstrato foi bem-sucedido, dizendo:

> Mas assim ordenas tu, ó treme-terra de negros cabelos?
> Levo a Zeus essa resposta inflexível e duríssima?
> Ou mudarás algo? As mentes dos bons também mudam.[312]

E, após ter ouvido isso, Antígono mudou. // Muitas coisas como essas são ditas para sustentar que a parte da Gramática que concerne aos poetas e escritores é utilíssima, mas contentemo-nos com as amostras expostas e argumentemos contra cada uma delas. Assim, que a gnomologia poética é útil para a vida e é o princípio da Filosofia, e que a Gramática consiste na explicação dessas coisas, é algo verdadeiramente gramatical. // Pois, primeiramente, para concordarmos com eles nada dizendo contra a poética, é de fato evidente que, por um lado, todas as coisas úteis e necessárias para a vida encontradas entre os poetas, tais como as máximas gnômicas e

παραινετικά, ταῦτα σαφῶς αὐτοῖς πέφρασται καὶ οὐ δεῖται γραμματικῆς, καθάπερ τὰ ἐν ξέναις ἱστορίαις κείμενα ἢ αἰνιγματωδῶς ἐπφερόμενα, ταῦτ' ἔστιν ἄχρηστα, ὥστε καὶ τῇ ἀπ' ἐκείνων ὠφελείᾳ μὴ συνεισέρχεσθαι αὐτῶν τὸ χρειῶδες τῆς γραμματικῆς '''καὶ τῇ τούτων ματαιότητι συμπεριφέρεσθαι. εἶτα φάσις μόνον ἐστὶν ἡ γνώμη, καθάπερ τὸ τοιοῦτο, 279

     σοφὸν γὰρ ἓν βούλευμα τὰς πολλὰς χέρας
     νικᾷ, σὺν ὄχλῳ δ' ἀμαθία πλεῖστον κακόν·

φάσει δὲ οὐ πείθεται ὁ νοῦς περὶ τοῦ καλῶς εἰρῆσθαι ἢ μὴ [εἰρῆσθαι], ἀλλ' ἀποδείξεων δεῖται. αἱ δὲ ἀποδείξεις τῶν καθηκόντως λεγομένων ἢ μὴ οὐ γραμματικῆς εἰσὶν ἀλλὰ φιλοσοφίας· τοίνυν καὶ ταύτῃ περισσὴν καὶ ματαίαν συμβέβηκεν εἶναι τὴν γραμματικήν. καὶ μὴν εἴπερ διὰ τὸ πολλὰ καλῶς εἰρῆσθαι τοῖς ποιηταῖς καὶ βιωφελῶς χρησίμη ἐστὶν ἡ προφῆτις γραμματικὴ αὐτῶν, ἐπεὶ πολλαπλασίονα τούτων διαστρόφως καὶ ἐπὶ λύμῃ τοῦ βίου παρ' αὐτοῖς ἐξενήνεκται, ἄχρηστος γενήσεται. καθὰ γὰρ ἔστι τις ὁ εἰπὼν

     μὴ Πλοῦτον εἴπῃς· οὐχὶ θαυμάζω θεόν
     ὃν χὠ κάκιστος ῥᾳδίως ἐκτήσατο,

οὕτως ἔστι καὶ ὁ τοὐναντίον ἀποφαινόμενος,

     ὦ χρυσὲ δεξίωμα κάλλιστον βροτοῖς,
     ὡς οὔτε μήτηρ ἡδονὰς τοίας ἔχει,
     οὐ παῖδες ἀνθρώποισιν, οὐ φίλος πατήρ,
     οἵας σὺ χοὶ σὲ δώμασι κεκτημένοι.

καὶ πάλιν

     εὖ πρᾶσσε· τὰ φίλων δ' οὐδὲν ἦν τις δυστυχῇ.

καὶ

     κάλλιστα μουσῶν φθέγγεται πλουτῶν ἀνήρ.

exortações, são expostas claramente por eles e não necessitam da Gramática, <enquanto as coisas não expostas claramente e que precisam de Gramática, > tais como as que se apoiam em histórias estrangeiras ou que são expressas enigmaticamente, são inúteis, e assim, portanto, a utilidade da Gramática não acompanha a necessidade daqueles [ditos] e rodeia na vanidade destes.³¹³ // Em segundo lugar, a máxima gnômica é tão somente uma asserção, tal como esta:

> Pois uma sábia resolução vence muitas mãos,
> mas ignorância, junto à multidão, é um mal pior.³¹⁴

Mas a asserção não persuade a inteligência de que foi corretamente asserida ou não, requer provas. E as provas das coisas que são ditas apropriadamente competem não à Gramática, mas à Filosofia; portanto, também a esse respeito, verifica-se que a Gramática é supérflua e vazia.³¹⁵ E se é porque, de fato, muitas coisas úteis e corretas são ditas pelos poetas que a Gramática é professadamente útil, então, uma vez que declaram muito mais vezes coisas torpes e ultrajantes à vida, [ela] há de ser inútil. Pois há quem diga assim:

> Não mencione Pluto. Não honro um deus
> a quem até o pior homem facilmente conquista.³¹⁶

E há outro que diz o oposto:

> Ouro, ó mais bela dádiva aos mortais,
> que nem mãe um tal prazer proporciona
> aos homens, nem filhos, nem amado pai,
> assim como tu e os que em suas casas te possuem.³¹⁷

E novamente:

> Seja rico! Pois nada de amigos se alguém é pobre!³¹⁸

E:

> O homem rico canta músicas mais belas.³¹⁹

280 ἀναποδείκτως μὲν οὖν λεγομένων τῶν οὕτως ἐναντίων ἐπιρρεπέστερον ἔχουσιν ἄνθρωποι πρὸς τὴν τοῦ χείρονος ἐκλογήν, καὶ διὰ τοῦτο βλαπτικὴ ἀναφαίνεται ἡ ποιητική· διακρινομένων δὲ αὐτῶν, καὶ τῶν μὲν ἀθετουμένων τῶν δὲ προκρινομένων, χρειώδης γίνεται οὐχ ἡ γραμματικὴ ἀλλ' ἡ διακρίνειν δυναμένη φιλοσοφία. ποιητικοῖς τε μαρτυρίοις χρῶνται οὐχ οἱ γνησίως φιλοσοφοῦντες (τούτων γὰρ ὁ λόγος αὐτάρκης ἐστὶ πρὸς πειθώ) ἀλλ' οἱ τὸν πο-
281 λὺν καὶ ἀγοραῖον φενακίζοντες ὄχλον· οὐ ''' γὰρ δυσχερὲς ποιητὰς μαχομένους καὶ εἰς ὅ τι ἂν θέλωσιν ᾄδοντας δεῖξαι, ὅτε καὶ οἱ προηγουμένως φιλοσοφοῦντες πολλὰ μαχομένως λέγουσιν. τῶν δὲ γραμματικῆς κατηγόρων ὁ μὲν Πύρρων παρ' ἕκαστα τὴν Ὁμηρικὴν διετύλισσε ποίησιν οὐ πάντως διὰ τὴν εἰρημένην αἰτίαν, ἀλλὰ τάχα μὲν ψυχαγωγίας χάριν καὶ ὡς εἰ κωμῳδῶν ἠκροᾶτο, τάχα δὲ καὶ τοὺς ποιητικοὺς παρατηρῶν τρόπους καὶ χαρακτῆ-
282 ρας· λέγεται γὰρ αὐτὸν καὶ ποίησιν εἰς τὸν Μακεδόνα Ἀλέξανδρον γράψαντα μυρίοις χρυσοῖς τετιμῆσθαι. οὐκ ἀπέοικε δὲ καὶ ἄλλας αἰτίας ὑπάρχειν, περὶ ὧν ἐν τοῖς
283 Πυρρωνείοις διεξήλθομεν. ὁ δὲ Ἐπίκουρος οὐκ ἐκ τῶν Ὁμηρικῶν εἴληφε τὸν ὅρον τοῦ μεγέθους τῶν ἡδονῶν. μακρῷ γὰρ διαφέρει τὸ λέγειν ὅτι ἐπαύσαντό τινες πίνοντες καὶ ἐσθίοντες καὶ τὴν αὑτῶν ἐπιθυμίαν πληροῦντες (τοῦτο γάρ ἐστι τὸ

αὐτὰρ ἐπεὶ πόσιος καὶ ἐδητύος ἐξ ἔρον ἕντο)

τοῦ φάναι ὅρον εἶναι τῶν περὶ τὰς ἡδονὰς μεγεθῶν τὴν τοῦ ἀλγοῦντος ὑπεξαίρεσιν· τοῦτο γὰρ οὐ πάντως κρέασι
284 καὶ οἴνῳ ἀλλὰ καὶ τοῖς λιτοτάτοις πέφυκε γίνεσθαι. ἄλλως τε ὁ μὲν ποιητὴς ἐπὶ προσφερομένων μόνων ἐποιήσατο τὴν ἀπόφασιν, Ἐπίκουρος δὲ ἐπὶ πάντων τῶν ἀπολαυστῶν, ἐν οἷς ἐστὶ καὶ ἡ ἀφροδίσιος μῖξις, περὶ ἧς πάντες ἴσασιν οἵαν ἔσχε γνώμην Ὅμηρος. τό τε τὸν θάνατον [μὲν]

Contra os gramáticos

// De fato, quando coisas opostas como essas são ditas sem provas, os homens têm tendência a escolher o pior, e, por isso, a poesia parece maliciosa; mas quando [os proferimentos] são distinguidos, e alguns são rejeitados e outros selecionados, o que se tornou útil não foi a Gramática, mas a Filosofia, capaz de fazer tais distinções. E também não são os legítimos filósofos que usam testemunhos poéticos (pois sua razão é autossuficiente para a persuasão), mas aqueles que enganam a grande multidão na ágora; // pois não é difícil encontrar os poetas brigando e cantando aquilo que a multidão deseja, quando até mesmo os que filosofam proeminentemente falam contraditoriamente. Mas, dentre os detratores da Gramática, Pirro, por um lado, desenrolava [os papiros] da poesia homérica em toda ocasião,[320] não apenas pela causa alegada [pelos gramáticos], mas talvez por divertimento, como se graciosamente ouvisse uma comédia, ou talvez para observar seus tropos poéticos e caracteres; //·pois ele próprio dizia ter escrito uma poesia para Alexandre da Macedônia,[321] pela qual foi recompensado com 10 mil moedas de ouro. Não é improvável que houvesse outras causas, as quais detalhamos nos *Pirrônicos*.[322] // Epicuro, por sua vez, não tomou dos poemas homéricos a definição de magnitude dos prazeres; pois há uma grande diferença entre dizer que algumas pessoas pararam de beber e comer e satisfazer seu apetite (pois isso é [o que diz o verso]:

E, assim, após saciarem o desejo de comida e bebida)[323]

e dizer que a definição da magnitude dos prazeres é a remoção da dor; pois isso se dá naturalmente não somente com vinho e carnes, mas também com [alimentos] mais simples. // Além disso, enquanto o poeta, por um lado, fez menção somente às provisões, Epicuro, por outro lado, [o fez] a todos os deleites, entre os quais também [está] o intercurso sexual, em relação ao qual todos sabem que opinião tinha Homero. E, também, que "a morte

μηδὲν εἶναι πρὸς ἡμᾶς εἴρηται μὲν ἴσως τῷ Σώφρονι, ἀποδέδεικται δὲ Ἐπικούρῳ, καὶ ἔστιν οὐ τὸ εἰπεῖν ἀλλὰ τὸ ἀποδεῖξαι θαυμαστόν. εἶτα οὐδὲ κατὰ τοῦτο ἔφησεν 285 ὁ Ἐπίκουρος τὸν θάνατον "μηδὲν εἶναι πρὸς ἡμᾶς, καθὸ ἀδιάφορόν ἐστιν ἢ ζῆν ἢ μή· πολλῷ γὰρ αἱρετώτερον τὸ ζῆν διὰ τὸ αἰσθανομένων εἶναι τὸ ἀγαθόν· ἀλλ' ἐν ἀναισθησίᾳ οὔτε κακόν τι εἶναι οὔτε ἀγαθόν. τὸ μὲν γὰρ ἀναισθητεῖν τὰ νεκρὰ τῶν σωμάτων οὐχ ὁ ποιητὴς μόνος οἶδεν ἀλλὰ καὶ ὁ σύμπας βίος. μήτηρ γοῦν πολλάκις υἱὸν θρηνοῦσα φησὶν "ἀλλὰ σὺ μὲν τούτων οὐκ ἐπαισθάνῃ, ἐγὼ δὲ ταλαιπωρῶ·" καὶ ἐνατενίζουσα ἐπιφθέγγεται "τίς δέ ἐστιν ἔτι σοι τούτων ὄνησις;" οὐ μὴν ἀλλ' 286 ἐὰν ἐξετάζῃ τις, τὴν ἐναντίαν ἔχοντα δόξαν εὑρήσει τὸν ποιητήν. αἱ μὲν γὰρ ψυχαὶ κοινῶς διψῶσιν αἵματος

(ἀλλ' ἀποχάζεο βόθρου, ἄπισχε δὲ φάσγανον ὀξύ
αἵματος, ὄφρα πίω καί τοι νημερτέα εἴπω), .
ὁ δὲ Τιτυὸς ὑπὸ γυπῶν διὰ τὴν ἐπιθυμίαν ἡπατοφαγεῖται, ὁ δὲ Τάνταλος ἔστηκεν ἐν λίμνῃ,

ἡ δὲ προσέκλυζε γενείῳ·
στεῦτο δὲ διψάων, πιέειν δ' οὐκ εἶχεν ἑλέσθαι.
καὶ μὴν ὅσον ἐπὶ τῷ ὑπ' Εὐριπίδου λεχθέντι περὶ θεῶν, 287 τὴν αὐτὴν καὶ οἱ ἰδιῶται δόξαν ἔχουσιν. ἴσον γὰρ ἐστι τῷ

ὅστις δὲ θνητῶν οἴεται τοὐφήμερον
κακόν τι πράσσων τοὺς θεοὺς λεληθέναι,
δοκεῖ πονηρά, καὶ δοκῶν ἁλίσκεται
ὅταν σχολὴν ἄγουσα τυγχάνῃ δίκη
καὶ τὸ οὕτω παρὰ τοῖς πολλοῖς λεγόμενον,
ὀψὲ θεῶν ἀλέουσι μύλοι, ἀλέουσι δὲ λεπτά·
μόνῳ δὲ διενήνοχε τῷ μέτρῳ. ἂν δὲ καὶ ἐξετάσῃ τις, 288 πολλῷ χείρονα τῆς τῶν ἰδιωτῶν ὑπολήψεως εὑρήσει τὰ

nada é para nós", provavelmente foi algo dito por Sófron,[324] mas provado por Epicuro, e não é o dizer [que é] admirável, mas o provar. // Ademais, Epicuro não asseriu que "a morte nada é para nós" na medida em que é indiferente viver ou não, pois é preferível viver, porque o bem é próprio dos que têm percepção; mas, na ausência da percepção, não há algo mau, nem bom. Pois não apenas o poeta sabe que os corpos dos mortos são desprovidos de percepção, mas todos os que vivem. Assim, uma mãe, lamentando o seu filho, diz muitas vezes: "mas enquanto tu não sentes essas coisas, eu serei miserável"; e, persistindo, profere em seguida: "que proveito disso ainda há para ti?". // Contudo, caso alguém examine, não encontrará o poeta mantendo opinião oposta. Pois as almas comumente sentem sede de sangue:

> Mas afasta-te da cova, e mantém tua espada afiada
> longe do sangue, para que eu o beba e te diga verdades.[325]

Mas Titios,[326] por causa de sua luxúria, teve o fígado devorado por abutres, e Tântalo[327] permaneceu em um lago [enquanto]

> A [água] lhe atingia o queixo
> E ele lutava, sedento, mas não conseguia pegá-la para beber.[328]

// Além disso, quanto ao que foi dito por Eurípides acerca dos deuses, todos os leigos possuem a mesma opinião. Pois o mesmo [sentido] que há em:

> Qualquer um dentre os mortais supõe, dia a dia,
> que passa despercebido aos deuses quando faz algo vil,
> pensa crueldades e, pensando assim, é capturado
> quando casualmente a justiça tem tempo disponível[329]

também [está presente no verso] que é mencionado por muitas pessoas:

> Os moinhos dos deuses demoram a triturar, mas trituram bem fino

// diferindo somente no metro. Mas, caso alguém examine, achará as assunções dos poetas muito piores do que as das pessoas

τῶν ποιητῶν. καὶ ὁ μὲν σκηνικὸς ἀναγορευθεὶς φιλόσοφος ἔτι μετριώτερος φαίνεται, λέγων μὴ εἰδέναι ᾧ προσεύχεται.

ὦ γῆς ὄχημα κἀπὶ γῆς ἔχων ἕδραν,
ὅστις ποτ' εἶ σύ, δυστόπαστος εἰσιδεῖν,
Ζεύς, εἴτ' ἀνάγκη φύσεος εἴτε νοῦς βροτῶν,
προσευξάμην σέ.

289 Ὅμηρος δὲ καὶ Ἡσίοδος κατὰ τὸν Κολοφώνιον Ξενοφάνη
ὡς πλεῖστ' ἐφθέγξαντο θεῶν ἀθεμίστια ἔργα,
κλέπτειν μοιχεύειν τε καὶ ἀλλήλους ἀπατεύειν.

Κρόνος μὲν γάρ, ἐφ' οὗ τὸν εὐδαίμονα βίον γεγονέναι λέγουσι, τὸν πατέρα ἠνδροτόμησε καὶ τὰ τέκνα κατέπιεν, Ζεύς τε ὁ τούτου παῖς ἀφελόμενος αὐτὸν τῆς ἡγεμονίας
γαίης νέρθε καθεῖσε καὶ ἀτρυγέτοιο θαλάσσης,
τῆλε μάλ' ἧχι βάθιστον ὑπὸ χθονός ἐστι βέρεθρον.

290 τῷ δὲ Διὶ ἐπιβουλεύουσιν οἱ συγγενεῖς, παρὸ καὶ ὑπὸ Θέτιδος βοηθεῖται,
ὁππότε μιν ξυνδῆσαι Ὀλύμπιοι ἤθελον ἄλλοι,
Ἥρη τ' ἠδὲ Ποσειδάων καὶ Παλλὰς Ἀθήνη·
ὠμότατος γάρ ἐστι, καὶ τὴν μὲν ἀδελφὴν καὶ γυναῖκα ἱεροσύλου τρόπον κρεμάσας οὐκ ἀρκεῖται, ἀλλὰ καὶ ὀνειδίζει λέγων
ἦ οὐ μέμνῃ ὅτε τ' ἐκρέμω ὑψόθεν, ἐκ δὲ ποδοῖιν
ἄκμονας ἧκα δύω, περὶ χερσὶ δὲ δεσμὸν ἴηλα
χρύσεον ἄρρηκτον, σὺ δ' ἐν αἰθέρι καὶ νεφέλῃσιν
ἐκρέμω, ἠλάστεον δὲ θεοὶ κατὰ μακρὸν Ὄλυμπον;

291 τὸν δὲ Ἥφαιστον ὀργισθεὶς ῥίπτει ἀπὸ τοῦ οὐρανοῦ, ὁ δὲ
κάππεσεν ἐν Λήμνῳ, ὀλίγος δ' ἔτι θυμὸς ἐνῆεν.
τὸν δὲ ἀδελφὸν ὑπερορᾷ οἰκί' ἔχοντα

comuns. E mesmo o proclamado filósofo cênico[330] parece moderado quando diz que não sabe para quem está orando:

> Ó carruagem da terra, que sobre a terra tens o trono,
> quem quer que sejas, Zeus, é muito difícil saber,
> sejas tu necessidade da natureza ou inteligência dos mortais,
> a ti dirijo as preces.[331]

// E Homero e Hesíodo, de acordo com Xenófanes de Cólofon,

> muitas vezes relataram ações ímpias dos deuses,
> como roubar, cometer adultério e enganar uns aos outros.[332]

Pois Cronos, em cujo [reinado] dizem que a vida era feliz, castrou seu pai e devorou seus filhos, e assim, Zeus, o filho dele, após removê-lo [do poder]

> para baixo da terra e do mar estéril o arremessou,
> bem longe, onde é mais fundo o abismo sob o mundo.[333]

// Mas os próprios parentes de Zeus tramam contra ele; por isso ele é ajudado por Thétis,

> quando os outros olímpios desejavam acorrentá-lo,
> tanto Hera quanto Poseidôn e Pálas Atena.[334]

Pois ele é o mais cruel, e, não satisfeito em ter pendurado sua esposa e a irmã como se fossem ladras de templo, também as repreendeu, dizendo:

> Ou não lembras quando fostes pendurada no alto, com duas
> bigornas presas aos pés, e prendi ao redor dos vossos pulsos
> algemas de ouro inquebrável, e vós pendíeis, entre céu e nuvens,
> indignando assim os deuses sobre o grande Olimpo?[335]

// E, enfurecido com Hefesto, arremessou-o do céu, de modo que ele

> Despencou em Lemnos, e então pouca vida parecia lhe restar.[336]

E tratou com desprezo seu irmão

σμερδαλέ' εὐρώεντα, τά τε στυγέουσι θεοί περ.

πρόσεστι δὲ αὐτῷ πρὸς τῇ ἀποτομίᾳ καὶ ἀκρασίᾳ, ὃς θεασάμενος τὴν Ἥραν ἐπὶ τῆς Ἴδης κεκοσμημένην οὐ καρτερεῖ μέχρι τῶν ἀποδεδειγμένων αὐτοῖς θαλάμων ἐλθεῖν, ἀλλ' ἐπὶ τοῦ ὄρους χαμαὶ ῥίψας ἑαυτὸν συγκυλίνδεται τῇ γυναικί,

"'τοῖσι δ' ὑπὸ χθὼν δῖα φύεν νεοθηλέα ποίην,
λωτόν θ' ἑρσήεντα ἰδὲ κρόκον ἠδ' ὑάκινθον.

ποικίλης οὖν πεφωραμένης τῆς ποιήσεως ἀνωφελὴς ἡ γραμματικὴ μὴ δυναμένη ἀποδεῖξαι τίσι πιστευτέον ἐστὶν ὡς ἀληθέσι καὶ τίσιν ἀπιστητέον ὡς μυθικοῖς ψεύσμασιν. 292

Ἀλλὰ πόλει φασὶ χρησίμην εἶναι τὴν γραμματικήν, 293 ἐπεὶ καὶ Λεβεδίοις νίκης αἴτιον ἐγένετο ἐκ ποιητικῆς μαρτύριον. ἕνεκα δὲ τούτου καὶ τὴν ὀρχηστικὴν ἀναγκαίαν λέγομεν εἶναι, ἐπεὶ Σώστρατος ὁ Ἀντιόχου ὀρχηστής, λαβόντος ὑποχείριον τὴν Πριήνην τοῦ βασιλέως πατρίδα οὖσαν αὐτοῦ, καὶ παρὰ τὸ συμπόσιον τὴν ἐλευθερίαν ἀναγκαζόμενος ὀρχεῖσθαι, οὐ καλὸν ἔφη τῆς πατρίδος αὐτοῦ δουλευούσης αὐτὸν ἐλευθερίαν ὀρχεῖσθαι· καὶ διὰ τοῦτο ἐλευθερωθῆναι τὴν πόλιν. εἶτα ἄλλο μέν ἐστι τὸ 294 πόλει χρήσιμον, ἄλλο δὲ τὸ ἡμῖν αὐτοῖς. σκυτοτομικὴ γοῦν καὶ χαλκευτικὴ πόλει μέν ἐστιν ἀναγκαῖον, ἡμῖν δὲ χαλκεῦσι γενέσθαι καὶ σκυτοτόμοις πρὸς εὐδαιμονίαν οὐκ ἀναγκαῖον. διόπερ καὶ ἡ γραμματικὴ οὐκ ἐπεὶ πόλει χρησίμη καθέστηκεν, ἐξ ἀνάγκης καὶ ἡμῖν ἐστιν [ἡ] τοιαύτη. ἡ μὲν γὰρ ὁμιλητικὴ οὐκ ἀπὸ γραμματικῆς περιγίνεσθαι πέφυκεν ἀλλ' ἀπὸ κοινῆς τινὸς ἐντρεχείας, εἰ μή τι καὶ 295 Δημάδης ὁ ῥήτωρ γραμματικὸς ὤν, πολλοῖς τῶν Ἀθηναίων μετὰ τὴν ἐν Χαιρωνείᾳ ἧτταν συναιχμαλωτισθείς, καὶ εἰπὼν πρὸς τὸν Φίλιππον ἀναγκάζοντα εὐωχεῖσθαι

Que possui uma casa
horrenda e bolorenta, que até mesmo os deuses odeiam.[337]

Em adição a essa severidade, também [era] incontinente, pois, quando viu Hera toda adornada sobre o [monte] Ida, não conseguiu esperar até chegar aos aposentos que foram preparados para eles, mas, após se atirar sobre o chão da montanha, rolou com a sua mulher

e por baixo deles divina terra fez brotar floridas ervas,
lótus úmido, macio açafrão e também jacintos.[338]

// Então, sendo comprovada desse modo a variedade da poesia, a Gramática se torna inútil, já que é incapaz de indicar qual parte se deve confiar como verdadeira e qual se deve desacreditar como falsidades míticas.[339]
// Mas dizem que a Gramática é útil para a cidade, uma vez que o testemunho poético veio a causar a vitória aos lebedianos. Mas então, por isso, dizemos que a dança [também] é necessária, uma vez que Sóstrato, o dançarino de Antíoco,[340] após ter sua pátria Priene conquistada pelo rei, e ser forçado à Dança da Liberdade no banquete, disse que não era belo para ele dançar à liberdade enquanto sua pátria estava cativa; e, por causa disso, sua cidade foi libertada. // Além disso, uma coisa é ser útil à cidade, mas outra coisa [é ser útil] para nós mesmos. Um sapateiro ou um ferreiro são necessários para a cidade, mas não necessitamos nos tornar ferreiros ou sapateiros para sermos bem-aventurados. Assim, a Gramática, mesmo que seja útil para a cidade, não é necessariamente útil para nós. Pois a capacidade de conversação não advém naturalmente da Gramática, mas de uma aptidão comum, // a não ser que Dêmades,[341] o retor, fosse [também] gramático, uma vez que ele, quando foi capturado com muitos atenienses após a derrota em Queroneia, disse para Filipe, que o forçava a participar de um festim:

τίς γάρ κεν ἀνήρ, ὃς ἐναίσιμος εἴη,
πρὶν τλαίη πάσασθαι ἐδητύος ἠδὲ ποτῆτος,
πρὶν λῦσαί θ' ἑτάρους καὶ ἐν ὀφθαλμοῖσιν ἰδέσθαι;

296 Ταῦτα μὲν οὖν πρὸς τὰς τῶν γραμματικῶν ἐπιχειρήσεις λεγέσθω· προηγουμένως δὲ ῥητέον ὡς εἰ μὲν μόνοι ἦσαν οἱ ποιηταὶ βιωφελεῖς, τάχα ἂν ἡ γραμματικὴ βιωφελὴς ἐγίνετο περὶ τούτους πονουμένη, νῦν δὲ ἐπεὶ οὗτοι μὲν ἢ ἀνωφελεῖς εἰσὶν ἢ ὀλιγωφελεῖς, φιλόσοφοι δὲ καὶ οἱ λοιποὶ συγγραφεῖς διδάσκουσι τὰ ὠφέλιμα τῶν 297 πραγμάτων, οὐ δεόμεθα γραμματικῆς. καὶ ὅτι οἱ συγγραφεῖς μᾶλλον ἢ οἱ ποιηταὶ τὰ χρήσιμα τῷ βίῳ "'δηλοῦσιν, εὐεπιλόγιστον. οἱ μὲν γὰρ τοῦ ἀληθοῦς στοχάζονται, οἱ δὲ ἐκ παντὸς ψυχαγωγεῖν ἐθέλουσιν, ψυχαγωγεῖ δὲ μᾶλλον τὸ ψεῦδος ἢ τἀληθές. τοίνυν ἐκείνοις ἢ ὅτι τούτοις προ- 298 σεκτέον τοῖς ἐπίτηδες τὸ ψεῦδος μεταδιώκουσιν. καθόλου τε, ὅσον ἐπὶ τοῖς ποιηταῖς, οὐχ οἷον ἀνωφελὴς τῷ βίῳ ἀλλὰ καὶ βλαβερωτάτη. ἐπιτείχισμα γὰρ ἀνθρωπίνων παθῶν ἡ ποιητικὴ καθέστηκεν· καὶ ὡς
γέρων γέροντι γλῶσσαν ἡδίστην ἔχει,
οὕτως οἱ μὲν ἐρωτομανεῖς καὶ μέθυσοι τὰς Ἀλκαίου καὶ Ἀνακρέοντος ποιήσεις ἀναγνόντες προσεκκαίονται, οἱ δὲ ὀργίλοι Ἱππώνακτα καὶ Ἀρχίλοχον ἀλείπτας ἔχουσι τῆς περὶ αὑτοὺς κακίας.

299 Τὰ μὲν οὖν ὑπὸ τῶν ἄλλων λεγόμενα κατὰ τὸν τόπον, καὶ μάλιστα τῶν Ἐπικουρείων, ἐστὶ τοιαῦτα· ἡμεῖς δὲ μηδὲν κατειπόντες τῆς ποιητικῆς ἄλλως ποιώμεθα τὰς ἀντιρρήσεις πρὸς τοὺς ἀξιοῦντας γραμματικὴν ἔχειν τέχνην τῶν παρὰ ποιηταῖς καὶ συγγραφεῦσι λεγομένων διαγνω- 300 στικήν. ἐπεὶ τοίνυν πᾶν σύγγραμμα καὶ πᾶσα ποίησις ἐκ λέξεων τῶν δηλουσῶν καὶ πραγμάτων τῶν δηλουμένων συνέστηκε, δεήσει τὸν γραμματικόν, εἴπερ ἔχει τέχνην

Contra os gramáticos

>   Pois qual é o homem que, sendo justo,
>   se atreveria a tocar na comida e na bebida
>   antes de libertar seus companheiros e os ver com os próprios olhos?[342]

// Assim, que essas coisas sejam ditas então como réplicas aos [argumentos] dos gramáticos; além disso, deve-se mencionar que, se apenas os poetas fossem úteis para a vida, talvez então a Gramática, que lida com eles, tornar-se-ia útil para a vida, mas agora, uma vez que eles são inúteis ou de pouco uso, enquanto os filósofos e os outros escritores ensinam coisas úteis, não necessitamos da Gramática. // E que os escritores mais do que os poetas demonstram utilidade para a vida é facilmente inferido. Pois enquanto os primeiros almejam a verdade, os outros querem de todos os modos conduzir as almas, e [é] o falso que conduz as almas, mais do que a realidade. Portanto, devemos prestar atenção antes aos primeiros do que aos outros, que buscam deliberadamente o falso. // Em geral, assim como no caso dos poetas, da mesma forma a [poesia] não é útil para a vida, mas prejudicial. Pois a poética torna mais intensas as paixões humanas, e, assim como

>   um velho tem prazer em ouvir um outro velho[343]

da mesma forma os loucos de amor e os bêbados se inflamarão ainda mais ouvindo a poesia de Alceu[344] e de Anacreonte,[345] enquanto os irascíveis possuem Hipônax[346] e Arquíloco[347] como seus mentores no vício.

// Essas coisas, então, são ditas pelos outros em relação a esse tópico, em especial pelos epicuristas. Mas, sem nada dizer contra a poética, façamos de modo diferente a refutação contra os que sustentam possuir uma técnica gramatical que faz o diagnóstico das coisas que são ditas pelos escritores e poetas. // Assim, tendo em vista que toda composição em prosa e toda poesia se constituem a partir de palavras que significam e coisas que são significadas, será necessário ao gramático, se ele tem de fato uma técnica

διαρθρωτικὴν τῶν παρὰ συγγραφεῦσι καὶ ποιηταῖς λεγομένων, ἤτοι τὰς λέξεις μόνον ἢ τὰ ὑποκείμενα πράγματα γινώσκειν ἢ τὸ συναμφότερον. ἀλλὰ τὰ μὲν πράγματα, κἂν ἡμεῖς μὴ λέγωμεν, φαίνεται μὴ γινώσκειν. τούτων γὰρ τὰ μέν ἐστι φυσικὰ τὰ δὲ μαθηματικὰ τὰ δὲ ἰατρικὰ τὰ δὲ μουσικά, καὶ δεῖ τὸν μὲν φυσικοῖς ἐπιβάλλοντα πράγμασιν εὐθὺς φυσικὸν εἶναι καὶ τὸν μουσικοῖς μουσικὸν εἶναι καὶ τὸν μαθηματικοῖς εὐθὺς εἶναι μαθηματικόν, καὶ ἐπὶ τῶν ἄλλων ὁμοίως. ὁ μέντοι γραμματικὸς ὅτι οὐκ ἔστιν ἐν τῷ αὐτῷ πάνσοφος καὶ πάσης ἐπιστήμης δαήμων, σὺν τῷ καὶ αὐτόθεν προσπίπτειν, ἔτι κἀκ τῶν ἀποτελεσμάτων ἐλέγχεται. ποῦ γάρ τις δύναται τῶν 301 ὠφρυωμένων γραμματικῶν Ἡράκλειτον συνεῖναι καὶ Πλάτωνι παρακολουθῆσαι λέγοντι "τῆς ἀμερίστου καὶ ἀεὶ κατὰ ταὐτὰ ἐχούσης οὐσίας καὶ τῆς περὶ τὰ σώματα μεριστῆς τρίτον ἐξ ἀμφοῖν συνεκεράσατο οὐσίας εἶδος, τῆς τε ταὐτοῦ φύσεως καὶ τῆς θατέρου" καὶ ἤδη τὰ ἑξῆς περὶ τὴν λέξιν, ἃ πάντες οἱ Πλάτωνος ἐξηγηταὶ ἐσίγησαν. ἢ ποῦ τοῖς Χρυσίππου διαλεκτικοῖς θεωρήμασιν ἢ Ἀρχιμήδους τε καὶ Εὐδόξου μαθηματικοῖς ἐπιβάλλειν ἰσχύσει; καὶ μὴν 302 ὡς ἐν τούτοις ἐστὶ τυφλός, οὕτω κἂν τοῖς περὶ αὐτῶν γραφεῖσι ποιήμασιν, οἷον Ἐμπεδοκλέους λέγοντος

χαίρετ᾽, ἐγὼ δ᾽ ὑμῖν θεὸς ἄμβροτος, οὐκέτι θνητός,
πωλεῦμαι μετὰ πᾶσι τετιμένος,

καὶ πάλιν

ἀλλὰ τί τοῖσδ᾽ ἐπίκειμ᾽ ὡσεὶ μέγα χρῆμά τι πράσσων
εἰ θνητῶν περίειμι πολυφθερέων ἀνθρώπων;

ὁ μὲν γὰρ γραμματικὸς καὶ ὁ ἰδιώτης ὑπολήψονται κατ᾽ ἀλαζονείαν καὶ τὴν πρὸς τοὺς ἄλλους ἀνθρώπους ὑπερο-

que explicita as coisas que são ditas pelos escritores e poetas, conhecer ou apenas as palavras, ou [somente] as coisas [a elas] subjacentes, ou ambas juntas. Mas essas coisas, mesmo que nós não falemos, ele parece não conhecer. Pois algumas delas são físicas, outras matemáticas, outras médicas e outras musicais, e é necessário que quem se dedica às coisas físicas seja com certeza um físico, às musicais um músico, e às matemáticas com certeza um matemático, e da mesma forma nos outros casos. Mas que de fato o gramático não é ao mesmo tempo totalmente sábio e conhecedor de todas as ciências, além de ser evidente por si só, também se comprova a partir das presentes conclusões. // Pois onde há um sequer dentre os sisudos gramáticos que seja capaz de compreender Heráclito e acompanhar Platão, quando diz: "entre o ser que é indivisível e sempre permanece o mesmo e o que é divisível em corpos, misturou uma terceira forma de ser a partir de ambas, da natureza do mesmo e do outro",[348] e assim por diante – passagem acerca da qual todos os comentadores de Platão silenciam –, ou será capaz de se dedicar aos teoremas dialéticos de Crisipo, ou à matemática de Arquimedes e Eudoxo? // E assim, como [o gramático] é cego nesses assuntos, também o será em relação aos poemas escritos acerca deles. Por exemplo, quando Empédocles diz:

> Salve! Mas eu, para vós um deus imortal, não mais um mortal, caminho entre todos honrado[349]

e, novamente:

> Mas por que em tais coisas insisto como se algo grande eu fizesse se sou superior aos homens mortais condenados à destruição?[350]

o gramático e o leigo irão supor que o filósofo proferiu estas palavras por arrogância e desprezo em relação aos outros homens,

ψίαν ταῦτ' ἀνεφθέγχθαι τὸν φιλόσοφον, ὅπερ ἀλλότριόν ἐστι τοῦ κᾶν μετρίαν ἕξιν ἐν φιλοσοφίᾳ ἔχοντος, οὐχ ὅτι γε τοῦ τοσούτου ἀνδρός· ὁ δὲ ἀπὸ φυσικῆς ὁρμώμενος θεωρίας, σαφῶς γινώσκων ὅτι ἀρχαῖον ὅλως τὸ δόγμα ἐστί, τοῖς ὁμοίοις τὰ ὅμοια γινώσκεσθαι, ὅπερ '''ἀπὸ Πυθαγόρου δοκοῦν κατεληλυθέναι κεῖται μὲν καὶ παρὰ Πλάτωνι ἐν τῷ Τιμαίῳ, εἴρηται δὲ πολὺ πρότερον ὑπ' αὐτοῦ Ἐμπεδοκλέους,

γαίῃ μὲν γὰρ γαῖαν ὀπώπαμεν, ὕδατι δ' ὕδωρ,
ἠέρι δ' ἠέρα δῖον, ἀτὰρ πυρὶ πῦρ ἀίδηλον,
στοργὴν δὲ στοργῇ, νεῖκος δέ τε νείκεϊ λυγρῷ,

συνήσει ὅτι ὁ Ἐμπεδοκλῆς θεὸν ἑαυτὸν προσηγόρευσεν, ἐπεὶ μόνος καθαρὸν ἀπὸ κακίας τηρήσας τὸν νοῦν καὶ ἀνεπιθόλωτον τῷ ἐν ἑαυτῷ θεῷ τὸν ἐκτὸς κατείληφεν. Ἀράτου τε μὴν γράφοντος

ὅσσον ἀπ' ὀφθαλμοῖο βολῆς ἀπολάμπεται αὐγή,
ἑξάκις ἂν τόσση μιν ὑποδράμοι· αὐτὰρ ἑκάστη
ἴση μετρηθεῖσα δύω περιτέλλεται ἄστρα

οὐ γραμματικοῦ τοῦτο νοῆσαι, ὅτι ἡλίκη ἐστὶν ἡ ἀπὸ τῆς ἡμῶν ὄψεως πρὸς τὴν ἀνατολὴν ἐκβαλλομένη εὐθεῖα, ἑξάκις αὕτη ληφθεῖσα τὸν ζωδιακὸν καταμετρήσει κύκλον ὥστε δύο αὐτὴν ἀποτέμνεσθαι ζώδια, ἀλλὰ μαθηματικοῦ, γραμμικῶς αὐτὸ ἀποδεικνύντος, ὅτι τὸ ἕκτον τοῦ ζωδιακοῦ κύκλου μέρος ἀπὸ τῆς μέχρι τῆς ἀνατολῆς ἐκβαλλομένης εὐθείας καθέστηκεν. Τίμωνός τε τοῦ Φλιασίου τὸν Πύρρωνα ἡλίῳ ἀπεικάζοντος ἐν οἷς φησὶ

μοῦνος δ' ἀνθρώποισι θεοῦ τρόπον ἡγεμονεύεις,
ὃς περὶ πᾶσαν ἑλὼν γαῖαν ἀναστρέφεται,
δεικνὺς εὐτόρνου σφαίρας πυρικαύτορα κύκλον,

δόξει μὲν τοῖς γραμματικοῖς κατὰ τιμὴν αὐτὸ λέγειν καὶ

o que seria estranho até mesmo para quem é moderadamente versado em Filosofia, o que [dirá] para um homem como esse. // Mas quem, começando desde a teoria física, conhece com clareza que há simplesmente uma antiga doutrina, segundo a qual os semelhantes são conhecidos pelos semelhantes, que parece derivar de Pitágoras e também está presente no *Timeu*, de Platão, mas que foi dita muito antes pelo próprio Empédocles:

> Pois pela terra vemos terra, e água pela água,
> pelo ar o ar divino, o fogo destrutivo pelo fogo,
> o amor pelo amor e ódio pelo ódio doloroso[351]

compreenderá por que Empédocles chamava a si próprio um deus, uma vez que apenas ele, que manteve a mente pura de males e não poluída, compreendeu pelo deus em si próprio o deus exterior. // E, quando Aratus[352] escreve:

> Tão longe quanto brilha a luz que sai dos olhos,
> seis vezes tal distância ele completaria; e cada uma,
> sendo medida igualmente, contém dois signos estrelares[353]

não é [tarefa] do gramático saber que, quando se toma a distância da linha reta que se estende dos nossos olhos até o ascendente, seis vezes tal distância medirá o círculo do zodíaco e, assim, ela se divide em dois signos, mas isso é [tarefa] do matemático, que demonstra, por meio de diagramas, que a sexta parte do círculo do zodíaco corresponde à linha reta que se estende até o ascendente. // E, quando Timão de Fliunte compara Pirro ao Sol, dizendo:

> Sozinho conduzes tu os homens, tal como um deus
> que, seguindo em seu curso, circunda toda a terra,
> exibindo da esfera bem redonda o globo flamante[354]

parecerá aos gramáticos que ele diz isso a título de elogio e

διὰ τὴν περὶ τὸν φιλόσοφον ἐπιφάνειαν· ἄλλος δὲ ἐπιστήσει μήποτε καὶ μάχεται τὰ παραδείγματα τῷ σκεπτικῷ βουλήματι τὰ ὑπὸ τοῦ Φλιασίου εἰς τὸν Πύρρωνα λεχθέντα, εἴγε ὁ μὲν ἥλιος τὰ πρότερον μὴ βλεπόμενα τῷ φωτὶ καταυγάζων ''δείκνυσιν, ὁ δὲ Πύρρων καὶ τὰ προδήλως ἡμῖν ληφθέντα τῶν πραγμάτων εἰς ἀδηλότητα περιστάναι βιάζεται. τὸ δὲ οὐχ οὕτως ἔχειν φαίνεται τῷ 306 φιλοσοφώτερον ἐπιβάλλοντι, ἀλλ' ἡλίου τρόπον ἐπέχειν φησὶ τὸν Πύρρωνα καθόσον ὡς ὁ θεὸς τὰς τῶν ἀκριβῶς εἰς αὐτὸν ἀτενιζόντων ὄψεις ἀμαυροῖ, οὕτω καὶ ὁ σκεπτικὸς λόγος τὸ τῆς διανοίας ὄμμα τῶν ἐπιμελέστερον αὐτῷ προσεχόντων συγχεῖ, ὥστε ἀκαταληπτεῖν περὶ ἑκάστου τῶν κατὰ δογματικὴν θρασύτητα τιθεμένων. εἰ δὲ δεῖ περὶ 307 ἰατρικῆς διεξέρχεσθαι θεωρίας καὶ παριστᾶν ὡς καὶ ἐπίθετον πολλάκις προσριφὲν ὑπὸ ποιητοῦ βαθὺν ἐμφαίνει καὶ ἐπιστημονικὸν νοῦν, οἷόν ἐστι τὸ "βαθύσχοινον λεχεποίην" παρ' Ὁμήρῳ. σημαίνει γὰρ ὃ μὴ δύναται νοῆσαι γραμματικός, παραστατικὸν πρὸς συνουσίαν ἐστὶ τὸ τῆς σχοίνου σπέρμα, λέχος καλοῦντος τοῦ ποιητοῦ τὴν μῖξιν. ἢ 308 τὸ παρὰ τῷ Εὐριπίδῃ ἐπὶ τῇ Λυκομήδους θυγατρὶ Δηιδαμείᾳ λεγόμενον,

    ἡ παῖς νοσεῖ σου κἀπικινδύνως ἔχει
    πρὸς τοῦ; τίς αὐτὴν πημονὴ δαμάζεται;
    μῶν κρυμὸς αὐτῆς πλευρὰ γυμνάζει χολῆς;

πυνθάνεται γὰρ μή τι πλευριτικὴ γέγονε διὰ τὸ τοὺς πλευριτικοὺς βήσσοντας ὑπόχολον ἀνάγειν. ὧν οὐδὲν οἶδεν ὁ γραμματικός.

Καίτοι περιττὸν ἴσως ἐστὶν ἀπὸ τῶν ἀρχαιοτέρων 309 καὶ τάχα ἐπιστημονικῶν δυσωπεῖν τοὺς ἀπὸ τῆς γραμματικῆς, ὅτε καὶ τὸ τυχὸν ἐπιγραμμάτιον οὐχ οἷοί τέ εἰσι

por causa do brilho do filósofo. Mas outro apontará que talvez a comparação que foi enunciada pelo [homem] de Fliunte acerca de Pirro entra em conflito com o propósito cético, uma vez que o Sol, por um lado, iluminando com sua luz, revela as coisas que não foram previamente vistas, enquanto Pirro, por outro lado, força até mesmo as coisas que captamos claramente a recair na incerteza. // Mas que não é esse o caso é claro para quem se dedica a isso mais filosoficamente, pois ele diz antes que Pirro, como o Sol, suspende o juízo, e, [na medida em que] assim como o deus ofusca a visão dos que o miram diretamente, do mesmo modo o argumento cético confunde a visão do entendimento dos que o consideram atentamente, na medida em que [são levados] a ignorar cada uma das coisas que foram colocadas segundo a pretensão dogmática. // Mas se for preciso discorrer acerca da teoria médica, pode-se mostrar que muitas vezes até um epíteto lançado pelo poeta transmite um sentido profundo e científico, por exemplo, "gramíneo leito profundo em juncos", de Homero.[355] Pois isso significa, e o gramático não pode compreendê-lo, que a semente do junco é algo que conduz ao intercurso sexual, já que a cópula é chamada pelo poeta de leito. // Ou, quanto ao que foi dito por Eurípedes sobre Licomedes, filho de Deidameia:

> A tua filha está doente em estado crítico.
> Por quê? Qual doença tomou conta dela?
> Não é o frio que lhe assola as costas com bile?[356]

Ele pergunta se não seria alguma pleurite, porque os pleuríticos expelem bile quando tossem. Mas o gramático nada conhece dessas coisas. // Contudo, talvez seja desnecessário constranger os [partidários] da Gramática a partir de poemas tão antigos e quiçá científicos, quando não são sequer capazes de compreender um simples epigrama,

νοῆσαι, καθάπερ καὶ τὸ ὑπὸ τοῦ Καλλιμάχου εἰς Διόδωρον τὸν Κρόνον συγγραφέν,

ἠνίδε κου κόρακες τεγέων ἔπι κοῖα συνῆπται
κρώζουσιν, καὶ κῶς αὖθι γενησόμεθα.

310 ὅτι γὰρ διαλεκτικώτατος ἦν ὁ Κρόνος καὶ ἐδίδασκε πῶς κριτέον ἐστὶ τὸ ὑγιὲς συνημμένον, ὥστε διὰ τὸ ἐπικρατεῖν ἤδη τὴν διδασκαλίαν καὶ τοὺς ἐπὶ τῶν δωμάτων κόρακας ἐκ πολλῆς τῆς κατηχήσεως κράζειν τὴν κατ' αὐτὸν τοῦ συνημμένου κρίσιν, εἴποι ἂν ὁ γραμματικός, καὶ μέχρι 311 τούτου συνήσει τὸ καὶ "'παιδίοις γνώριμον· ἐλθὼν δὲ καὶ ἐπὶ τὸ "καὶ κῶς αὖθι γενησόμεθα" ἡσυχάσει, μὴ εὑρίσκων τὸ δηλούμενον πρᾶγμα. φιλοσόφου γὰρ ἦν εἰπεῖν ὅτι ἀρέσκει τῷ Διοδώρῳ μηδὲν κινεῖσθαι. τὸ γὰρ κινούμενον ἤτοι ἐν ᾧ ἔστι τόπῳ κινεῖται ἢ ἐν ᾧ μὴ ἔστιν· οὔτε δὲ τὸ πρῶτον οὔτε τὸ δεύτερον· οὐκ ἄρα κινεῖταί τι. τῷ δὲ μηδὲν κινεῖσθαι τὸ μηδὲν φθείρεσθαι ἀκολου-
|312 θεῖ. ὡς γὰρ διὰ τὸ μήτε ἐν ᾧ ἔστι τόπῳ κινεῖσθαί τι μήτε ἐν ᾧ μὴ ἔστιν οὐδὲν κινεῖται, οὕτως ἐπεὶ τὸ ζῷον οὔτε ἐν ᾧ ζῇ χρόνῳ ἀποθνήσκει οὔτε ἐν ᾧ μὴ ζῇ, οὐδέποτε ἄρα ἀποθνήσκει. εἰ δὲ τοῦτο, ἀεὶ ζῶντες κατ' αὐτὸν καὶ αὖθις γενησόμεθα.

313 Οὐκοῦν τὰ μὲν πράγματα οὐ νοοῦσιν οἱ γραμματικοί. λείπεται τοίνυν τὰ ὀνόματα νοεῖν αὐτούς. ὃ πάλιν ἐστὶ ληρῶδες. πρῶτον μὲν γὰρ οὐδὲν ἔχουσι τεχνικὸν εἰς τὸ λέξιν γινώσκειν. οὔτε γὰρ ἐκ τέχνης τινὸς μεμαθήκασιν ὅτι οἱ παρὰ τῷ Σοφοκλεῖ ποιμένες "ἰὼ βαλλήν" λέγοντες ἰὼ βασιλεῦ λέγουσι φρυγιστί, ἀλλὰ παρ' ἄλλων ἀκούσαντες. διήνεγκε δὲ οὐδὲν ἢ βαρβάρου λέξεως ἑρμηνευτὰς γίνεσθαι ἢ τῆς κατὰ γλῶσσαν προενεχθείσης, 314 ὁμοίως οὔσης ἀσυνήθους ἡμῖν. εἶτα καὶ τοῦτ' ἀδύνατόν ἐστιν ἀπείρων οὐσῶν λέξεων καὶ ἄλλως παρ' ἄλλοις ὀνοματοποιηθεισῶν ἢ ἐπὶ πράγμασιν οἷς ἡμεῖς οὐκ ἴσμεν τε-

tal como o que segue, que foi escrito por Calímaco acerca de Diodoro Cronos:[357]

Eis ali os corvos nos tetos: "quais estão conjuntos?"
eles grasnam, e "como estaremos amanhã?".[358]

// Que Cronos era um grande dialético e ensinou como se deve julgar a validade das proposições condicionais, e assim, por causa da influência de sua doutrina, até mesmo os corvos nos telhados, de tanto a terem ouvido, grasnam seu critério para as proposições condicionais, isso o gramático diria, compreendendo assim, nesse caso, o que já é bem conhecido até pelas crianças. // Mas, quando chega ao "como estaremos amanhã?", ele emudece, já que não descobre a coisa significada. Pois é [tarefa] do filósofo dizer que Diodoro defende que nada se move. Pois o que se move ou se move para o lugar onde está ou para onde não [está]. Mas nem o primeiro nem o segundo; portanto, nada se move. E, do fato de que nada se move se segue que nada perece. // Pois, assim como nada se move porque se move ou para o lugar onde se está ou para o lugar onde não se está, da mesma forma, tendo em vista que o que vive não morre no tempo em que vive, nem também no tempo em que não [vive], ele, desse modo, não morre. Mas, se isso é assim, então vivemos para sempre de acordo com ele e "estaremos amanhã".

// Portanto, os gramáticos não compreendem as coisas [indicadas pelas palavras]. Resta assim que compreendem [ao menos] os nomes. Mas isso, novamente, é ridículo. Pois, em primeiro lugar, não possuem uma técnica para conhecer uma palavra. Nem aprenderam a partir de uma técnica que, quando os pastores em Sófocles dizem ἰὼ βαλλήν, eles estão dizendo ἰὼ βασιλεῦ [Eia, Rei] em frígio, mas ouviram isso de outras pessoas. E não há diferença entre se tornar intérprete de uma palavra bárbara ou de uma palavra inusitada, na medida em que ambas não são familiares para nós. // Em segundo lugar, mesmo isso é impossível, uma vez que há infinitas palavras, formadas de maneiras diferentes, por pessoas diferentes ou que são atribuídas a coisas que não conhecemos.

θείσων. οἶόν ἐστι τὸ ἐβαρβάριζεν ἀντὶ τοῦ ἐσύριζε κειμένου, βάρβαροι γὰρ οἱ Σύροι, τοῦ δὲ ὅλου ἀντὶ τοῦ παντός, ὅλον γὰρ καὶ πᾶν συνώνυμον, τοῦ δὲ ἕλκους ἀντὶ τῆς σύριγγος, εἶδος γὰρ ἕλκους ἡ σύριγξ. ὥστε τὸ ὅλον γίνεσθαι τοιοῦτον "ἐσύριζεν ὁ Πάν, σύριγγας ἔχων ἐν τῇ χειρί." ἄλλως τε καὶ ποῦ ἴσασιν ἐνίας τῶν ἐπιστημονικῶν 315 λέξεων οἱ γραμματικοί, καθάπερ τὴν παρὰ Ἀριστοτέλει ἐντελέχειαν ἢ τὸ τί ἦν εἶναι; ἢ ποῦ συνήσουσι τίνα δύναμιν ἔχει παρὰ σκεπτικοῖς ἡ "οὐδὲν μᾶλλον" φωνή, πότερον πυσματική ἐστιν ἢ "'ἀξιωματική, καὶ ἐπὶ τίνος τάσσεται, ἆρά γε τοῦ ἐκτὸς ὑποκειμένου ἢ τοῦ περὶ ἡμᾶς πάθους; τί δὲ καὶ ἐροῦσιν ἐκ λέξεών τινων συντεθέντος τι- 316 νὸς ποιήματος;

ἢ γάρ σοι δισσοῖσιν ὑπ' οὔρεσι δισσὸς ἐραστής
ἔφθιτο, καὶ νεάτην μοῖρ' ἀνέθηκε φύσιν.
ἄρθρῳ ἐν ἀσπιδόεντι βεβηκότα γυῖα καθ' ὅλμου
βῦσα τροχαντήρων ἄχρι περιστρέφεται,
σμερδαλέα δ' ὑπένερθεν ἀλώπεκος ἄχρι δοχαίης
αἰῶνος χαλαρὰν σύνδρομον ἁρμονίης.

τοὺς γὰρ ἐραστὰς οἵτινές εἰσι καὶ τὰ ὄρη καὶ τὸ ἀσπιδόεν 317 ἄρθρον καὶ τοὺς τροχαντῆρας, ἔτι δὲ καὶ τὸν ὅλμον καὶ τὰς ἀλώπεκας δοχαίην τε καὶ αἰῶνα καὶ ἁρμονίαν, μήτε τροπικῶς μήτε κατὰ ἱστορίαν ἀλλὰ κυρίως ἐξενεχθέντα ὀνόματα, κἂν μυριάκις ἐπιστήσωσιν, οὐ συνήσουσιν.

Εἰ οὖν μήτε τὰ πράγματα μήτε τὰς λέξεις ἴσασιν, 318 παρὰ δὲ ταῦτα οὐδέν ἐστιν ἡ ποίησις ἢ τὸ σύγγραμμα, οὐκ ἂν ἔχοιεν τέχνην ἐξηγητικὴν τῶν παρὰ ποιηταῖς καὶ συγγραφεῦσι λεγομένων. ἄλλως τε καὶ εἰ χρῄζομεν γραμματικῆς, ἐπὶ τῶν ἀρίστων ποιημάτων χρῄζομεν ἀλλ' οὐ

Contra os gramáticos

Pois, por exemplo, na frase: ἐβαρβάριζε τὸ ὅλον, ἕλκη ἔχον ἐν τῇ χειρί [Falava inteiro como um bárbaro, trazendo chagas na mão], a palavra ἐβαρβάριζεν [falava como um bárbaro] corresponde a ἐσύριζε [tocava a siringe], pois os sírios são bárbaros, a palavra ὅλον [inteiro] corresponde a πᾶν [todo], pois ὅλον e πᾶν são sinônimos, e ἕλκους [chaga] corresponde a σύριγξ [siringe], uma vez que σύριγξ é um tipo de ἕλκους. Desse modo, a frase inteira se torna: ἐσύριζεν ὁ Πάν, σύριγγας ἔχων ἐν τῇ χειρί [Pã toca a siringe, trazendo a siringe na mão]. // Além disso, como os gramáticos conhecem algumas expressões científicas, tais como ἐντελέχεια [ato] ou τὸ τί ἦν εἶναι [essência] em Aristóteles? Ou como compreenderão a força que tem entre os céticos a frase οὐδὲν μᾶλλον [não mais], seja interrogativa ou declarativa, ou ao que ela se refere, se a um objeto externo ou a uma afecção nossa? // Ou o que dirão quando alguém compõe um poema a partir de tais palavras:

> Havia por sob os gêmeos montes um par de amantes
> que pereceu e recebeu por destino mais baixa natureza.
> Os membros, que foram para a junta oca na tartaruga,
> giravam circulando truncados em torno dos quadris,
> enquanto abaixo, horríveis de se ver, raposas parelhas
> de lassa Harmonia até o receptáculo da posteridade.

// Pois quem são os ἐρασταί [amantes], e os ὄρη [montes], e ἀσπιδόεν ἄρθρον [junta da tartaruga], e τροχαντῆρες [quadris], e ainda ὅλμος [oco], e ἀλώπεκες [raposa], e δοχαίη [receptáculo], e αἰών [posteridade], e ἁρμονία [harmonia], nomes que não foram utilizados nem metaforicamente nem de acordo com a História, mas em sentido próprio, e assim, mesmo se estudarem dez mil vezes, não as compreenderão.

// Então, se não conhecem nem as coisas nem as palavras, e o poema ou a prosa nada são além disso, não terão uma técnica exegética das coisas ditas pelos poetas e escritores. Além disso, se precisamos da Gramática, precisamos dela para os melhores poemas, mas não

των μοχθηρών. άριστον δέ ποίημά έστι κατ' αυτούς τό
319 σαφές· αρετή γάρ ποιήματος ή σαφήνεια, και μοχθηρόν
τό ασαφές παρά γραμματική. ούτε ούν επί αρίστου εστί
ποιήματος χρειώδης διά το μή δείσθαι εξηγήσεως σαφές
ον, ούτε επί του μοχθηρού διά τό αυτόθεν είναι μοχθη-
320 ρόν. τό τε ανεπικρίτως διαφωνούμενον ακατάληπτόν
έστιν, ανεπικρίτως δ' έτι διαφωνούσιν έν ταϊς εξηγήσεσιν οί
γραμματικοί περί της του συγγραφέως διανοίας· ακατά-
ληπτος άρα εστίν ή του συγγραφέως διάνοια, και διά τού-
το άχρηστος η γραμματική.

Αλλά γάρ πρός μέν τούς από τούτου τού μαθήματος αναγομένους επί τοσούτον ειρήσθω· απ' άλλης δέ
αρχής σκεψώμεθα και πρός τους ρήτορας ά δει λέγειν.

para os piores. Mas o melhor poema, de acordo com eles, é o mais claro; // pois a excelência de um poema é a clareza, e a falta de clareza, para a Gramática, é ruim. Desse modo, a Gramática não é necessária nem para o melhor poema que, sendo claro, não precisa de explicação, nem para o pior, justamente porque é o pior. // Além disso, o que se disputa indecidivelmente é inapreensível, mas os gramáticos, em suas exegeses acerca do sentido de um determinado escritor, ainda estão disputando indecidivelmente; portanto, o sentido do autor é inapreensível e, por isso, a Gramática é inútil.

Mas que seja suficiente o tanto que dissemos contra os que atuam nesse campo de ensino; e agora façamos um novo começo e investiguemos as coisas que se devem dizer contra os retóricos.[359]

Comentários

1. Aos seguidores de Epicuro, assim como aos de Pirro, Sexto Empírico atribui aqui uma altercação ou controvérsia contra os professores. O caso dos epicuristas, bem como do próprio Epicuro, é notório: Epicuro (341-271 a.C.) escreveu seus ataques em *Da retórica*, *Da música* e *Epítome dos livros contra os físicos*, por exemplo; Hemarco de Mitilene (*acme c.* 271 a.C.) em *Dos estudos*; Metrodoro de Lampsaco (331-277 a.C.) em *Dos poemas*, *Contra os médicos* e *Contra os dialéticos*; Colotes de Lampsaco (320-268 a.C.) em *Contra o Lísis de Platão* (uma controvérsia com a poesia); Polienos de Lampsaco (340-285 a.C.) em *Aporias* (uma controvérsia com os geômetras), citado por Demétrio Laco (*acme c.* 150 a.C.) (in: *Das aporias de Polienos*) junto com obras como: *Da Geometria*, *Da retórica*, *Dos poemas*, *Do uso dos poemas*, *Da Gramática*, *Da História*, *Dos provérbios*. Sem falar em Filodemo de Gadara (110-40 a.C.) (junto com Demétrio Laco, autor da maioria das obras da Biblioteca de Herculano, cujos papiros e pergaminhos foram preservados pela erupção do Vesúvio em 79 d.C.), em *Da retórica*, *Da música* e *Dos poemas*. É possível que tanto os seguidores de Pirro quanto os de Epicuro tenham no próprio Pirro uma fonte em comum para as suas altercações, uma vez que, no caso do epicurismo, Nausífanes (*acme c.* 325 a.C.), discípulo de Pirro, foi mestre de Epicuro (ver n.5). Além disso, apesar de em algum momento de sua vida Pirro ter sido ativo em uma τέχνη (arte, ofício ou

técnica), a pintura (ζωγραφία, ver: *D.L.* IX, 61, 62), isso teria ocorrido antes de se filiar ao atomismo abderita, sob Anaxarco, e de com este ir à Índia, viagem considerada marco divisório na mudança de comportamento de Pirro, que, depois disso, entre outras coisas se tornou ἀπράγμων (in: *D.L.* IX, 64; L.S.J. = sem intromissão nas coisas públicas, ou seja, inativo, mas não totalmente, apenas quanto a afazeres externos ou públicos). Não se deve descartar a possibilidade de Pirro estar emulando algo que no período helenístico foi interpretado como uma postura socrática (e quiçá no período clássico, ver: *Mem.* II.I.33.2), a ἀπραγμοσύνη, com os cínicos transformada em uma rejeição total das convenções sociais, incluindo as próprias τέχναι, que são resultado de convenções internas ao seu exercício particular, e também vitais para a manutenção das convenções políticas, como a estrutura de classes da pólis. Mas, apesar de terem rejeitado as τέχναι, os cínicos o fizeram mais através de deboche e de performances do que por meio de tratamentos sistemáticos, como fizeram os epicuristas e os pirrônicos. Agora, voltando aos epicuristas, através da leitura das três supracitadas obras de Filodemo, podemos depreender uma estrutura de ataque às τέχναι que é a mesma dos ataques pirrônicos conservados por Sexto Empírico: (1) requer-se que as τέχναι tenham ao menos um τέλος (finalidade); (2) que esse τέλος seja exclusivamente concernente a uma determinada τέχνη, distinto do τέλος de todas as outras τέχναι; (3) as τέχναι devem ser úteis; (4) devem ser capazes de conduzir ao τέλος que propõem; (5) devem permitir discernir entre o certo e o errado quanto ao seu emprego específico; (6) consequentemente, embora se possa por acaso agir de modo acertado, somente o especialista é capaz de agir de modo correto sempre, ou de diagnosticar o erro e o acerto, por possuir conhecimento técnico. Contudo, apesar de a estrutura do ataque pirrônico (conservada por Sexto) ser idêntica à do ataque epicurista (conservada principalmente por Filodemo), suas motivações são diferentes, pois, para os epicuristas, a maestria no exercício das τέχναι em nada contribui para a sabedoria, somente a Filosofia (entendida como arte da vida = τέχνη περὶ τὸν βίον; ver: *Adv. Eth.* 168-71, em um trecho que também pode se remeter aos estoicos). Por seu turno, o objetivo de Sexto é demonstrar as insuperáveis aporias entre os dogmáticos nas suas peculiares fundamentações

das τέχναι; desse modo, se as fundamentações dogmáticas são aporéticas, urge que se suspenda o juízo sobre elas, mas, como o cético não é inativo, tem nas sensações e nas convenções critérios (ver: *P.H.* I, 21-5) suficientemente eficazes para o exercício de qualquer τέχνη, pois, através das sensações, adquire as experiências que a arte ou o ofício requerem, e, seguindo as convenções, tem na vida comum um parâmetro para a ação e o comportamento.

2. Toda essa passagem que começa em "ἀλλ' οἱ μὲν περὶ τὸν Ἐπίκουρον ὡς τῶν μαθημάτων μηδὲν συνεργούντων πρὸς σοφίας τελείωσιν, ἤ, ὥς τινες εἰκάζουσι, τοῦτο προκάλυμμα τῆς ἑαυτῶν ἀπαιδευσίας εἶναι νομίζοντες..." ("No entanto, os seguidores de Epicuro [defendem] que os assuntos ensinados nada contribuem para a aquisição da sabedoria, ou, como conjecturam uns, esperam que isso acoberte sua própria falta de cultura...") e vai até o passo 5.1 parece ser enxertada. Primeiramente, há a ausência do δέ que complementa o μέν que, por sua vez, é o único que ocorre em toda a longa passagem; em segundo lugar, no passo 5.1 há um novo μέν, indicando que ali começa não somente uma nova sentença, mas também uma nova passagem, cuja sintaxe indica que é do próprio Sexto; também há ocorrências de vocábulos que em Sexto Empírico só aparecem neste trecho específico: προκάλυμμα (cortina), αὐτοδίδακτος (autodidata), προκοπὴν (avanço, progresso); finalmente, há o vocabulário que só aparece no passo 1: οἱ ἀπὸ τοῦ Πύρρωνος (os seguidores de Pirro), ἀπαιδευσίας (falta de cultura, falta de educação), ὁμιλίαις (discurso, conversa), δυσμένειαν (hostilidade); para Decleva Caizzi (1992) e Blank (1998), Sexto Empírico está aqui a citar um argumento que fazia parte do arcabouço do pirronismo mais antigo, a partir de sua invenção (talvez ressurgimento) por Enesidemo de Cnossos (I a.C.). Se assim for, a passagem nos indica duas coisas: (1) Sexto Empírico dispunha de um corpo de escritos pirrônicos; (2) se ele consultava e reescrevia obras desse corpo ou mesmo escólios, parte de sua obra própria pode ser entendida como o resultado de um labor coletivo de pensadores anteriores.

3. O tópico da ignorância de Epicuro já era corrente em sua época e aparece pela primeira vez em um fragmento de Timão de Fliunte (325-235 a.C.), contemporâneo de Epicuro e discípulo de Pirro, em *D.L.* X, 3: "Último dos físicos, o mais porco e

mais cão, vindo de Samos, escolarca, o mais ignorante dos seres vivos". Diógenes Laércio, apesar de sua notória admiração pelo epicurismo, também apresenta detratações a Epicuro promovidas pelos estoicos Diotimo (provavelmente um discípulo de Crisipo, que teria escrito cerca de cinquenta cartas falsamente atribuídas a Epicuro, in: *D.L.* X, 3) e Posidônio de Rodes (135-51 a.C., in: *D.L.* X, 4). Além dessas, há ainda as calúnias de Nicolau, Sótion e Dionísio de Halicarnasso (*D.L.* X, 4), e também outras (*D.L.* IX, 4-9), dentre elas, além da acusação de ignorância, há a de vício, no contexto helenístico, uma consequência da ignorância. Em *D.L.* X, 5, Epicuro é acusado de plágio, pois "fazia por suas a doutrina atomística de Demócrito e a hedonista de Aristipo", e de não ser um legítimo cidadão ateniense, algo que poderia ter servido para contestar a legalidade da posse do jardim em Atenas.

4. Sexto Empírico não rejeita a πολυμαθία (vasto conhecimento) de Platão e Aristóteles, ao contrário de Epicuro, que chamava Platão e os platônicos de "aduladores de Dionísio" e Aristóteles de "dissipador" (in: *D.L.* X, 8). Além disso, o epicurista Hemarco (ver n. 1), por exemplo, escreveu *Contra Platão* e *Contra Aristóteles* (*D.L.* X, 25).

5. Nausífanes de Téos (*acme c.* 325 a.C.), mestre de Epicuro, foi um dos primeiros discípulos de Pirro (*D.L.* IX, 64) e "contava, com frequência, que também Epicuro se maravilhara com a maneira de viver de Pirro; quando era seu discípulo, perguntava continuamente sobre ele" (*D.L.* IX, 64). Segundo Filodemo de Gadara (*Rhet.*), Nausífanes oscilava entre a retórica e a Física atomista, pois cria que o bom retórico deveria também ser um bom físico, posição que é alvo constante da polêmica de Filodemo, um epicurista. Aríston, que escreveu uma biografia de Epicuro, diz-nos que "esse filósofo derivou a matéria de seu *Cânon* da *Trípode* de Nausífanes" (in: *D.L.* X, 14). Assim, considerando que o *Cânon* versa sobre o cânone de Epicuro, especificamente acerca da teoria epicurista do conhecimento, uma vez que o κανών era, para Epicuro, a régua ou medida para o conhecimento da verdade, então podemos supor, com Aríston, que Epicuro aderiu à epistemologia de Nausífanes, que, como o nome da obra indica, devia ter três pilares, ou pés. Em *D.L.* X, 31 nos é dito: "No *Cânon* Epicuro afirma que os critérios de verdade são as percepções (αἴσθησις), as antecipações (προλήψεις = preconcepções, preconceitos) e os

sentimentos (πάθη = emoções, afecções passivas), que incluem a apreensão direta das apresentações do pensamento". Podemos, assim, supor que já para Nausífanes os critérios de verdade fossem os três supramencionados. Em seguida, Diógenes Laércio nos explica o que Epicuro (e, se ele realmente assumia uma teoria de Nausífanes, também este) entendia por percepção, antecipação e sentimento: "Toda percepção, diz ele, é destituída de lógica e incapaz de memorizar; nem por si mesma, nem movida por causas externas, pode acrescentar e tirar seja o que for. E nada existe que possa contradizer as percepções. Tampouco uma outra percepção homogênea pode contradizer uma percepção homogênea, porque uma e outra são equipolentes, nem uma percepção heterogênea pode contradizer outra heterogênea, porque os objetos de seus juízos não são os mesmos; nem a razão pode contradizer as percepções, porque a razão depende totalmente das percepções. Nem uma percepção pode contradizer outra, porque nossa atenção está voltada igualmente para todas. A veracidade das percepções é garantida pela existência eletiva das percepções imediatas. Ver e ouvir são tão reais quanto sentir dor; logo, é necessário que nossas inferências sobre aquilo que não cai no âmbito dos sentidos provenham dos fenômenos. Realmente, todas as nossas noções derivam das percepções, seja por incidência, ou por analogia, ou por semelhança, ou por união, com uma certa colaboração também da razão. As visões dos loucos e as que aparecem nos sonhos são verdadeiras, porque movem a mente; e o que não existe não a move. Por antecipação entende-se uma espécie de cognição ou apreensão imediata do real, ou uma opinião correta, ou um pensamento ou uma ideia universal ínsita na mente, ou seja, a memorização de um objeto externo que apareceu frequentemente, como quando dizemos: 'isto aqui é um homem'. De fato, logo que pronuncia a palavra 'homem', sua figura se apresenta imediatamente ao nosso pensamento por via de antecipação, guiada preliminarmente pelo sentido. Por meio de cada palavra, evidencia-se aquilo que está originariamente no fundo. E não poderíamos investigar aquilo que investigamos se já não tivéssemos tido um conhecimento anterior. Por exemplo, para podermos afirmar: 'aquilo que está à distância é um cavalo ou um boi', devemos, por antecipação, ter conhecido em alguma

ocasião a figura de um cavalo ou de um boi. A nada poderíamos dar o nome se anteriormente não tivéssemos percebido a sua forma por antecipação. As antecipações são autoevidentes. Também aquilo que constitui uma opinião nova depende de uma visão anterior imediatamente evidente, à qual já nos referimos, quando, por exemplo, dizemos: 'como sabemos que isto é um homem?'. Os epicuristas chamam também a opinião de suposição, e distinguem a opinião verdadeira da falsa; a opinião é verdadeira se a evidência dos sentidos a confirma ou não a contradiz; é falsa se a evidência dos sentidos não a confirma ou a contradiz. Por isso introduzem a frase 'aquilo que espera confirmação', como quando se está na expectativa e se aproxima da torre e se percebe como ela é quando se está perto. Eles dizem que os sentimentos são dois: o prazer e a dor, que se manifestam em todas as criaturas humanas, e que o primeiro é conforme a natureza humana, e a outra lhe é contrária, e que por meio dos dois são determinadas a escolha e a rejeição." (*D.L.* X, 31-5). Se realmente as doutrinas expostas foram adquiridas por Epicuro em sua convivência com Nausífanes, então podemos ao menos vislumbrar quais seriam as doutrinas de Nausífanes, com destaque para a ideia de que todas as percepções são verdadeiras.

6. Mais uma vez a acusação de plágio feita a Epicuro, implícita na declaração de que ele esforçou-se por detratar Nausífanes para parecer original. Ver n.3.

7. Esta carta não consta nominalmente da lista das obras de Epicuro feita por Diógenes Laércio (in: *D.L.* X, 27-29). No entanto, na mesma lista consta a obra genérica *Cartas* (ou *Epístolas*), uma compilação tardia de cartas privadas que Epicuro enviava para seus discípulos, líderes em jardins espalhados pela Grécia, notadamente em Mitilene e Lampsaco. Contudo, há uma referência a uma carta, de autoria duvidosa, aos filósofos de Mitilene em *D.L.* X, 7: "suas condições físicas eram tão precárias que durante muitos anos não pôde levantar-se de sua cadeira; e que gastava uma mina por dia à mesa; como o próprio filósofo [Epicuro] escreve numa carta a Leôntion e noutra aos filósofos de Mitilene". O contexto é o inventário de evidências textuais que demonstrariam que o hedonismo de Epicuro só fez conduzi-lo à ignorância e ao vício. Há também a breve menção a esta carta em *D.L.* X, 136.

8. Epicuro e seus discípulos amiúde tratavam os outros filósofos por apelidos, quase sempre vexatórios e às vezes ligados a uma interpretação de suas doutrinas. Ver *D.L.* X, 8: "Epicuro costumava chamar Nausífanes de 'água-viva', 'analfabeto', 'fraudador' e 'prostituta'; chamava os platônicos de 'aduladores de Dionísio', e o próprio Platão de 'homem de ouro', Aristóteles de 'dissipador', que após ter devorado a herança paterna se dedicou à vida militar e à venda de medicamentos, e Protágoras de 'carregador' e 'escriba de Demócrito', além de 'escolarca nas vilas', Heráclito de 'remisturador', Demócrito de 'Lerôcrito' (falador de besteiras), Antídoro de 'Sanídoro' (corruptor com presentes), os filósofos cínicos de 'inimigos da Grécia', os dialéticos de 'espoliadores', e Pirro de 'ignorante' e 'mal-educado'". Nausífanes é tratado como água-viva por conta de uma teoria epistemológica e uma ética que asseriam, respectivamente, a inapreensibilidade da verdade e uma apatia radical. Aparentemente, a asserção da inapreensibilidade da verdade contradiz a tese que fora demonstrada como possivelmente remontando a Nausífanes de que "todas as percepções são verdadeiras" (ver n.5), contudo, apesar da vagueza das fontes acerca desse tópico, talvez Nausífanes (1) tenha concebido todas as percepções como igualmente verdadeiras, sem que houvesse a possibilidade de asserir que uma percepção fosse mais verdadeira que outra; e/ou (2) que, apesar de as percepções serem todas igualmente verdadeiras, só e somente a elas caberia tal estatuto, porque a verdade objetiva que subjaz às percepções seria inapreensível. Nausífanes estaria apto a argumentar tanto de acordo com (1) quanto com (2). A asserção (1) ocorre como resultado parcial da teoria epicurista da percepção. Se Nausífanes foi mestre de Epicuro, é possível que o "água-viva" já tivesse dado o passo em direção a um indiferentismo das percepções (ver n.5). Quanto à asserção (2), para os abderitas, a verdade objetiva é a natureza atômica da matéria, somente apreensível através da razão, nunca por meio dos sentidos, que apenas nos colocam em contato com os arranjos dos átomos. Por conta disso, no âmbito da vida prática, não seria possível, para os atomistas abderitas, viver uma vida conforme a verdade, uma vez que a verdade dos átomos não é capaz de indicar um *modus vivendi*. Sabendo então que os sentidos só percebem arranjos e que, assim, enganam-nos, sabemos

também que tudo com que o ser humano fisicamente se relaciona são ilusões suscitadas por esses arranjos, ilusões a partir das quais se obtém, por convenções, os nomes das coisas, por exemplo, e também o ἔθος, estritamente convencional na concepção atomista. Se Nausífanes fez parte do círculo dos atomistas abderitas, estava perfeitamente apto a asserir a inapreensibilidade da verdade, evitando o racionalismo atomista, e se, por sua vez, no que tange às percepções, tampouco há uma verdade unívoca e hegemônica (de acordo com a asserção (1)), isso poderia resultar em um comportamento indiferente e apático, próximo daquele que é atribuído a Pirro, de onde Nausífanes teria herdado seu apelido de "água-viva". Ademais, é possível que Nausífanes tenha evitado a asserção da física abderita – *sic*, uma realidade atômica somente apreensível pela razão – por conta de uma inclinação sensualista, talvez de origem cirenaica, que vem a contagiar o atomismo abderita mais tardio, ao qual pertenciam também Anaxarco e Pirro.

9. Ou seja, se Epicuro diz que Nausífanes praticou coisas pelas quais é impossível alcançar a sabedoria, considerando a afirmação epicurista de que os estudos obstruem ou ao menos em nada contribuem para a sabedoria, as coisas que Nausífanes pratica e às quais Epicuro se refere aqui são, de acordo com Sexto Empírico, os estudos.

10. Sexto Empírico fez até aqui um uso meramente instrumental da argumentação originariamente epicurista, que visa rejeitar todas as artes e ofícios. O objetivo de Sexto é tão somente suscitar a aporia entre as asserções dogmáticas negativas – dos que afirmam a rejeição peremptória de todas as artes –, por um lado, e positivas – dos que defendem incondicionalmente uma espécie de perícia técnica adquirida por teoria –, por outro. O ponto de vista sextiano sobre essa discussão emerge a partir do exame gradual das teorias dogmáticas positivas, que ocorre após o passo *Adv. Gram.* 9.

11. O tópico da indiferença (ἀδιαφορία) para com as opiniões dos muitos (παρὰ τοῖς πολλοῖς δόξαν), ou da multidão, já aparece relacionado com a vida de Pirro: "Viveu piamente com a irmã, que era parteira, segundo atesta Eratóstenes em *Sobre a riqueza e a pobreza*, onde se conta que Pirro levava ao mercado galinhas e quiçá porquinhos e que limpava a casa indiferentemente (ἀδιαφόρως). Diz-se que, certa vez, lavou um porco devido à sua indiferença

(ἀδιαφορίας). Tendo se encolerizado com alguém por conta de sua irmã – que se chamava Filista –, disse ao que o repreendeu que não daria prova de indiferença (ἀδιαφορίας) em se tratando de uma mulher. E quando se assustou, tendo sido atacado por cães, respondeu ao que o acusava que é difícil despir-se completamente do humano. Contra as coisas, é necessário, primeiramente, se possível, lutar pelas ações e, se não o for, pelo discurso" (*D.L.* IX, 66). Ou seja, como a condição humana atrapalha uma indiferença radical, e como não é possível livrar-se totalmente do humano, a indiferença deve ser buscada na medida do possível. Na passagem seguinte, embora não haja ocorrência da palavra ἀδιαφορία, a indiferença de Pirro com relação à dor é enfatizada: "Conta-se que, ao lhe aplicarem um remédio antisséptico em um corte e lhe cauterizarem a ferida, nem franziu o cenho" (*D.L.* IX, 67). No caso da relação com sua irmã e a vida pia junto a ela, protegendo-a e ajudando-a, Pirro não só era indiferente às opiniões alheias, mas conservava-se ativo nas tarefas domésticas, na mesma medida em que era inativo com relação às coisas públicas (ver n.1). Não se pode saber com certeza a abrangência total da indiferença e da inatividade pública de Pirro, contudo, Timão de Fliunte, em um de seus fragmentos (*Fr.* 48 Diels, apud *D.L.* IX, 65), diz: "Ó velho, ó Pirro, como e a partir de que encontraste a fuga/ da servidão às opiniões e vacuidade dos sofistas?/ E como te libertaste dos grilhões de todo estratagema e persuasão?/ Não te ocupaste destas coisas inquirir: que sopros/ Correm a Hélade, de onde <vem> cada coisa e o que alcança". Portanto, segundo Timão, pelo menos quanto à sofística e seus escopos helenísticos: estratagemas, persuasão, os "sopros que correm a Hélade" (história e política?) e "de onde cada coisa vem e o que alcança" (Física e Metafísica?), Pirro pretendia ser indiferente. Compare com o Sócrates ἀπράγμων de Xenofonte (in: *Mem.* II.I.33.2).

12. O tópico da gentileza (πραότης) do cético tem aqui sua única ocorrência na obra sextiana. Contudo, pode-se relacioná-lo ao tópico do "amor aos homens" ou da "filantropia": "O cético, por ser filantropo (φιλάνθρωπος), deseja curar pelo discurso, o melhor que puder, a presunção e a precipitação dos dogmáticos" (*P.H.* III, 280). Mas a gentileza cética aparece em Diógenes Laércio, ligada ao tópico da finalidade do ceticismo e aos ataques anticéticos

feitos pelos dogmáticos: "Em relação às coisas que dependem de nós, seguiremos umas e evitaremos outras. Em relação às que não dependem de nós, mas da necessidade, delas não é possível fugir – como fome, sede, dor – e não há, pois, como eliminá-las por meio do discurso. Quando os dogmáticos objetam que o cético seria capaz de viver tendo esquartejado o pai, se isso lhe fosse ordenado, os céticos replicam aos dogmáticos que são capazes de viver bem, pesquisando e suspendendo o juízo sobre todas as coisas que não são inerentes à vida ou a seus cuidados. Dizem que escolhemos e evitamos algo segundo o costume e obedecemos à lei. Alguns dizem ser a ausência de afecções (ἀπάθειαν) a finalidade dos céticos, outros dizem ser a gentileza (πραότητα)" (*D.L.* IX, 108).

13. Seguimos aqui o texto de Bekker, que diz: "ἐφ' ὅλης ἔπαθον τῆς φιλοσοφίας", em vez do texto de Mutschmann-Mau: "ἐφ' ὅλης ἔπαθον τῆς σοφίας". Assim, no exame que fazem ou fizeram sobre os estudos, a experiência dos céticos (descrita nas linhas seguintes, no próprio passo *Adv. Gram.* 6) é a mesma que com relação a toda Filosofia: (1) desejam atingir a verdade (ἦλθον πόθῳ τοῦ τυχεῖν τῆς ἀληθείας, que equivale ao exame que qualifica o próprio cético, σκέψις); (2) percebem o conflito de argumentos (μάχη); (3) conflito esse causado pela equipolência dos argumentos (ἰσοσθένεια); (4) bem como pelas anomalias dos fatos (ἀνωμαλίαι); (5) que fazem emergir a suspensão do juízo (ἐποχή). Compare com os passos de *P.H.* em que Sexto Empírico define a σκεπτικὴ ἀγωγή: primeiramente, em *P.H.* I, 1, após diferenciar o pirronismo das filosofias dos acadêmicos e dos dogmáticos, Sexto exorta que da Filosofia acadêmica e da dogmática falem os outros, ele, por seu turno, descreverá em um esboço a conduta cética (περὶ δὲ τῆς σκεπτικῆς ἀγωγῆς ὑποτυπωτικῶς), alertando que "em nenhum dos nossos futuros proferimentos positivamente afirmamos que o fato é exatamente como dizemos, mas simplesmente registramos cada fato, como um cronista, como nos parece no momento" (*P.H.*, I, 4), portanto, antes de tudo, deve-se ter em mente o peculiar descompromisso assertórico do proferimento cético; em segundo lugar, Sexto nos diz que "Então a conduta cética (Ἡ σκεπτικὴ τοίνυν ἀγωγὴ) é também chamada de zetético (ζητητικὴ) por sua atividade na investigação e na perquirição, e efético (ἐφεκτικὴ) por causa do estado produzido no investigador

após sua busca, e aporético (ἀπορητική) tanto por seu hábito de levantar aporias quanto pela investigação" (*P.H.* I, 7); por sua vez, "a causa do ceticismo é, dizemos, a expectativa de atingir a imperturbabilidade; pois os homens de talento, que ficaram perturbados pelas contradições das coisas e em aporia quanto a quais alternativas deveriam aceitar, foram levados a investigar o que é verdadeiro nas coisas e o que é falso, esperando, pela verificação dessa questão, atingir a imperturbabilidade. O mais básico princípio do sistema cético é o de opor a toda asserção uma asserção igual..." (*P.H.* I, 12). Desse modo, quando diz que, quanto aos estudos, os céticos experimentam o mesmo que já experimentaram com relação à Filosofia e acrescenta, a partir disso, os cinco passos que seguiu quanto à Filosofia, Sexto está aqui a remeter-se diretamente a um procedimento, a σκεπτική ἀγωγή, que consiste em: (1) busca (ζήτησις) da verdade, na expectativa de que isso conduza os homens à imperturbabilidade; (2) percepção, após exame (σκέψις), do conflito (μάχη) entre os argumentos; (3) percepção decorrente, por seu turno, da constatação da possibilidade de opor a cada uma das asserções uma igual e contrária (ἰσοσθένεια); (4) o que leva à aporia (ἀπορία); (5) exacerbada ainda pela anomalia dos fatos, aspecto amplamente demonstrado através dos tropos céticos (ver: *P.H.* I, 31-187); (6) diante disso, advém a cessação do assentimento (ἔφεξις) ou suspensão do juízo (ἐποχή); (7) o que conduz, por acaso, à imperturbabilidade inicialmente desejada (ἀταραξία, ver: *P.H.* I, 25- 31); com a ressalva feita logo de antemão de que nada disso deve ser entendido como uma narrativa da verdade, mas somente como um relato das aparências.

14. Sexto Empírico se diz aqui seguidor da mesma conduta dos pirrônicos (διόπερ καὶ ἡμεῖς τὴν αὐτὴν τούτοις ἀγωγὴν μεταδιώκοντες). O uso do vocábulo ἀγωγή para qualificar a *dýnamis* cética serve para enfatizar o caráter operacional e prático do ceticismo, aderir a essa ἀγωγή significa se comportar de determinado modo. Assim, a σκεπτική ἀγωγή implica uma atividade (ver n.13) e não deve em qualquer hipótese ser entendida como σχολή, que se relaciona tanto ao ócio quanto ao proselitismo e ao sectarismo de quem frequenta doutrinas filosóficas, pois o ócio assim permite. Ademais, o ceticismo só pode ser entendido como adesão (αἵρεσις) com algumas ressalvas: "Pois se se define adesão como

a inclinação a um número de dogmas que são dependentes tanto uns dos outros quanto das aparências, e definem dogma como 'assentimento a uma proposição sobre [algo] não evidente', então devemos dizer que [o cético] não tem uma adesão. Mas se se define adesão como 'um procedimento que, de acordo com as aparências, segue um determinado tipo de raciocínio, esse raciocínio indicando como é possível viver corretamente (a palavra corretamente sendo tomada como não somente se referindo à excelência, mas em um sentido mais amplo) e que leva à capacitação da suspensão do juízo', então dizemos que ele tem uma adesão. Pois seguimos a mesma linha de raciocínio que, de acordo com as aparências, vivemos uma vida de acordo com os costumes de nossa pátria e suas leis e instituições, e [de acordo] com nossos sentimentos instintivos". (*P.H.* I, 16-18).

15. Houve diferentes versões para o que seriam tais estudos cíclicos. Para Dionísio Trácio, um daqueles com quem Sexto discute aqui em *Adv. Gram.*, seria um ciclo de estudos a ser completado por pessoas educadas (*Sch. DThr.* 112.18). Para Vitrúvio, seria o estudo perfeito, porque circular (*Arch.* 1.1.12). Apesar das diferenças, usualmente os estudos cíclicos incluem o *quadrivium* matemático: Aritmética, Geometria, Astronomia e Música; a que se acrescenta o *trivium* linguístico: Gramática, Retórica e Dialética. O ataque de Sexto em *Contra os professores* vai tanto contra as artes do *quadrivium* quanto as do *trivium*. A aparente omissão da dialética se deve a sua sobreposição à própria argumentação da Filosofia ou aos debates filosóficos, no caso de Sexto, empreendidos ao longo de toda sua obra, mas especialmente tratados em *Adv. Log.* I e II (ver Blank, 1998).

16. O discurso proferido por Sexto é para os que já ouviram suficientemente sobre os estudos cíclicos porque se dirige aos que se pretendem especialistas nos ramos desses estudos. Compare com o direcionamento da terapia cética aos dogmáticos, ver n.13. Contudo, apesar de aqui a discussão se remeter aos especialistas, deve-se ter cautela ao argumentar que Sexto sempre se dirige a especialistas e que o escopo da suspensão cética de juízo se restringe às asserções de filósofos, cientistas e especialistas, uma vez que essa argumentação pode se verificar anacrônica, pois assume como pressuposto um insulamento que é moderno. Ver:

Burnyeat, *O cético em seu lugar e tempo*; Clarke, *The Legacy of Skepticism*; e Brito, *A recepção do ceticismo na Modernidade e o problema do insulamento*. Para uma demonstração de que, de modo geral, o insulamento não se aplica às filosofias antigas, ver: Hadot, *O que é a Filosofia Antiga?*; Hadot, *Exercices Spirituels et Philosophie Antique*; Foucault, *A hermenêutica do sujeito*; Foucault, *Discurso e verdade: seis conferências dadas por Michel Foucault, em Berkeley, entre outubro e novembro de 1983, sobre a parrhesia*.

17. Compare com a metodologia preconizada em *P.H.* I, 5: "Da filosofia cética, um argumento é chamado de 'geral' (καθόλου) e outro de 'específico' (εἰδικός). No argumento geral dispomos as características distintivas do ceticismo, fundamentando seu propósito e seus princípios, seus métodos de raciocínio, seu critério, e sua finalidade ou objetivo, os tropos que levam à suspensão do juízo, e em que sentido adotamos as expressões céticas, e a distinção entre o ceticismo e as filosofias que dele se aproximam. No argumento específico, fundamentamos nossas objeções acerca das várias divisões da chamada Filosofia". E também com os tipos de argumentos, de acordo com a terapia discursiva cética, em *P.H.* III, 280-1: "Assim como os médicos que curam males corporais têm remédios que diferem em força, e aplicam os severos àqueles cujos males são severos e os brandos aos brandamente afetados, assim também o cético propõe argumentos que diferem em força, e emprega aqueles que são mais fortes e capazes, por seu rigor, de eliminar os males dos dogmáticos, a presunção, em casos em que o engano se deve a um grave ataque de precipitação, enquanto emprega os argumentos brandos no caso daqueles cujo mal da presunção é superficial e fácil de curar, e a quem é possível recuperar a saúde por métodos brandos de persuasão".

18. EL-JAICK: Estamos diante de uma introdução geral dirigida a todos os professores das artes liberais, introdução essa que segue a mesma linha de raciocínio de *P.H.* III 252-73. Como em *P.H.*, Sexto sugere que, se existe alguma coisa a ser aprendida, então quatro coisas devem existir: *a matéria a ser ensinada, o professor, o aluno e o método de ensino*: "Mas tampouco as adquirimos [as artes] por ensino-aprendizagem. Para que isso fosse dessa maneira, seria preciso estarmos de acordo sobre três coisas: a matéria ensinada, aquele que ensina e aquele que aprende, um método de apren-

dizagem. Mas nenhum deles tem uma existência real. Portanto, ensinar tampouco tem uma existência real" (*P.H.* III 252). O que se verá a seguir é o questionamento da existência de cada um desses elementos.

19. Compare as aporias aqui lançadas com a versão de Sexto Empírico das aporias gorgianas lançadas no seu *Tratado do não ser* sobre as possibilidades da apreensão e da comunicação (*Adv. Log.* I, 77-87; traduzido por Cassin, 2005): "Mas que, mesmo se algo é, é, para o homem, incognoscível e inconcebível, é preciso, para se prosseguir, mostrar. Com efeito, se as coisas pensadas, diz Górgias, não são entes, o ente não é pensado. E é lógico; pois, se cabe às coisas pensadas serem brancas, então, também caberia às coisas brancas serem pensadas; se cabe às coisas pensadas não serem entes, então, necessariamente, caberia aos entes não serem pensados. Eis porque é válido e consistente afirmar que 'se os pensamentos não são entes, o ente não é pensado'. Quanto aos pensamentos, visto que a premissa o supõe, não são entes, como estabeleceremos. O ente não é, portanto, pensado. E que os pensamentos não são entes, é evidente. Com efeito, se os pensamentos são entes, todos os pensamentos são, e isto qualquer que seja a maneira que deles se pense. O que está longe de ser evidente. E, se assim ocorre, é pernicioso. Pois não é porque se pensa em um homem que voa ou em carruagens que correm no mar, que logo um homem voa ou carruagens correm no mar. De tal modo que os pensamentos não são entes. Além disso, se os pensamentos são entes, os não entes não serão pensados. Pois, aos contrários cabem atributos contrários; ora, o contrário do ente é o não ente; e eis porque, se cabe ao ente ser pensado, caberá ao não ente não ser pensado. Ora, isso é absurdo, visto que a Cila, a Quimera e muitos não entes são pensados. O ente não é, portanto, pensado. Tal como as coisas vistas são ditas visíveis porque são vistas, e as coisas audíveis, audíveis porque são ouvidas, e que não rejeitamos as coisas visíveis porque não as ouvimos, nem eliminamos as coisas audíveis porque não as vemos (cada categoria, com efeito, deve ser julgada pelo sentido que lhe é específico, e não por um outro), assim, as coisas pensadas, mesmo se não são vistas pela visão nem ouvidas pela audição, também serão, pelo único fato de serem apreendidas a partir do critério que lhes é próprio. Se, com efeito,

alguém pensa que carruagens correm sobre o mar, mesmo se não as vê, é, mesmo assim, levado a crer que carruagens estão correndo sobre o mar. Ora, isso é absurdo. O ente não é, portanto, pensado e apreendido. Por outro lado, mesmo se for apreendido, será incomunicável a outrem. De fato, se os entes são visíveis, audíveis e, de maneira geral, sensíveis, eles que, precisamente, subsistem do lado de fora, mas que, dentre estes, os visíveis sejam apreendidos pela visão, os audíveis pela audição, e não contrariamente, como, então, podem ser revelados a outrem? Pois o meio através do qual revelamos é o discurso, mas discursos não são as coisas que subsistem e que são. Então, não são os entes que revelamos ao próximo, mas o discurso, que difere das substâncias. Com efeito, assim como o visível não se tornaria audível, e vice-versa, assim, visto que o ente subsiste no lado de fora, não se tornaria – o nosso – discurso. Ora, não sendo discurso, não se mostraria a outrem. Quanto ao discurso, afirma, ele se constitui a partir dos objetos que nos chegam do de fora, isto é, das coisas sensíveis. Pois é do encontro com o sabor que se forma, em nós, o discurso que emitimos sobre essa qualidade, e, da incidência da cor, o discurso sobre a cor. Assim sendo, o discurso não é indicativo do de fora, é o de fora que se torna revelador do discurso. Além disso, não é possível dizer que é da maneira que as coisas visíveis e audíveis subsistem que subsiste o discurso, de sorte que as coisas que subsistem e que são possam ser reveladas em função de um discurso, que subsiste e que é. Pois, diz ele, se o discurso é, de igual modo, subsistente, mas que se distingue das demais coisas que subsistem, então os corpos visíveis são os que mais diferem dos discursos; pois o visível é apreendido por um órgão, e o discurso por uma outra espécie de órgão. O discurso não chega, portanto, a designar a massa restante das coisas que subsistem, da mesma forma que estas não deixam transparecer, mutuamente, suas naturezas. Tais são, portanto, os impasses desenvolvidos por Górgias: o critério da verdade se foi, tanto quanto permanece em seu poder. Pois do que não é, do que não pode ser conhecido, e do que não é de natureza a ser transmitido a outrem, não poderia haver critério". Compare também com *P.H.* III, 256.

20. Considerando a definição física estoica de corpóreos como algo capaz de sofrer e causar ações; por antítese, uma vez que os in-

corpóreos são incapazes de participar de cadeias causais, então não podem gerar percepções, pois não se pode atribuir a algo que não existe (apenas subsiste) a causa de um efeito que é a excitação dos sentidos.

21. DINUCCI & DUARTE: Basicamente, a diferenciação estoica entre verdadeiro e verdade é que verdadeiro e falso são primariamente propriedades de proposições e secundariamente propriedades de representações. Isto é: essas últimas só podem ser ditas verdadeiras em função daquelas, sendo, portanto, incorpóreos. Quanto ao verdadeiro e ao falso, aplica-se a lei do terceiro excluso. Já a verdade, como a virtude, é corpórea. Isto é: de uma coisa existente diz-se que é verdadeira. Compare com *Adv. Log.* I, 38-45: "Pois, da verdade, algumas pessoas, e especialmente os estoicos, pensam que ela difere do que é verdadeiro de três maneiras: em ser, em composição e em poder. Em ser, na medida em que a verdade é um corpo, ao passo que o verdadeiro é incorpóreo. E razoavelmente dizem eles, pois o último é uma proposição, e a proposição é um exprimível, e o exprimível é um incorpóreo. A verdade, por contraste, é um corpo, na medida em que é pensada como sendo o conhecimento capaz de asserir o que é verdadeiro, e todo conhecimento é a principal parte em um certo estado (assim como a mão em certo estado é pensada como um punho). Mas a principal parte, de acordo com essas pessoas, é um corpo; portanto, a verdade também é corpórea em espécie. Em composição, na medida em que o que é verdadeiro é pensado como algo uniforme e simples por natureza, tal como (no presente) 'É dia' e 'estou discutindo', ao passo que a verdade, pelo contrário, é suposta (sobre a assunção de que ela consiste em conhecimento) como sendo composta e uma agregação de muitas coisas. Assim, da mesma maneira que a população é uma coisa e o cidadão é outra, e a população é a agregação de muitos cidadãos ao passo que o cidadão é singular, pelo mesmo raciocínio, a verdade difere do que é verdadeiro, e a verdade assemelha-se à população e o verdadeiro assemelha-se ao cidadão, porque o primeiro é composto e o segundo é simples. E eles são separados um do outro em poder, tendo em vista que o que é verdadeiro não está inteiramente conectado com o conhecimento (pois o inferior e o estúpido e o insano por vezes dizem algo verdadeiro,

mas não têm conhecimento da verdade), ao passo que a verdade é considerada como relativa ao conhecimento. Por isso, a pessoa que a possui é sábia (pois ela tem conhecimento das coisas que são verdadeiras), e ela nunca mente, mesmo se fala uma falsidade, porque a falsidade não é pronunciada a partir de uma má disposição, mas a partir de uma disposição sofisticada. O médico diz algo falso sobre a saúde da pessoa doente, e promete dar-lhe algo, mas não dá. Ele diz algo falso, mas não mente; pois é com vistas à saúde da pessoa sob seu cuidado que ele assume tal recurso. E os melhores líderes militares usualmente fabricam cartas de estados aliados para animar os soldados sob seus comandos; eles dizem algo falso, mas não mentem, porque não fazem isto com um mau propósito. E o gramático, ao oferecer um exemplo de mau uso da linguagem, cita um mau uso da linguagem, mas não usa mal a linguagem; pois não é pela ignorância do falar correto que isso ocorre. Assim como eles, a pessoa sábia também – ou seja, a pessoa que tem conhecimento do que é verdadeiro – falará por vezes falsidades, mas nunca mentirá, porque não tem uma disposição mental que concorda com o que é falso. Pois, dizem eles, pode-se aprender que o mentiroso deve ser julgado pela sua disposição, e não pela simples elocução, através dos exemplos que estão prestes a serem oferecidos. Alguém é chamado de coveiro tanto quando age com a meta de saquear os cadáveres quanto quando cava buracos para os cadáveres. Mas a primeira pessoa é punida como fazendo isso com má disposição, ao passo que a segunda de fato recebe pagamento por seus serviços pela razão oposta. É claro, portanto, que falar uma falsidade certamente difere muitíssimo de mentir; falar uma falsidade advém de uma mentalidade sofisticada, mas mentir advém de uma mentalidade má". Compare também com *P.H.* II, 81-84.

22. Podemos assim sumarizar a discussão "ontopedagógica" dos passos *Adv. Gram.* 10-14: o que se ensina é ou (I) existente e ensinado enquanto existente; ou (II) inexistente e ensinado enquanto inexistente. Para Sexto, nem se ensina o existente enquanto existente, nem o inexistente enquanto inexistente. Quanto ao inexistente: (II.i.1) não pode ser ensinado como existente; porque, (II.i.2) se for ensinado, se tornará algo; então, (II.i.3) será existente e simultaneamente inexistente; (II.i.4) isso é impossível. Outro

argumento contra o ensino do inexistente é: (II.ii.1) o que inexiste não possui atributos; (II.ii.2) ser ensinável é um atributo; (II.ii.3) o que inexiste não tem o atributo de ser ensinável; (II.ii.4) o que inexiste não pode ser ensinado. E ainda: (II.iii.1) o que é ensinado é aprendido por sensações; (II.iii.2) o inexistente não produz sensações; (II.iii.3) o inexistente não pode ser ensinado. E: (II.iv.1) o inexistente não pode ser ensinado como verdadeiro; (II.iv.2) porque o que é verdadeiro não pode ser inexistente, na medida em que é; (II.iv.3) portanto, nem o verdadeiro pode ser ensinado como inexistente, uma vez que o que é verdade é; (II.iv.4) então o inexistente não pode ser ensinado. Mas, se considerarmos os argumentos II.i, II.ii, II.iii e II.iv, nada verdadeiro será ensinado, logo: (II.v.1) tudo que é ensinado é falso; (II.v.2) isso é algo irracional.

23. Quanto ao que existe (chamado de I na n.22), (I.i.1) é ensinado enquanto existente; (I.i.2) mas o que existe é evidente; (I.i.3) tudo que é evidente é igualmente passível de ser ensinado; (I.i.4) mas algo não ensinado deve ser pressuposto para que o conhecimento do ensinável emerja do que já é sabido de antemão (uma vez que, caso se saiba algo de antemão, porque é evidente, e ainda assim o ensino é necessário, então há algo que ainda não foi ensinado); (I.i.5) então, o que existe não é ensinado por meio de si próprio, mas por meio do inexistente, por sua vez, alvo das aporias lançadas em *Adv. Gram.* 10-14 (ver n.19, 20 e 21).

24. Esquematicamente, o argumento que aparecerá em *Adv. Gram.* 15-19 é exatamente o mesmo que apareceu em *Adv. Gram.* 10-15. Ademais, há em "ou 'nada' ou 'algo' é ensinado" uma diferença nas lições textuais que pode resultar em interpretações sutilmente diferentes. Pois Mutschmann separa οὔ e τι, e também insere o particípio neutro ὄν (sendo, o que é, o ente), adicionando esse particípio ao longo de todo o argumento, fazendo que a passagem seja escrita: "τὸ οὔ τι ὄν ἢ τὶ διδάσκεσθαι", podendo ser vertida como: "[ou] o que não é algo ou [o que é] algo é ensinado", ou talvez "ou se ensina o que é algo ou [o que não é] algo"; lição seguida por Blank (1998). Bekker, por outro lado, não usa o particípio, e une οὔ e τι, gerando οὔτι, seguido por Bury: "*either 'nothing' is taught or something*". Herveti assim verte a passagem: "*nihil aut aliquid doatur*".

25. DINUCCI & DUARTE: Quando se pergunta aos estoicos se o nada é ou não apreensível, implicitamente supõe-se que, para os estoicos, haja o nada. Mas, segundo a tinologia estoica (ver n.28 e 29), há os corpóreos, os incorpóreos e os "não algos". Os incorpóreos são ditos inexistentes, não porque sejam entidades independentes (o outro do ser) que seria o nada (caso em que, como Górgias já havia notado, também se desfaria o ser), mas são ditos inexistentes por subsistirem em algo existente, isto é, por serem propriedades de coisas existentes. Os "não algos", por outro lado, são ou meras ficções da imaginação ou os limites físicos dos corpos.
26. Compare com *P.H.* III, 255: "Novamente, o que é ensinado é ou corpóreo ou incorpóreo, e cada um destes, sendo ou aparente (φαινόμενον) ou não evidente (ἄδηλον), não pode ser ensinado".
27. A estratégia argumentativa de Sexto aqui foi iniciar uma discussão "ontopedagógica" sobre as possibilidades de se ensinar: (I) o que existe enquanto existente; (II) o que inexiste enquanto inexistente (*Adv. Gram.* 10-15). Depois, ele aplicou a mesma estratégia com relação ao (I) algo; (II) nada (*Adv. Gram.* 15-19). Agora, nessa seção sobre o corpo, ele faz que essa estratégia recaia sobre a divisão da tinologia estoica em (I) corpóreo; (II) incorpóreo.
28. DINUCCI & DUARTE: Podemos dizer que os estoicos dispõem de uma tinologia (o termo "tinologia" refere-se ao fato de que os estoicos, ao contrário de Platão e Aristóteles, não elegem o "ser", *einai*, como categoria última do real, mas o "algo", *ti* – cf. Areas, 2012). Conforme Sêneca (*Ad. Lu.*, 58.13-5 = *S.V.F.*, 2.332) e Alexandre de Afrodísias (*In Top.* 301, 19-25 = *S.V.F.*, 2.329) reportam, há três categorias fundamentais para as coisas existentes: (1) algo existente ou corpóreo; (2) algo inexistente ou incorpóreo; (3) não algo (*L.S.* 27D). As coisas materiais se encaixam na primeira categoria e são ditas finitas, divisíveis, sempre sujeitas à mudança (*L.S.* 44D). Os corpos são tudo aquilo capaz de agir e de sofrer ação (*L.S.* 45 A-B). Na categoria (2) temos o tempo (*chrónos*), o espaço (*tópos*), o vazio (*kenón*) e o exprimível (*lektón*), que são ditos subsistentes. Na categoria (3) temos as entidades fictícias e os limites. Toda a matéria que existe possui uma "substância", ou "elemento" — que é dito ser o fogo ou *lógos*

divino —, que se move por si mesmo, imperecível e sem forma. Essa substância perpassa toda a matéria e é responsável pela forma e pelo movimento dessa matéria de um modo geral (*L.S.* 44B). Os incorpóreos são aqueles por meio dos quais se sustenta o nosso pensamento e também são eles que estruturam o discurso. Eles possuem, portanto, certa realidade. O "lugar" delimita o corpo – não sendo, ele mesmo, corpo. Igualmente, a partir dele podemos perceber o movimento desses corpos. O "vazio", por sua vez, é o que nos possibilita pensar o movimento. Entre o espaço e o vazio supõe-se um intervalo, isto é, o "tempo". Não se pode pensar ou falar sobre as coisas sem usar palavras ordenadas – que, nos seres humanos, são possuidoras de significado.

29. DINUCCI & DUARTE: A tinologia estoica está intimamente ligada à linguagem (cf. Sellars, 1971, p.61). Sua teoria da linguagem se inicia com a voz (*phonê*), isto é, uma emissão sonora descrita como movimento físico do ar, percussão causada pela boca. A voz é tida como física porque pode ser causa. É importante termos em mente que apenas nos seres humanos o som é articulado de um modo tal a possuir sentido. Os animais apenas emitem ruído. Segundo essa teoria, três âmbitos da linguagem devem ser diferenciados: o signo (*to sēmeîon*), o significado (*tó sēmainómenon, tó lektón*) e o objeto exterior (*tó tynchánon*). O signo, diremos em terminologia moderna, tem conotação (sentido) e uma denotação (extensão). Tanto o signo quanto sua extensão (o que ocorre, a realidade exterior) são corpóreos, enquanto o *lektón* (o dizível ou o sentido do signo) é incorpóreo. O incorpóreo, por sua vez, subsiste segundo uma representação racional (Bobzien, 2003, p.86). Podemos representar o duplo aspecto dos signos da seguinte maneira:

SIGNO → SENTIDO
↓
REFERÊNCIA

O termo *lektón* é o adjetivo verbal de *légō* (falar) e significa "o exprimível", ou "o dizível", ou ainda "o significado". Segundo Sexto Empírico (*Adv. Log.* II, 70 = *S.V.F.*, 2.187), o *lektón* é o que subsiste segundo uma representação racional (*phantasía logikê*). Entende-se por "representação racional" aquela segundo a qual o

que é representado é por palavras apresentado [à mente] (λεκτὸν δὲ ὑπάρχειν φασὶ τὸ κατὰ λογικὴν φαντασίαν ὑφιστάμενον, λογικὴν δὲ εἶναι φαντασίαν καθ᾽ ἣν τὸ φαντασθὲν ἔστι λόγῳ παραστῆσαι). Especificamente quanto ao *lektón*, Long & Sedley (*L.S.* I, p.164-5) sugerem que sua incorporeidade foi primariamente proposta no âmbito da causalidade: "Pois um efeito causal é um predicado incorpóreo – não um corpo, mas isso que se torna verdade de um corpo ou que pertence a ele como atributo [...]. Logo, embora num contexto lógico os *lektá* possam ser em alguma medida dependentes do pensamento, no contexto causal eles subsistem objetivamente". De acordo com a epistemologia estoica (*L.S.* 39A-F), a realidade externa afeta – via sensação – a mente através da percepção (*aísthēsis*). O pensamento, por sua vez, que tem o poder do proferimento, expressa em linguagem – rotula – aquilo que ele experiencia pela percepção. Como ilustração do processo de formação das *phantasíai*, podemos imaginar uma situação na qual uma pessoa qualquer está diante de um objeto (suponhamos também que tal objeto seja desconhecido por essa pessoa): o referido objeto afeta os olhos por meio da visão (as sensações não se limitam à visão, estamos tomando esse exemplo em particular apenas como ilustração), o que forma uma imagem na mente. O pensamento age sobre essa imagem, rotulando-a, de modo tal que coisas possam ser ditas sobre essa imagem. Essas "coisas que podem ser ditas" (o sentido) são articuladas por meio de signos linguísticos. O *lektón*, portanto, é o resultado da ação do pensamento sobre uma percepção, classificando-a e tornando-a linguisticamente exprimível. Quanto a isso, observam Long & Sedley (*L.S.* 39B): "A impressão é uma afecção que ocorre na alma, a qual revela a si mesma e sua causa. Assim, quando, através da visão, nós observamos algo branco, a afecção é o que é engendrado na alma através da visão; e é essa afecção que nos permite dizer que existe um objeto branco que nos ativou. Do mesmo modo, quando percebemos através do tato ou olfato. (3) A palavra 'impressão' [*phantasía*] é derivada de 'luz' [*phōs*]. Assim como a luz revela a si mesma e o que quer que ela inclua em seu alcance, também a impressão revela a si mesma e sua causa. (4) A causa de uma impressão é um impressor: i.e. algo branco ou frio ou qualquer coisa capaz de ativar a alma." O *lektón* é objetivo na

medida em que se refere a certo atributo de um corpo, mas, enquanto propriedade de uma representação — que é algo corpóreo, uma modificação do *hēgemonikón* —, é dependente e subsiste apenas subjetivamente (*L.S.* 27D). Além disso, sendo ele o intermediário entre as palavras e as coisas, podemos afirmar, junto com Drozdek (2002, p.99), que, ao introduzir a noção de *lektón*, os estoicos evitam os problemas de determinar como diferentes pensamentos – modificações do *hēgemónikon* de duas pessoas ou de uma pessoa em diferentes momentos – podem ter o mesmo sentido. Pois, para os estoicos, a comparação de pensamentos é possível porque há um termo de comparação, qual seja, o sentido objetivo do pensamento: o *lektón*. Em outros termos, o *lektón* é o conteúdo proposicional articulável em forma linguística da *phantasía*, que, como dissemos anteriormente, é o resultado da ação do pensamento sobre a percepção, pela qual ele a classifica ou interpreta. Vários são os tipos de *lektón*. Eles se dividem em "deficientes" ou "incompletos" (*ellipés*) e "completos" (*autotelés*). Os primeiros têm expressão incompleta, isto é, necessitam esclarecimento, como "escreve", ou "anda", casos em que perguntamos: "Quem?". Os completos, por sua vez, têm expressão completa, como "Sócrates escreve". Os *lektá* completos são divididos segundo seus tipos. São eles: *axiómata* (ou asseríveis), questões, inquéritos, comandos, juramentos, invocações, exortações, saudações e *semiaxiómata*. Um "inquérito" se distingue de uma "questão" por não poder ser respondido com um simples "sim" ou "não". Um *semiaxióma* ocorre quando se pronuncia um *axióma* com emoção ou tom intensificado, por exemplo: "Ó, como é belo o Parthenon!" (*D.L.* VII, 65-8). Um *axióma*, por seu turno, é definido como "um *lektón* completo em si mesmo que pode ser afirmado no quanto concerne a si mesmo" (*P.H.* II,104): καὶ τὸ μὲν ἀξίωμά φασιν εἶναι λεκτὸν αὐτοτελὲς ἀποφαντὸν ὅσον ἐφ᾽ ἑαυτῷ. Em Diógenes Laércio (*D.L.* VII, 65.4-5), temos a seguinte definição: "*Axióma* é o que é verdadeiro ou falso; o *lektón* completo que se afirma no quanto concerne a si mesmo. Como Crisipo diz em suas *Definições dialéticas*, *axióma* é o que se afirma ou se nega no quanto concerne a si mesmo. Por exemplo: 'É dia', 'Dion caminha'". De acordo com Sexto Empírico, o que distingue os *axiómata* dos demais *lektá* é (i) que podem ser afirmados (ii) na medida do que se refere a eles

mesmos. Embora possam ser afirmados, não são proposições, mas as proposições ocorrem quando se diz um *axióma* (*D.L* VII, 65; *P.H.* II, 104; Aulo Gélio, *Noct. Att.,* 16.8). Diógenes Laércio observa que *axióma* é derivado do verbo *axióō*, que significa "o ato de aceitar ou rejeitar" (*D.L.* VII, 65), assim, para evitar confusão com a proposição moderna, transcreveremos o termo. O *axióma* literalmente é o que é asserido, sendo traduzido por "assertível" ou "aserível" em português. Os romanos ofereceram algumas opções para traduzir o termo. Aulo Gélio (*Noct. Att.*, 16.8.8) nos informa que Varro o traduziu por *proloquium*. Cícero traduziu-o provisoriamente por *pronuntiatum* (*Tusc.* 1.7.14), optando mais tarde por *enunciatio* (*De Fat.* I). Há signos de diversos tipos que correspondem a distintos *lektá* incompletos que, por sua vez, combinam-se para formar um *axióma*: o verbo (*rhêma*); o nome próprio, *ónoma*, que se refere a uma qualidade de no máximo um indivíduo (*D.L.* VII, 58); o nome de uma classe, *prosēgoría*, que indica uma qualidade comum a muitos indivíduos (*D.L.* VII, 58); a frase, *lógos*. O *lektón* correspondente ao verbo é o *katēgórēma* (o predicado). O *lektón* correspondente ao *ónoma* e à *prosēgoría* é o *ptôsis* (sujeito). Tais *lektá* são deficientes, isto é, incompletos, e o *axióma*, que é um *lektón* completo, é composto por *ptôsis* e *katēgórēma*. Os *axiómata* são os portadores primários de valores de verdade ou falsidade (*D.L.* VII, 65-6): "quem diz que 'é dia' parece aceitar que é dia; assim, quando é dia, o presente *axióma* se torna verdadeiro e, quando é noite, torna-se falso" (cf. *Adv. Log.* II,74; 103). Em outros termos, um *axióma* expresso por uma sentença é verdadeiro quando o estado de coisas correspondente a ele é a realidade e é falso quando ocorre o contrário. Pois, como observa Sexto, "o verdadeiro *axióma* é aquele que é (*tó hupárchei*) e é contraditório a algo, i.e., a outro *axióma*, e o *axióma* falso é aquele que não é (*ouk tó hupárchei*) e é contraditório a algo, i.e., a outro *axióma*" (*Adv. Log.* II, 10; 85; 88). Para Kneale & Kneale (1962, p. 153), a definição de Sexto "sugere que o *axióma* verdadeiro tem uma estrutura correspondente à estrutura similar no objeto descrito". Em outros termos, o *axióma* verdadeiro seria a afirmação de uma estrutura ou propriedade estrutural de algo. Podemos ilustrar da seguinte forma: o *axióma* (significado) referente à frase (signo) "O diamante consiste numa rede cristalina

de carbonos com hibridação sp3 formando quatro ligações que definem ângulos de 109,5° entre si" é verdadeiro na medida em que retrata a estrutura molecular das pedras de diamante. Ambos os signos se remetem evidentemente ao que significam: a afirmação da estrutura molecular dos diamantes, sendo tal estrutura propriedade molecular dos diamantes.

30. Os corpos não são exprimíveis (e vice-versa) porque a condição tinológica dos exprimíveis é, segundo a tinologia estoica, a de incorpóreos, ver n.25, 28 e 29.

31. Sexto Empírico enumera aqui diferentes teorias dos corpos, todas elas tratam o corpo como composto: (1) a física de Epicuro, herdeira da atomista, para quem os corpos eram compostos por átomos; (2) a matemática, que trata os corpos como objetos tridimensionais, portanto, compostos de três dimensões; e (3) retornando mais uma vez provavelmente a um epicurismo um pouco mais tardio, os que somam às três dimensões dos matemáticos o quarto atributo da solidez. O objetivo é fazer surgir uma aporia entre diferentes considerações e teorias dogmáticas acerca de um mesmo assunto, fazendo que se suspenda o juízo sobre todas. Além disso, para Sexto, há uma contradição entre dizer que um corpo pode ser apreendido e que ele é composto, pois "os atributos de um objeto são diferentes do objeto dos quais são atributos. Então, quando a cor ou qualquer qualidade similar é por nós percebida, o que percebemos provavelmente são os atributos dos corpos, mas não o próprio corpo" (*P.H.* II, 30); é possível que Sexto Empírico esteja aqui a explorar uma distinção aristotélica entre substâncias e acidentes; assim, para ele, somente os acidentes (ou atributos) podem ser percebidos. Sobre Epicuro, uma elucidação bastante completa da sua teoria dos corpos pode ser encontrada em *D.L.* X, 40-4: "alguns corpos são compostos, enquanto outros são os elementos de que se compõem os corpos compostos. Esses elementos são os átomos, indivisíveis e imutáveis, se é verdade que nem todas as coisas poderão perecer e resolver-se no não ser. Com efeito, os átomos são dotados da força necessária para permanecer intactos e para resistir – enquanto os compostos se dissolvem –, pois são impenetráveis por sua própria natureza e não estão sujeitos a uma eventual dissolução. Consequentemente, os princípios das coisas são indivisíveis e de

natureza corpórea. Mais ainda: o todo é infinito, pois aquilo que é finito tem uma extremidade, e a extremidade se vê somente em confronto com outra coisa. Ora: o todo não se vê em confronto com outra coisa; portanto, não tendo extremidade não tem limite, e por não ter limite deve ser infinito e ilimitado. Mas o todo é infinito também pelo número enorme de corpos e pela grandeza do vazio, porquanto se o vazio fosse infinito e os corpos fossem finitos, os corpos não permaneceriam em lugar algum e se moveriam continuamente, dispersos pelo vazio infinito, nem teriam um suporte, nem um impacto para a volta ascendente; se, por outro lado, o vazio fosse finito, os corpos, que são infinitos, não teriam onde estar. Além disso, os átomos, dos quais se formam os compostos e nos quais os compostos se dissolvem, são não somente impenetráveis, mas têm uma variedade infinita de figuras; com efeito, não seria possível que a variedade ilimitada dos fenômenos derivasse do número limitado das mesmas figuras. Os átomos semelhantes de cada figura são absolutamente infinitos, porém, pela variedade de figuras, não são absolutamente infinitos, apesar de serem ilimitados diante da capacidade de nossas mentes. [...] Os átomos estão em movimento contínuo por toda a eternidade. [...] Alguns deles são projetados a grande distância uns dos outros, enquanto outros, ao contrário, recebem o impacto onde estão, quando se encontram com um aglomerado de átomos ou permanecem aglomerados e, portanto, compactos, ou então contidos e protegidos pelos átomos aglomerados entre si, e, portanto, fluidos. Isso acontece porque a própria natureza do vazio determina a separação de cada átomo do resto, e não é capaz de produzir qualquer resistência a seu impulso, e a solidez inerente aos átomos determina o impulso na colisão; entretanto, o impulso dos átomos causado pela colisão é limitado pela presença dos átomos aglomerados que o rechaçam para trás. Não há um início para tudo isso, porque os átomos e o vazio existem eternamente. (Ele diz mais adiante que os átomos não têm qualidade alguma à exceção do tamanho – magnitude –, da forma e do peso – solidez –, porém afirma nos *Doze elementos fundamentais da doutrina* que as cores mudam de acordo com a posição dos átomos. E acrescenta que os átomos não têm todos os tamanhos possíveis; seja como for, jamais os átomos foram percebidos por

um sentido.)" Quanto à teoria matemática dos corpos, merece atenção especial de Sexto em *Adv. Geo.* 19-21, em que o objetivo das aporias é refutar que haja uma arte/técnica da geometria: "Para começar, eles nos dizem que um fato primário e muito fundamental é que 'corpo' é o que tem três dimensões, comprimento, largura e profundidade, e destas, a primeira dimensão, a do comprimento, é alto e baixo, a da largura, é da esquerda para a direita, e a terceira, a da profundidade, da frente para trás. Assim, há seis extensões dessas três [dimensões], duas em cada caso [...] Pois eles asserem que a linha é produzida pelo fluxo do ponto, a superfície pelo [fluxo] da linha, e o corpo sólido pelo [fluxo] da superfície" (*Adv. Geo.* 19-21). Essa mesma argumentação se repete em *Adv. Phy.* I, 366-70, mas com uma conceituação estoica mais evidente, tanto no que tange à teoria estoica dos corpóreos/incorpóreos quanto no que tange à sua teoria da causalidade (curiosamente tratada como originalmente pitagórica), em que os corpos são definidos como capazes de sofrer e causar ações (ver n.28) e, considerando os oito tropos contra os etiologistas (*P.H.* I, 180-6) e também a argumentação contra a causalidade que perpassa todo *Adv. Phy.* I, Sexto refuta a definição de corpos como aquilo que causa e sofre ações, "uma vez que, tendo provado que não há nada que age ou sofre ação, o corpo enquanto assim concebido não existirá" (*Adv. Phy.* I, 366).

32. Aqui, a expressão idiomática "ὅπως δ᾽ ἂν ἔχῃ" é vertida por Herveti, que prefere traduzir expressões idiomáticas por determinadas palavras latinas mais concisas, como "quomodocumque".

33. ἔργον... λογικῆς διανοίας: literalmente, "trabalho de compreensão racional", mas διάνοιᾰ também pode, neste contexto, ser traduzida como "compreensão", "pensamento" ou "concepção".

34. [εἰ δὲ λογικῆς διανοίας]: apesar de termos traduzido este trecho em colchetes, ele não é considerado por Bury (ver: trad. Bury de Sexto Empírico, 2006, p.14, n.1), mas Blank (Sexto Empírico, 1998) não apenas o mantém, mas introduz ainda outra emenda, um "*noetôn ti*", isto é, "algo inteligível", que atribui em nota a Giusta (p.7, n.9). Herveti assim verte este trecho: "*si est ratione praeditae cogitationes*".

35. Apesar de considerar dogmáticos os cirenaicos, por (1) postularem aos objetos externos uma real natureza que é inapreensível e (2) declararem que o τέλος moral é a ἡδονή, asserções dogmáticas, a (1) negativa e a (2) positiva, para Sexto Empírico, haveria uma semelhança de ordem sensualista entre o cirenaísmo e o pirronismo, posto que para os cirenaicos, assim como para Sexto, somente se é capaz de apreender as afecções (ἐπειδὴ κἀκείνη τὰ πάθη μόνα φησὶ καταλαμβάνεσθαι) (ver: *P.H.* I 215-6), e com a diferença que Sexto inclui estados mentais entre as afecções. Além disso, de acordo com a interpretação que Sexto fazia do proferimento cirenaico, um proferimento só pode servir para narrar o modo como as coisas (a)parecem a alguém que percebe, e não um estado de coisas objetivo, sob pena de ter a veracidade do seu discurso contestada de inúmeras formas, principalmente aquelas que aparecem nos tropos. Ver: Burnyeat (2010); Tsouna (1998).
36. EL-JAICK: Aqui há uma grande discussão teórica que pode ser assim resumida: àquilo que o pirrônico não se opõe ele crê? Ou, em outras palavras: dizer que Sexto Empírico não se opõe às propriedades naturais significa dizer que ele acredita nelas?
37. DINUCCI & DUARTE: περιπτωτικός = algo que recai/ se dá aos sentidos. Compare com Epicteto, em que o adjetivo περιπτωτικός ocorre sempre associado ao conceito de *ékklisis*. O adjetivo é derivado de περιπίπτω, que significa primariamente cair, cair dentro, cair sobre. É a combinação de *peri* e πίπτω (cair). Para Epicteto, em tudo somos determinados externamente, com exceção da escolha, do uso das representações e as funções relacionadas, pelo que devemos nos concentrar nestes para sermos livres. A escolha envolve desejo (*órexis*) e repulsa (*ékklisis*), impulso (*hormḗ*) e contraimpulso (*aphormḗ*), juízo (*hypólepis*) e assentimento (*synkatáthesis*). Estes, embora não determinados externamente, podem ser mal direcionados ou utilizados, caso em que o homem acaba por abdicar da autodeterminação e, consequentemente, da tranquilidade e da felicidade. O mau uso do desejo e da repulsa consiste em desejar e evitar coisas que estejam fora do alcance da escolha e determinadas externamente. O adjetivo περιπτωτικός (*L.S.J.* = *"falling into that which one seeks to avoid"*) ocorre em Epicteto associado ao mau direcionamento da *ékklisis*. Assim, aquele que tenta evitar coisas que estão fora do âmbito de sua escolha acaba

por inquietar-se e atormentar-se, e sua faculdade de escolha no modo repulsa acaba por deparar-se com o que quer evitar. *Diat.* 3.6.5.1: "O 'homem sábio' <é> invencível. Pois ou não luta onde não é o melhor, senão onde é o melhor. 'Se queres minhas terras, <toma-as>: toma os servos domésticos, toma meu cargo público, toma meu pequeno corpo, mas o <meu> desejo não farás malsucedido, nem a repulsa <farás> deparar-se com o que evita". (Ὁ σπουδαῖος ἀήττητος· † ἢ γὰρ οὐκ ἀγωνίζεται ὅπου μὴ κρείσσων, εἰ μὴ ὅπου κρείσσων ἐστίν. ʽεἰ † κατὰ τὸν ἀγρὸν θέλεις, <λάβε>· λάβε τοὺς οἰκέτας, λάβε τὴν ἀρχήν, λάβε τὸ σωμάτιον. τὴν δ᾽ ὄρεξιν οὐ ποιήσεις ἀποτευκτικὴν οὐδὲ τὴν ἔκκλισιν περιπτωτικήν.ʼ εἰς τοῦτον μόνον τὸν ἀγῶνα καθίησιν τὸν περὶ τῶν προαιρετικῶν· πῶς οὖν οὐ μέλλει ἀήττητος εἶναι.) Em *Diat.* 3.22.104, Epicteto retoma o dito em 3.6.5.1, referindo-se agora ao cínico ideal, que, como o *spoudaíos*, não participa de lutas que não pode vencer, mas que luta "onde <estão> a escolha e o uso das representações" (ὅπου δὲ προαίρεσις καὶ χρῆσις τῶν φαντασιῶν). E que constantemente se indaga (*Diat.* 3.22.104.1): "Onde o assentimento escorregou? Onde o impulso foi brusco? Onde o desejo foi malsucedido? Onde a escolha deparou-se com o que evita?" (μή που συγκατάθεσις προπετής, μή που ὁρμὴ εἰκαία, μή που ὄρεξις ἀποτευκτική, μή που ἔκκλισις περιπτωτική). Repare que o uso dos adjetivos relativos a desejo e repulsa é idêntico em ambas as passagens. Na passagem seguinte, Epicteto observa que nenhuma das coisas que não tenham relação direta com a escolha são realmente seguras e inexpugnáveis e que quem se devota a elas necessariamente erra em seus desejos e faz a repulsa deparar-se com o que evita (*Diat.* 4.5.26.1 ss.): "Estas são as coisas que tornam a cidade forte e inexpugnável: nenhuma outra coisa do homem senão as opiniões. Pois como os muros serão assim fortes? Ou como o corpo assim adamantino? Ou como as posses não surrupiáveis? [...] Todas as coisas por toda parte são mortais, facilmente tomáveis, aquele que a elas se devota por pouco que seja com absoluta necessidade se agita, tem más esperanças, teme, sofre, tem os desejos não cumpridos, tem as repulsas deparando-se com o que evitam" (αὐτά ἐστι τὰ πόλιν ἐχυρὰν καὶ ἀνάλωτον ποιοῦντα, ἀνθρώπῳ δὲ ψυχὴν οὐδὲν ἄλλο ἢ δόγματα. ποῖον γὰρ τεῖχος οὕτως ἰσχυρὸν ἢ ποῖον σῶμα οὕτως ἀδαμάντινον ἢ ποία κτῆσις ἀναφαίρετος

πάντα πανταχοῦ θνητά, εὐάλωτα, οἷς τισιν τὸν ὁπωσοῦν προσέχοντα πᾶσα ἀνάγκη ταράσσεσθαι, κακελπιστεῖν, φοβεῖσθαι, πενθεῖν, ἀτελεῖς ἔχειν τὰς ὀρέξεις, περιπτωτικὰς ἔχειν τὰς ἐκκλίσεις). Na passagem seguinte, Epicteto observa que não devemos precipitar o assentimento, mas antes aplicar a lei da natureza (*Diat.* 4.10.5.1): "Por sua vez, se, acerca do desejo, não fica alguém agoniado, não se torna <o desejo> não cumprido [...] acerca da repulsa, não se depara com o que evita... Então direi a ele: 'Se não queres desejar de modo malsucedido, nem evitar deparando-se com o que evita, não desejes nem evites quaisquer das coisas que não dependem de ti, caso contrário, é necessário que fracasses, que encontres o que evitas'" (πάλιν ἂν περὶ ὀρέξεως [μὴ] ἀγωνιᾷ, μὴ ἀτελὴς γένηται καὶ ἀποτευκτική, περὶ ἐκκλίσεως, μὴ περιπτωτική, πρῶτον μὲν αὐτὸν καταφιλήσω, ὅτι ἀφεὶς περὶ ἃ οἱ ἄλλοι ἐπτόηνται καὶ τοὺς ἐκείνων φόβους περὶ τῶν ἰδίων ἔργων πεφρόντικεν, ὅπου αὐτός ἐστιν· εἶτα ἐρῶ αὐτῷ 'εἰ μὴ θέλης ὀρέγεσθαι ἀποτευκτικῶς μηδ› ἐκκλίνειν περιπτωτικῶς, μηδενὸς ὀρέγου τῶν ἀλλοτρίων, μηδὲν ἔκκλινε τῶν μὴ ἐπὶ σοί. εἰ δὲ μή, καὶ ἀποτυχεῖν καὶ περιπεσεῖν ἀνάγκη). Em Marco Aurélio, o vocábulo ocorre uma vez, em 10.7.1.6, em que ele fala da necessidade que as partes do todo pereçam ou sofram mudança, observando que essa mudança não pode ser mal concebida pela natureza, nem ocorrer sem o consentimento desta.

38. Não é possível saber a que obra Sexto está a referir-se aqui, se a uma perdida, ou se a alguma parte das que sobreviveram. De todo modo, as questões "acerca da concepção e da substância do corpo" são tratadas em *Adv. Phy.* I, 359 e *P.H.* III, 38.

39. Ragon (2012, p.280): "μέν... δέ serve para chamar atenção para dois termos ou duas orações entre os quais se quer destacar a simetria. No sentido forte, μέν... δέ significa é verdade, mas, por um lado... por outro lado; com mais frequência, porém, μέν não é traduzido e δέ é traduzido por *e, mas*". Apesar da frequente obliteração da tradução do μέν na maioria dos casos, ao traduzir-se as obras de Sexto Empírico deve-se reverter isso, pois o uso dessas partículas — mais constante do que comumente ocorre em textos de outros autores — serve precisamente para salientar a simetria entre orações ou termos, geralmente iguais e contrários, o que leva o leitor à percepção da equipolência entre argumentos que Sexto pretende demonstrar, passo inextricável à suspensão cética de juízo.

40. Ver n.28.
41. Da inscrição da tumba de Midas, citada em *Phaedr.* 264D. Sexto Empírico cita esses versos também em *P.H.* II, 37.
42. Pelo que indicam (1) a discussão contra os estoicos, presente em todos os escritos sextianos, (2) a discussão contra os professores, (3) a sobreposição da teoria estoica dos corpóreos e incorpóreos, por exemplo, aos argumentos que pretendem defender e fundamentar a possibilidade do ensino/aprendizagem; é possível entrever que, na época de Sexto Empírico (II-III d.C.), houvesse uma ampla e robusta fundamentação da pedagogia e das ciências, pelo menos aquelas abrangidas pelos "estudos cíclicos", de viés predominantemente estoico (e também peripatético, como indicam os comentadores de Aristóteles). Compare as linhas seguintes com *P.H.* III, 253.
43. Não se sabe ao certo que obra é esta a qual Sexto se refere aqui. Para Blank (1998, p.8), a obra, na verdade, é o miolo de *Adv. Log.* I, parte que vai do passo 29, em que se inicia a discussão sobre o critério, até o passo 446, em que Sexto dá a discussão sobre o critério como encerrada e o livro I de *Adv. Log.* é finalizado. Mas discussões sobre a verdade e o critério também perpassam *P.H.*, notadamente o livro II. Ainda assim, nada é capaz de indicar definitivamente que Sexto Empírico se refira aqui a uma de suas obras que nos chegou, embora, por outro lado, nenhum argumento definitivo exista contra essa hipótese.
44. Em suma, somente o que é evidente pode ser ensinado, uma vez que do que é não evidente não há evidências; mas se o que é ensinado é o que é evidente, não é necessário o professor, uma vez que ensina o que é evidente, que, por ser evidente, pode ser apreendido por qualquer um, sem ajuda de especialistas ou instrutores.
45. EL-JAICK: Sexto Empírico desenvolve aqui exatamente o mesmo argumento demonstrado em *P.H.* III, 259-65 no que concerne a professor e aluno: se essas duas figuras existissem, isso significaria dizer que "ou o especialista ensina o especialista; ou o não especialista, o não especialista; ou o não especialista ensina o especialista; ou o especialista, o não especialista" (*P.H.* III, 259).
46. Não se pode saber ao certo qual é o "livro cético" ao qual Sexto Empírico está a se referir; contudo, as aporias que ele aqui encaminha são também desenvolvidas em *P.H.* III, através de

uma argumentação que se inicia no passo 188 e que se refere à noção, notadamente estoica e epicurista, de "arte da vida" e se dirige, finalmente, à discussão sobre as possibilidades do ensino/aprendizagem, terminada no passo 279. Igualmente, há em *Adv. Eth.* 168-257 uma discussão levada a cabo quase nos mesmos termos da que ocorre em *P.H.* III, 188-279. Em *Adv. Eth.* 216, Sexto Empírico pretende pôr em aporia a noção de que uma arte da vida pode ser ensinada; para tal, questiona a possibilidade do ensino/aprendizagem em geral e utiliza os mesmos argumentos gerais de que também lança mão em *Adv. Gram.* 9-41. Segundo Blank (1998, p.9), a obra a que Sexto se refere aqui é *Adv. Eth.* Não obstante remeta-se a *P.H.* ou *Adv. Eth.*, de qualquer forma, Sexto Empírico provavelmente não escreveu *Adv. Gram.* antes seja de *P.H.* ou de *Adv. Eth.*, uma vez que, nessas obras, indica o desenvolvimento posterior e mais especializado das refutações aos professores, empreendidas a partir de *Adv. Gram.* I. Por isso, rejeitamos a notação usual das obras de Sexto que designa *Adv. Gram.* como *M.* I e *Adv. Eth.* como *M.* XI, por indicar pela numeração erroneamente que *Adv. Gram.* antecede *Adv. Eth.* Quanto a se *P.H.* antecede ou sucede *Adv. Eth.* (e todo o *Contra os dogmáticos*), não há evidências concretas para que se tome uma posição.

47. EL-JAICK: É possível fazer uma ligação entre essa argumentação cética e o paradoxo de Mênon a respeito de como encontrar uma coisa que não se conhece. O paradoxo de Mênon pode ser assim sumariado: não é preciso que se procure pelo que já se conhece, e o que não se conhece não pode ser procurado, porque não se sabe nem mesmo o que deve ser procurado. Analogamente ao paradoxo de Mênon, Sexto conclui que alguém não pode ensinar outrem (cf. Blank, 1998, p.103).
48. Cf. *P.H.* III, 102; *Adv. Phy.* II, 39.
49. Ou "tropo".
50. Cf. *L.S.J.*, no sentido primário, "clareza, distinção"; Herveti traduz apenas como *"evidentia"*.
51. DINUCCI & DUARTE: Ou dêiticas. Uma vez que os estoicos concebem o mundo a partir de um ponto de vista realista, isto é, uma realidade extramental, corpórea (Gould, 1974), e também a subsistência dos incorpóreos (sentido, vazio, espaço e tempo), sua epistemologia trata de asserções acerca do mundo. Segundo

Gould (1974, p.278), para os estoicos, o aparato sensorial é tido como um instrumento seguro para a apreensão da natureza das coisas. Por meio desse aparato sensorial, uma representação é gerada na mente. Sendo assim, qualquer asserção emitida trata de uma representação que foi gerada pela experiência sensorial. Constatar a verdade dessas asserções significa verificar por meio da experiência. Os estoicos reconheciam também a existência de representações que nem são geradas, nem representam aquilo que as produziu (*S.V.F.* II 54) – o ataque acadêmico (cf. *S.V.F.* II 53) jaz exatamente no fato de questionar qual o critério capaz de assegurar a alguém que tipo de representação ele tem diante de si, se uma representação produzida por objetos existentes ou produzida de maneira exclusiva pela mente; por esse motivo, eles diferenciaram a representação advinda dos objetos da experiência de "representação cognitiva", descrita como (1) procedente de um objeto real, (2) de acordo com ele, e (3) como tal, é estampada e impressa na alma (*D.L.* VII 46). Assim, diante de uma representação como a descrita, o indivíduo está seguro de que (1) o objeto existe e de que (2) ele, o objeto, tem um atributo específico (o que se lhe apresenta). Por meio de tal perspectiva, apenas três tipos de proposições simples (atômicas) existem: (i) as definidas, i.e., asseríveis expressos seguidos da indicação – ato físico, não verbal e dêitico (*deîxis*) – de seu objeto, por exemplo: "*este* homem está andando" (*Adv. Log.* II, 96); (ii) as indefinidas, que possuem como sujeito uma partícula indefinida, por exemplo: "*alguém* está andando" (*Adv. Log.* II, 97); e (iii) as médias, descritas como um asserível que nem é definido (dado não ser expresso deiticamente), nem indefinido (pois se refere a um objeto particular), por exemplo: "Sócrates está andando" (*Adv. Log.* II, 97). As condições-verdade das proposições definidas, como se pode notar, dependem da verdade do objeto existente apontado (daí seu caráter ostensivo), ao passo que as proposições indefinidas não podem ser verdadeiras a menos que a correspondente definida seja igualmente verdadeira. Portanto, tomando os exemplos anteriores, a proposição "*este* homem caminha" é verdadeira em relação a uma pessoa em particular, ao passo que a segunda proposição, "*alguém* está andando", só será verdadeira se uma correspondente definida, "*este* homem está andando", também o for. O mesmo ocorrendo com as proposições intermediárias,

com ressalvas (*Adv. Log* II. 98). Podemos notar, a partir do que foi exposto, que os estoicos não acreditavam na existência das Formas ou dos Universais. Para eles, poder-se-ia chegar a certas verdades gerais sobre os acontecimentos a partir de generalizações sobre experiências de conexões entre particulares. Nesse caso, as generalizações poderiam ser feitas por meio do uso do conectivo condicional (se... então...) somado a um pronome indefinido como antecedente e um pronome definido como consequente. Por exemplo: "Se algo é homem, então este é racional". Embora seja possível um estoque de verdades particulares e gerais acerca do mundo na mente, somente pode adquirir o caráter de verdade aquilo a que o aparato sensorial tem acesso. O que pode ser notado a partir da própria definição estoica de proposição definida, já citada acima, na qual notamos a importância de, durante a emissão do pronome (*ti* = isto, este, esta), o indivíduo indicar fisicamente a coisa à qual ele se refere ao falar sobre ela. Long & Sedley (I, 34 J) citam uma passagem em que Galeno afirma que Crisipo faz notar que não é necessário que a referência demonstrativa seja feita com a mão (apontando), pois mesmo quando dizemos *egó* (eu), fazemo-lo inclinando-nos para nós mesmos e, ao pronunciar a primeira sílaba, o lábio inferior aponta para baixo, em direção a nós e, na segunda sílaba, juntamente com o queixo, o movimento e inclinação de ambos (lábio inferior e queixo) ocorrem em direção ao próprio peito, local onde os estoicos supunham estar a faculdade diretriz, *hēgemonikón*. E que algo semelhante ocorre quando se pronuncia *ekeînos* (aquele), esses atos sendo caracterizados como uma referência demonstrativa (para maiores detalhes acerca do assunto, ver Mates, 1991; Long & Sedley,1987).

52. Φαινόμενον = o que aparece, fenômeno.
53. EL-JAICK: Sexto Empírico repete esse mesmo argumento em *Adv. Eth.* 241 e também mais à frente no próprio *Contra os gramáticos* (*Adv. Gram.* 189): se a linguagem fosse naturalmente apreendida por nós, não haveria divergências entre os povos (nem divergências dentro de um mesmo povo): "Ela [a linguagem] não significa por natureza, porque não é o caso que todos entendam todos: gregos entendam os bárbaros, e bárbaros, os gregos" (*Adv. Eth.* 241). O ponto importante implícito aqui é a ideia de que a natureza é igual para todos em toda parte, isto é, o que afeta por

natureza afeta a todos igualmente – ideia que Sexto repete mais adiante em *Adv. Gram.* 147. Compare com *P.H.* II, 214.

54. DINUCCI & DUARTE: Boa parte das refutações expostas daqui em diante refere-se ou à Gramática estoica ortodoxa ou às derivações dela. Assim, essa Gramática estoica ortodoxa distingue entre voz, letras do alfabeto, verbo, nome próprio, nome de classe e frase. A voz (*phonḗ*) é um som que se subdivide nas letras do alfabeto (*léxeis*). Uma *léxis* tomada individualmente pode não ter sentido, mas a palavra sempre tem um sentido (cf. *D.L.* VII, 56-7, *Adv. Log.* II, 80). Há signos (*tó sēmaînon*, que, no caso humano, é a voz) de diversos tipos que correspondem a distintos exprimíveis (*lektá*) incompletos que, por sua vez, combinam-se para formar um *axíōma*: o verbo (*rhḗma*), o nome próprio (*ónoma*), o nome de uma classe (*prosēgoría*), a frase (*lógos*). O *lektón* correspondente ao verbo é o *katēgórēma* (o predicado – cf. *D.L.* VII, 64: "Um predicado é, de acordo com os seguidores de Apolodoro, o que é dito de algo; em outras palavras, algo associado a um ou mais sujeitos"). O *lektón* correspondente ao *ónoma* e à *prosēgoría* é o *ptôsis* (sujeito). Tais *lektá* são deficientes, isto é, incompletos, e o *axíōma*, que é um *lektón* completo, é composto por *ptôsis* e *katēgórēma* (ou seja, sujeito e predicado). Por fim, o *lektón* correspondente à frase é o *axíōma* (cf. *D.L.* VII, 138, *Adv. Gram.* 133). Segue um quadro sinóptico dos conceitos estoicos de signo, significado e objeto exterior e suas subdivisões:

τό σημαῖνον/ o signo (ἡ φωνή/ a voz)	τό σημαινόμενον/ o significado (λεκτόν/ exprimível)	τό τυγχάνον/ o que é o caso; i.e., aquilo a que o ἀξίωμα se refere) (τό εκτός ὑποκείμενον/ substrato externo)
ῥῆμα/ verbo	κατηγόρημα/ predicado	ἡ κοινή ποιότης/ qualidade comum
ὄνομα/ nome	πτῶσις/ sujeito	
προσηγορία/ classe		
λόγος/ discurso, frase, oração ou sentença	ἀξίωμα/ exprimível que corresponde à frase; proposição	

55. FORTES: Inicialmente, o termo γραμματικός fazia referência, no século IV, exclusivamente a quem conhecia as letras, em oposição ao iletrado (ἀγραμματός). Nesse sentido, quando citada por Platão (*Sof.* 253a), a Gramática caracteriza-se pelo conhecimento das letras, do mesmo modo como é conceituada em Aristóteles (*Top.* VI, 5, 142b31, 146b6; *Pol.* I, 337b25). No período helenístico, porém, passou-se a fazer a distinção entre "Gramatística" (γραμματιστικής), o conhecimento e ensino mais básico das primeiras letras, e "Gramática" (γραμματική), o estudo dos textos do cânone poético e a análise das partes da oração (μέρη λόγου). Sobre essa distinção, Sexto se debruça a partir do passo 44.
56. γραμματικῇ παραδιδόμεθα: γραμματικῇ no dativo seguido de παραδιδόμεθα, verbo na primeira pessoa do plural: o sujeito é "nós", subentendido, gerando, portanto, "somos entregues à Gramática", "somos confiados à Gramática". Mas o termo γραμματικῇ aqui pode também significar, segundo L.S.J., "*teacher of the rudiments... one who occupies himself with literary texts, grammarian, critic*", ou seja, o "professor de Gramática".
57. FORTES: Conforme assinala Holtz (2010 [1981], p.3), as Gramáticas grega e latina são tributárias de uma mesma instituição, a escola helenística, que é o fator de unificação do Oriente grego e do Ocidente latino, que compartilham não somente a mesma história política e institucional, mas também intelectual. A Gramática é, destarte, considerada o fundamento da formação intelectual do homem grego e romano.
58. EL-JAICK: Como as sereias, a Gramática quer seduzir os homens – no caso da Gramática, prometendo dar-lhes *a verdade*. Mas, segundo Sexto Empírico, infeliz daquele que ouve as promessas da Gramática de propiciar o desvendamento de histórias e mitos. Sexto, tal qual um gramático/filólogo, cita e interpreta uma passagem da *Odisseia* (12.184-91), de Homero. Segundo sua interpretação analógica, assim como os homens não aprendem nada com as sereias que, ainda, os conduzem à destruição ao fazerem que se esqueçam de seus lares, eles nada vão aprender se procurarem a (nociva) Gramática.
59. Aqui Sexto também pode estar se referindo à fala ou ao discurso falado como um todo.

Sexto Empírico

60. FORTES: É possível considerar que o modelo de atribuições da Gramática aqui apresentado por Sexto faça alusão ao que era proposto pelas τέχναι em circulação a partir do século II a.C. Na Τέχνη γραμματική, de Dionísio Trácio, gramático alexandrino que teria ensinado em Rodes entre 140 e 90 a.c., encontramos uma definição de Gramática dividida em seis partes, que representam suas atribuições principais: (1) leitura (ἀνάγνωσις); (2) exegese dos tropos poéticos (ἐξήγησις κατὰ τοὺς ποιητικοὺς τρόπους); (3) explicação dos termos obscuros e das histórias (γλωσσῶν τε καὶ ἱστοριῶν πρόχειρος ἀπόδοσις); (4) busca pela etimologia (ἐτυμολογίας εὕρεσις); (5) consideração da analogia (ἀναλογίας ἐκλογισμός); e (6) crítica dos poemas (κρίσις ποιημάτων). Citando Varrão, Mario Vitorino (*G.L.* IV, 4,4) também elenca quatro funções principais da *ars grammatica*: (1) escrever (*scribere*), (2) ler (*legere*); (3) compreender (*intellegere*); e (4) avaliar (*probare*).

61. FORTES: A inclusão do elemento "bárbaro" (isto é, estrangeiro, não helênico) como parte do escopo do ensino elementar das letras (Gramatística) revela que a educação helenística considerava, em uma primeira etapa, a pluralidade linguística. No entanto, esse fato não se repetiria no nível seguinte, o do exame dos textos poéticos (a Gramática), quando, então, a finalidade identitária dessa modalidade de conhecimento, ao contrário, daria proeminência ao estudo do *hellenismós* e ao combate aos vícios de elocução representados, exatamente, pelo elemento bárbaro (o barbarismo e o solecismo).

62. FORTES: No período helenístico, era mais ou menos consensual entre os gramáticos a noção de que o saber gramatical compreendia um saber mais elementar, voltado para a aquisição básica de leitura e escrita (Gramatística, γραμματιστικῆς) e um saber mais avançado, que compreendia a leitura, a crítica e a exegese de textos poéticos e oratórios (Gramática, propriamente dita, γραμματικῆς). Conforme nos lembra Blank (1998, p.114), é possível encontrar, entre os comentadores de Dionísio Trácio, a distinção entre "pequena Gramática" e "grande Gramática" (*Sch. DThr.* (Vat.) 114.23). Essa oposição encontra ecos importantes na Gramática latina, a partir da definição de Suetônio ("Porém, há aqueles que distinguem 'literatos' (*litterati*) dos 'mestres de letras' (*litteratores*), assim como aos gregos sói distinguir gramá-

ticos (*grammatici*) de mestres de letras (*grammatistae*); aquele, de fato, estimam ser absolutamente culto, e este medianamente" – *De gram.*, 4, 2-5).

63. Crates de Malos (II a.C.), filólogo e gramático estoico, fundou a escola de Gramática de Pérgamo e foi curador da famosa biblioteca da cidade; opunha-se à abordagem de Aristarco das obras homéricas e propunha uma interpretação alegórica de Homero em busca de conteúdo filosófico metaforicamente lá representado. Escreveu obras sobre a Física estoica – afirmando a esfericidade da Terra e tendo mesmo criado o primeiro globo terrestre conhecido (*St. Geo* II.5.10) – e também tratados técnicos sobre o dialeto ático, foi mestre do filósofo estoico e polímata Posidônio de Rodes, o atleta, e também de Hérmias, um importante escoliasta de Homero, de Zenodoto de Malos e de Heródico da Babilônia.

64. Aristófanes de Bizâncio (*c.* 257-180 a.C.) foi um gramático e filólogo alexandrino, exegeta de Homero, de Hesíodo e de Píndaro. Como lexicógrafo, coletou palavras não usuais; como gramático, elaborou o sistema de espíritos e de acentuação da língua grega, bem como uma primeira versão do sistema de pontuação. Aristófanes de Bizâncio foi discípulo de Zenodoto de Éfeso (*acme c.* 280 a.C.) – primeiro bibliotecário de Alexandria, primeiro editor crítico de Homero, divisor das obras homéricas em 24 livros cada e elaborador e proponente da organização alfabética de livros da biblioteca de acordo com a primeira letra dos nomes dos seus autores –, do erudito poeta e filólogo Calímaco de Cirene (*c.* 310-240 a.C.) – redator do monumental catálogo de obras da biblioteca de Alexandria, o *Pinakes,* com cerca de 120 volumes e cujas elegias obtiveram a mais alta estima entre a elite romana – e do polímata Eratóstenes de Cirene (*c.* 276-195 a.C.) – primeiro a calcular a circunferência da Terra e a inclinação de seu eixo, e também a distância da Terra à Lua e ao Sol e a circunferência deste, criador do primeiro algoritmo para cálculo e obtenção de números primos e de um calendário anual com 365 dias quadrienalmente intercalado com um ano bissexto. Após a morte de Eratóstenes, Aristófanes o sucedeu como bibliotecário em Alexandria, vindo a ser mestre do gramático Calístrato (II a.C.), da escoliasta de Homero e gramática Agallis da Córcira (II a.C.) e de Aristarco da Samotrácia.

65. De severidade crítica proverbial, Aristarco da Samotrácia (c. 220-143 a.c.) foi um filólogo e gramático alexandrino; a ele se reputa a mais importante edição crítica de Homero, com a eliminação de linhas duvidosas e enxertos tardios, tentativa de elucidar e separar os versos, de acordo com a métrica do texto e aplicação do sistema de Aristófanes de acentuação e espíritos, recuperando a fluidez da pronúncia das obras homéricas. Sucedeu o mestre Aristófanes de Bizâncio como bibliotecário em Alexandria.

66. Ao alegar que com a palavra "Gramática" está a referir-se à arte acabada por Crates, Aristófanes e Aristarco, e que pretende nas linhas seguintes falar especificamente dessa arte, o que Sexto Empírico está a fazer é começar a gradualmente expor as diafonias suscitadas por diferentes teorias gramaticais, a da escola de Pérgamo (que Crates de Malos fundou e liderou) e a da escola de Alexandria (de Aristófanes de Bizâncio e Aristarco da Samotrácia), teorias essas que foram aplicadas notadamente na solução de questões e problemas acerca das obras homéricas, mas cujos debates surgidos engendraram aporias.

FORTES: Acredita-se que a abordagem mais filológica da escola de Alexandria se opusesse à perspectiva mais lógica da escola de Pérgamo (Porter, 1992; Lallot, 1997). Crates de Malos é citado por Suetônio como o introdutor da Gramática em Roma (*De gram.*, 2, 1-3).

67. Sexto Empírico está aqui a utilizar o próprio método gramatical da etimologia para rastrear o étimo ou raiz da palavra "Gramática".

68. FORTES: Asclepíades de Mirleia: filólogo ativo em Roma e na Espanha no séc. I a.C. Provavelmente, enquanto jovem, viveu também em Alexandria, sob Ptolomeu I (c. 117 a.C.); foi discípulo de Dionísio Trácio.

69. FORTES: Sexto Empírico alude à importante distinção conceitual da Gramática grega: as "letras" podem ser tomadas enquanto elementos sonoros mínimos do discurso – στοιχεῖα – e como representações gráficas desses elementos – γράμματα.

70. FORTES: Enquanto os elementos sonoros mínimos que formam as palavras (στοιχεῖα) são atribuição da Gramatística, compete à Gramática lidar com as composições de palavras, isto é, com textos (συγγράμματα/γράμματα). Embora possam ser tomados como sinônimos, o termo συγγράμματα faz menção específica à

composição das palavras, ao texto escrito, matéria por excelência da Gramática grega.
71. FORTES: As "letras públicas" (δημόσια γράμματα) referiam-se, inicialmente, às inscrições da via pública, que reuniam instruções morais e políticas. Por extensão, passam a significar o conjunto de leis e preceitos sociais, tais como os tratados legais e decretos. Aqui, Sexto Empírico se utiliza da expressão para demonstrar a polissemia do termo γράμματα (letras), pois alguém versado em leis também era conhecedor de "letras". Do mesmo modo, esses tratados são exemplos de composições textuais.
72. FORTES: Calímaco de Cirene (285-246 a.C.), poeta e filólogo grego de Alexandria. Credita-se a ele a produção de vasta obra bibliográfica (mais de oitocentos livros, divididos em poesia, narrativas épicas e hinos), da qual sobrevivem apenas fragmentos e sessenta epigramas.
73. Calímaco, Epigrama 7 = 6 Pfeiffer.
74. Calímaco, Epigrama 25 = 23 Pfeiffer.
75. FORTES: As partes do discurso (μέρη λόγου) derivam da partição do contínuo sonoro do verso, do enunciado filosófico e, posteriormente, no âmbito gramatical, das orações, em categorias menores. De forma geral, o conceito tem suas primeiras formulações ainda na dialética clássica, nas obras de Platão e Aristóteles, é ampliado nas reflexões lógicas dos estoicos e assimilado pela Gramática e compreende desde o elemento sonoro mínimo (στοιχεῖον), passa pelas classes de palavras (nome, verbo, pronome etc.) e chega às palavras e orações. Em Platão (*Crat.* 424b-c), os elementos sonoros mínimos (στοιχεῖα) servem tanto para compor as partes próprias do ritmo (ῥυθμός), quanto da sílaba (συλλαβή) e das palavras, dos nomes (ὀνόματα) e dos verbos (ῥήματα). Em Aristóteles (*Poet.* 20, 1456b), enumeram-se entre as partes do discurso letra (στοιχεῖον), sílaba (συλλαβή), conectivo (σύνδεσμος), artigo (ἄρθρον), nome (ὄνομα), verbo (ῥῆμα), flexão (πτῶσις) e frase (λόγος). No âmbito da Gramática, na *Ars Gram.* (11), Dionísio Trácio enumera oito partes: nome (ὄνομα), verbo (ῥῆμα), particípio (μετοχή), pronome (ἀντωνυμία), preposição (πρόθεσις), advérbio (ἐπίρρημα), conjunção (σύνδεσμος) e artigo (ἄρθρον); esquema semelhante ao apresentado por Quintiliano (séc. I d.C.), no primeiro livro da *Inst. Orat.*, que apresenta

uma súmula da *ars grammatica*: nome (*nomen*), verbo (*uerbum*), conectivo (*coniunctio*), preposição (*praepositio*), pronome (*pronomen*), particípio (*participium*), advérbio (*aduerbium*) e interjeição (*interiectio*).

76. EL-JAICK: É recorrente na obra de Sexto Empírico a separação do que é útil (nesse caso, a Gramática do *ler* e *escrever*) do que é *inútil* (aqui, a Gramática *técnica*). Vários são os exemplos nesse sentido, como estes: a observação ao uso comum da linguagem é útil, em detrimento da *inútil* analogia (*Adv. Gram.* 176 ss.); as observações astronômicas aceitáveis *versus* a astrologia (*Adv. Ast.*); o signo mnemônico é útil, ao contrário do signo indicativo: "Dado que há duas espécies de signos, nossa argumentação não vai contra todo signo indistintamente, mas somente contra o signo indicativo, na medida em que ele parece ser uma invenção dos dogmáticos. Ao contrário, o signo mnemônico tem a garantia da vida cotidiana: a fumaça é signo de fogo; a vista de uma cicatriz permite dizer que houve ferida. Consequentemente, longe de ir contra a vida cotidiana, tomamos sua defesa (de maneira não dogmática!), dando nosso assentimento sem sustentar opinião ao que ela se fia, e nos opondo às invenções próprias dos dogmáticos" (*P.H.* II, 102) (cf. Sluiter, 2000, p.104).

77. EL-JAICK: É interessante notarmos que essa concepção de Sexto Empírico é diametralmente oposta à que Platão defende em *Fedro* [?428a.C.-327a.C.]. Lá, como se sabe, Sócrates narra uma história egípcia em que o deus Thot, inventor, entre outras coisas, da escrita, vai ter com Tamuz, governante de todo o Egito, para expor suas invenções. Quando chega ao advento da escrita, Thot diz a Tamuz que ela tornará os egípcios mais sábios e fortalecerá sua memória. Mas Tamuz o corrige, dizendo que a escrita tornará os homens esquecidos, pois eles deixarão de cultivar a memória. Além disso, só terão uma aparência de sabedoria, e não a verdade. Sócrates, então, endossa o argumento de Tamuz: "O uso da escrita, Fedro, tem um inconveniente que se assemelha à pintura. Também as pinturas pintadas têm a atitude de pessoas vivas, mas se alguém as interroga conservar-se-ão gravemente caladas. O mesmo sucede com os discursos. Falam das coisas como se as conhecessem, mas quando alguém quer informar-se sobre qualquer ponto do assunto exposto, eles se limitam a repetir sempre

a mesma coisa. Uma vez escrito, um discurso sai a vagar por toda parte, não só entre os conhecedores mas também entre os que o não entendem, e nunca se pode dizer para quem serve e para quem não serve. Quando é desprezado ou injustamente censurado, necessita do auxílio do pai, pois não é capaz de defender-se nem de se proteger por si". Sexto, ao contrário, afirma, como se viu, que essa Gramática é uma das especialidades mais úteis que existem – não só ela escapa de sua ira, como ele rende a ela seus maiores agradecimentos.

78. Fr. 835 Lloyd-Jones/ Parsons.
79. FORTES: Os escólios de Dionísio Trácio (*G.G.* I, III, p.191, 33-5) mencionam uma tradição que atribui a Cadmo, herói fundador de Tebas, a introdução do alfabeto fenício e da escrita na Grécia. Outra narrativa para a origem da escrita na Grécia é o mito de Thot, narrado por Platão, in: *Phaedr.* 274c-75c.
80. FORTES: Pellegrin et al. (2002), comentando o uso do substantivo grego παρατήρησις (observação), lembram que o termo faz menção a dois sentidos empregados pelos gramáticos: observar os fatos e observar/seguir as regras.
81. FORTES: A ideia de que o ensino das primeiras letras é útil, e, portanto, deve ser abonado pelo filósofo, ao passo que o estudo propriamente da Gramática, que contempla a análise técnica das palavras e a leitura dos textos canônicos, não tem utilidade, aparece em Sexto Empírico e será retomado, posteriormente, na obra de Agostinho (*Conf.*, I, 13, 20): "Com efeito, aquelas primeiras letras, com as quais adquiria a habilidade e hoje a tenho, não somente de ler algo que encontre escrito, mas também de eu próprio escrever, se for de minha vontade, eram certamente melhores, porque mais seguras, que aquelas outras, com as quais, esquecido dos meus erros, era obrigado a reter as errâncias de um certo Eneias, e a chorar a Dido morta, porque se matou de amor." (*nam utique meliores, quia certiores, erant primae illae litterae quibus fiebat in me et factum est et habeo illud ut et legam, si quid scriptum invenio, et scribam ipse, si quid volo, quam illae quibus tenere cogebar Aeneae nescio cuius errores, oblitus errorum meorum, et plorare Didonem mortuam, quia se occidit ab amore*).
82. Compare com *Adv. Gram.* I, em que Epicuro é retratado como ignorante.

83. Ou noção prévia/ antecipada, com Herveti (*"anticipata notione"*). Em epistemologia epicurista, "uma espécie de cognição ou apreensão imediata do real, ou uma opinião correta, ou um pensamento ou uma ideia universal ínsita na mente, ou seja, a memorização de um objeto externo que apareceu frequentemente, como quando dizemos: 'isto aqui é um homem'. De fato, logo que pronuncia a palavra 'homem', sua figura se apresenta imediatamente ao nosso pensamento por via de antecipação, guiada preliminarmente pelo sentido. Por meio de cada palavra, evidencia-se aquilo que está originariamente no fundo. E não poderíamos investigar sobre aquilo que investigamos se já não tivéssemos tido um conhecimento anterior [...] A nada poderíamos dar o nome se anteriormente não tivéssemos percebido a sua forma por antecipação. As antecipações são autoevidentes" (*D.L.* X, 33). Cícero, ao tratar da natureza dos deuses (na obra homônima), refere-se à crença na existência dos deuses como uma preconcepção ou noção prévia e atribui tal dogma a Epicuro, que teria ainda forjado o conceito de πρόληψις: "pois coisas novas requerem novos nomes, assim como o próprio Epicuro deu à πρόληψις seu nome, um nome que ninguém havia previamente aplicado" (*De Nat. Deo.* 43-3). Apesar de inicialmente ser jargão epicurista, não tardou para que o conceito de πρόληψις fosse absorvido pelos estoicos, assim: "[os estoicos] definem o critério de verdade como a impressão que apreende imediatamente a realidade (Κριτήριον δὲ τῆς ἀληθείας φασὶ τυγχάνειν τὴν καταληπτικὴν φαντασίαν), ou seja, que procede do que existe (τουτέστι τὴν ἀπὸ ὑπάρχοντος), como afirmam Crisipo, no segundo livro da *Física*, e Antipater e Apolodoro. Boêtos admite uma série de critérios – o intelecto, a sensação, a propensão e o conhecimento científico (νοῦν καὶ αἴσθησιν καὶ ὄρεξιν καὶ ἐπιστήμην). Por outro lado, Crisipo o contradiz no primeiro livro de sua *Lógica* sustentando que os critérios são a sensação e a preconcepção (κριτήριά ... εἶναι αἴσθησιν καὶ πρόληψιν); a preconcepção é a inteligência natural do universal (ἔστι δ᾽ ἡ πρόληψις ἔννοια φυσικὴ τῶν καθόλου)" (*D.L.* VII, 54). Mas havia ainda alguma confusão por parte dos estoicos a respeito do papel da preconcepção no processo de conhecimento, e provavelmente foi no debate contra os acadêmicos que estoicos tiveram de refinar o escopo do conceito: "um estoico diz que em

sua opinião não é por acaso, mas por providência divina, que Crisipo veio após Arcesilau e antes de Carnéades, o primeiro iniciou a violência e os ataques contra o hábito (συνήθειαν), enquanto o último foi o mais produtivo dos acadêmicos. Pois, por vir entre eles, Crisipo, com suas réplicas a Arcesilau, também defendeu [o estoicismo] da argúcia de Carnéades; ele deu às percepções sensíveis (αἰσθήσει) muitos reforços [...] e removeu inteiramente a confusão acerca das preconcepções e concepções (περὶ τὰς προλήψεις καὶ τὰς ἐννοίας), articulando cada uma e atribuindo a cada uma o seu devido lugar" (*De Comm.* 1059B-C = *S.V.F.* 2.33). Mas é Epicteto quem nos dá um relato claro de como opera a noção estoica de preconcepção: "preconcepções são comuns a todos os homens (Προλήψεις κοιναὶ πᾶσιν ἀνθρώποις εἰσίν), e uma preconcepção não conflita com outra (καὶ πρόληψις προλήψει οὐ μάχεται). Por que cada um de nós não assume que o bom é oportuno e desejável e que em cada circunstância devemos buscá-lo e persegui-lo? [...] E quando o conflito advém? Ao atribuirmos preconcepções a entidades particulares, como quando alguém diz: 'Ele agiu nobremente, ele é bravo', e outro diz: 'Não, ele é louco'. Esta é a fonte da discordância entre os homens [...]. O que é a educação? Aprender a atribuir as preconcepções naturais a entidades particulares de acordo com a natureza, e, ademais, fazer a distinção entre as coisas que dependem de nós e as que não (μανθάνειν τὰς φυσικὰς προλήψεις ἐφαρμόζειν ταῖς ἐπὶ μέρους οὐσίαις καταλλήλως τῇ φύσει καὶ λοιπὸν διελεῖν, ὅτι τῶν ὄντων τὰ μέν ἐστιν ἐφ' ἡμῖν, τὰ δὲ οὐκ ἐφ' ἡμῖν)" (*Diat.* 1.22.1-3, 9-10). Compare com *Adv. Log.* II 331-332.

84. FORTES: Dionísio Trácio (*c*. 170-90 a.C.), de Alexandria, discípulo de Aristarco da Samotrácia (216-144 a.C.), mestre de Gramática em Rodes. A autenticidade da Τέχνη γραμματική, única obra atribuída a Dionísio, tem sido objeto de debate. Atualmente, parece consolidar-se a tese de Di Benedetto (1958), segundo a qual somente o parágrafo introdutório contendo a definição de Gramática pode ser incontestavelmente atribuído ao gramático alexandrino, sendo as demais partes do texto um desdobramento posterior, provavelmente do século IV, com influência da obra de Apolônio Díscolo (séc. II d.C.). Quanto a essa questão, ver Law-Sluiter (1995); Luhtala (2005).

85. ἐμπειρία = experiência; Herveti: *experientia*. Optamos por "conhecimento empírico" porque Sexto Empírico está a citar uma definição de Dionísio Trácio; assim, utilizamos a expressão que já é consagrada nos estudos da Gramática grega para referir-nos a tal definição.
86. FORTES: ζάγκλον (foice) é palavra dos habitantes da Sicília antes da ocupação grega, citada e explicada pelo próprio Tucídides (6,4,5). A forma participial τορνεύοντες (circundando) é atribuída por Sexto Empírico a Tucídides. Conforme observa D. Blank, o termo não é registrado na obra de Tucídides, possuindo apenas uma única referência na obra de Platão (*Theag.*, 124b).
87. FORTES: O termo ΗΔΟΣ é frequente em Platão, registrado como ἦδ'ὅς (com a primeira vogal longa e aspirada), como um marcador discursivo de transição, significando "e ele disse" (ἦ é a terceira pessoa do pretérito de ἠμί, dizer). Por ser uma forma obsoleta no grego clássico (a forma mais comum derivava de φημί), o termo suscitava grande debate entre os gramáticos gregos. Sexto Empírico ilustra aqui o procedimento de análise gramatical, segundo as partes que contêm a definição em Dionísio Trácio. Para a leitura de poetas e prosadores, o mestre de Gramática deve mobilizar diferentes técnicas: o treinamento da leitura em voz alta, para aperfeiçoar a pronúncia correta dos termos, a explicação de termos obscuros ou desusados na língua corrente, a avaliação da correção na língua.
88. FORTES: Autor de referência obscura, provavelmente do século II a.C. Nome comum a vários gramáticos alexandrinos. Cf. Pellegrin et al., 2002.
89. τριβή = habilidade, aptidão. Herveti: *diuturnus usus*.
90. FORTES: A distinção entre o saber representado pela mera experiência (ἐμπειρία) e pela técnica (τέχνη) é bem demonstrada por Platão (*Gorg.* 464e-5a). Aristóteles (*Met.*, I, I, 981a3) acrescenta que o conhecimento técnico (τέχνη) e "científico" (ἐπιστήμη) derivam ambos da experiência. Embora se intitulasse uma "técnica", a obra de Dionísio Trácio definia a Gramática como um conhecimento empírico, fato que é criticado por Ptolomeu e Sexto Empírico, visto que esse saber transcende a mera experiência, congregando conhecimentos sistemáticos, passíveis de serem ensinados.

91. Obra perdida.
92. Metrodoro de Lampsaco (331-278 a.C.), discípulo direto de Epicuro.
93. πραγμάτων = coisas, fatos, conforme o passo 61.7.
94. EL-JAICK: A questão sobre se a Gramática pode ou não ser considerada uma *arte* frequenta com bastante assiduidade as páginas de *Adv. Gram.* Pode-se dizer que o problema primordial para Sexto Empírico era saber a qual *status* epistemológico, afinal, a Gramática responderia, de modo que a confrontação entre τέχνη e ἐμπειρία se torna crucial para circunstanciar *contra qual* Gramática o cético está indo. Sexto parece empregar o termo τέχνη para se referir a um tipo de disciplina ou prática baseada em regras e num conjunto de conhecimentos. Blank, com sua leitura dos tratados de Sexto Empírico, organizou um rol resumidor do que seriam os requisitos céticos para as τέχναι: utilidade para a vida comum (*Ad. Gram.* 49; *Adv. Reth.* 49); julgamento de acordo com seus resultados práticos (*Adv. Eth.* 188); origem na observação dos fenômenos (*Adv. Gram.* 55); constância nas reações dos especialistas diante de certas situações (*Adv. Eth.* 67); não configuração de um corpo doutrinal (*Adv. Log.* II 270). Assim, Sexto Empírico rende elogios às artes (τέχναι) que são úteis à vida: "Pois é óbvio que o fim de toda arte é ser útil para a vida" (*Adv. Gram.* 50).
95. Eurípides, *Fenícias* 528.
96. εἴποι<μ>εν: aqui há variação nas lições textuais. A versão Mutschmann-Mau lê εἴποιμεν, ou seja, "[nós] diríamos". Blank (1998), por exemplo, segue Bekker, lendo εἴποιεν, ou seja, "[ele] diria".
97. FORTES: Embora o conhecimento gramatical fizesse referência ao trabalho de estabelecimento, leitura, interpretação e crítica de textos, especialmente dos poetas e prosadores (cf. a definição de Dionísio, já apresentada), Sexto Empírico dá a entender que esse saber diria respeito, também, à língua falada, comum, estabelecendo padrões de referência da fala grega em relação à linguagem presente nos textos literários (ἑλληνισμός).
98. FORTES: Os vícios de linguagem do barbarismo (βαρβαρισμός) e do solecismo (σολοικισμός) revelam uma preocupação da Gramática com questões de identidade (a linguagem puramente grega em oposição a falares eivados de elementos estrangeiros, "bárbaros").

Tecnicamente, os termos se especializaram no discurso gramatical, fazendo referência a uma inadequação na sequência de "letras" – o barbarismo – e na sequência de palavras – o solecismo (cf. Apolônio Díscolo, *Da Sintaxe* I).

99. EL-JAICK: É interessante notarmos como Sexto Empírico já indica o problema mesmo da circunscrição de um objeto para os estudos da linguagem (tarefa de que Ferdinand de Saussure se incumbirá novamente no início do século XX). Assim, recorre bastante no seu ataque à Gramática à ideia de que ela não pode ser concebida, uma vez que não é possível o conhecimento do que muda, do ilimitado, do infindável, do indefinido, do indeterminado – como é o caso do uso (por exemplo em: *Adv. Gram.* 66, 81-83, 86, 224 etc.). Sexto, ao levantar suas objeções às descrições da Gramática, coloca a seguinte questão epistemológica: é possível conhecer aquilo que muda? Para "fundar" a Linguística, dita "ciência da linguagem", Saussure "resolveu essa questão" de forma engenhosa ao separar a *langue* (traduzida como "língua") – entendida como um sistema de signos linguísticos que se relacionam entre si – da *parole* (traduzida como "fala") – espaço do "ato individual de vontade e inteligência" (Saussure, 1998[1916], p.22). Ainda que sofisticada, a alternativa saussuriana foi posteriormente criticada por alguns autores "pós-estruturalistas" por se mostrar presa a um modelo *representacionalista* de linguagem, diferentemente do que queriam esses autores pós-estruturalistas, que pretendem estudar não um sistema, mas a própria língua em uso (justamente o que Sexto Empírico já pregava em seu tratado).

100. Cf. *P.H.* II, 253.

    EL-JAICK: O exame de Sexto Empírico, mais uma vez, acompanha o método empregado também nas *Hipotiposes pirrônicas*, sublinhando a seguinte falácia: "muitos" (ou "grande parte") deve querer dizer ou *tudo* ou *algum* (*Adv. Gram.* 66 ss.). Sexto Empírico diz que a expressão "muitos dos discursos dos poetas" é usada para se evitar o extremo de se afirmar conhecer tudo, ao mesmo tempo que se pretende diferenciar o gramático do leigo – a outra extremidade na escala de conhecimento (*Adv. Gram.* 67). Mas, diz Sexto, a noção de *muitos* é algo ilimitado, classicamente associada ao conhecido *paradoxo de Sorites*: em que ponto um monte de areia deixa de ser

um monte de areia à medida que tiramos grãos de areia (cf. *Adv. Phy.* I 182)? A ideia é a de que, para se ter *muitos*, é preciso juntar certa quantidade de coisas, uma por uma, até se ter esses *muitos*. No entanto, diz o pirrônico, juntando-se as coisas, uma por uma, não será *uma* dessas coisas recém-acrescentada que fará que ela e todo o resto se tornem, subitamente, *muitos*. Daí Sexto Empírico concluir que não se pode determinar o que são esses "muitos" discursos.

101. Todo o argumento que vai do passo 66 até o 72 depende da polissemia de πλεῖστος e suas declinações.
102. ἐπιστήμων = aquele que conhece/ que tem conhecimento científico, instruído, sabedor. Herveti: *sciens*.
103. A versão Mutschmann-Mau faz a emenda <πλείστων> à lacuna textual, seguida por Blank (1998). Bekker, por seu lado, emenda: <ὀλίγων>, seguido por Bury (1949). Herveti aqui faz uma paráfrase *"non erit sciens eorum omnium quae dicuntur apud poetas et scriptores"*.
104. EL-JAICK: Sexto Empírico afirma que o conhecimento não é nada separado daquele que sabe, assim como a Gramática não é algo apartado do gramático – ou, como Yeats coloca num dos versos de seu poema "Among School Children": *"How do we know the dancer from the dance?"* (Yeats, 2007, p.340). Para Blank, essa crítica de Sexto é como uma resposta à definição estoica de τέχνη. Os estoicos definiam a τέχνη como um sistema de cognição. Considerando que cognição seja uma alteração da mente, então τέχνη só pode existir se a mente de alguém estiver em tal estado de alteração. Assim, seria fútil a distinção entre a Gramática e o gramático, que não pode abarcar todo o conhecimento dessa especialidade, uma vez que não há Gramática sem gramático (Blank, 1998, p.137).
105. Definição estoica de τέχνη. Ver *Contra os retóricos* 10, n.12.
106. FORTES: Gramático de referência obscura. Um escólio à obra de Dionísio Trácio (*G.G.* I, III, 118, 10) atribui a definição a certo Cáres, discípulo de Aristarco da Samotrácia (216-144 a.C.), gramático alexandrino do século I a.C.
107. Ou seja, uma espécie de medicina do discurso. A aproximação da medicina com as outras artes, bem como de todas as artes entre si, só é possível graças à pretensão de criar princípios gerais para todas as τέχναι, esforço em grande parte empreendido por estoicos, mas principalmente após o sincretismo com o aristo-

telismo através de Panécio e Posidônio, suscitando a valorização da πολυμαθία.

108. λεκτῶν = exprimíveis. Aqui há uma oposição entre a expressão linguística (λεκτῶν) e os pensamentos ou, talvez melhor, os sentidos (νοητῶν) dessas expressões.

109. Barwick (apud Blank, 1998) faz uma emenda no texto, não baseado nas variações dos manuscritos e das edições de Bekker e Mutschmann-Mau (que são iguais neste passo), mas a partir de *Sch. DThr.* 118.11, que menciona a definição de Gramática oferecida por Carés de modo ligeiramente diferente, cito: "γραμματικὴν ἕξιν εἶναι ἀπὸ τέχνης <καὶ ἱστορίας> διαγνωστικὴν τῶν παρ᾽Ἕλλησι λεκτῶν καὶ νοητῶν ἐπὶ τὸ ἀκριβέστατον, πλὴν τῶν ὑπ᾽ἄλλαις τέχναις" (grifo nosso). Ou seja, esse *Comentário à Gramática de Dionísio Trácio* adiciona "<καὶ ἱστορίας>" à definição de Gramática de Carés, mudando o sentido da frase, em especial da expressão "ἀπὸ τέχνης <καὶ ἱστορίας>" ("a partir da arte <e da pesquisa>"). Com isso, mesmo que não tenhamos adicionado na nossa tradução a expressão "<καὶ ἱστορίας>", fica claro que não se trata de a "Gramática ser derivada da arte", mas que ela "é capaz de diagnosticar, *a partir da arte* (ἀπὸ τέχνης)...". Herveti também lê a expressão do mesmo modo, pois a traduz assim: "*ex arte habentem enim discernendi*".

110. FORTES: O termo πίσυρες é uma forma alternativa, poética, comumente empregada na épica homérica (por exemplo, em *Od.* 5.70) como sinônimo do termo ático τέσσαρες, significando "quatro". O termo, provavelmente, é corrente no dialeto eólico.

111. FORTES: Os termos βῆσσαι e ἄγκεα, também de uso poético, encontrados em Homero (*Il.* 22.190), são aqui lidos por Sexto Empírico como os termos áticos βάσιμοι τόποι ("lugares acessíveis").

112. FORTES: A oposição entre o significado (τό σημαινόμενον) e o significante (τό σεμαῖνον) é aqui apresentada por Sexto Empírico para afirmar que a abordagem gramatical do λέκτον, isto é, da palavra proferida, enunciada, confere privilégio à forma, não ao seu significado, que é do domínio específico da lógica estoica, exatamente como havia exemplificado com a análise dos significantes πίσυρες e τέσσαρες, que, em dialetos distintos (eólico e ático), têm o mesmo significado, "quatro". Para Sexto, esse é um procedimento gramatical por excelência, não filosófico.

EL-JAICK: A distinção de Cáres entre *coisas ditas* e *coisas pensadas* se refere à diferenciação entre forma e significado das expressões linguísticas (cf. Blank, 1998, p.139). Sexto Empírico aponta que Cáres não preservou a terminologia estoica, ainda que essa separação derive dessa corrente filosófica. Os estoicos entendiam o λεκτόν como o incorpóreo, o inteligível, o que é *significado* por uma expressão, ao passo que a expressão ela mesma é uma voz corpórea – que se aproximaria do que chamamos atualmente de *significante*. Segundo Blank: "O uso de *lekton*, que significa literalmente 'o que é dito ou dizível', para se referir à expressão, é comum em gramáticos, mesmo quando eles algumas vezes usam a palavra mais exatamente no sentido estoico de 'o que é significado'" (Blank, 1998, p.139).

113. FORTES: A escola de Pérgamo, da qual Crates é representante, consagrou uma análise gramatical menos filológica e mais teórica, motivo pelo qual seus partidários eram chamados de κριτικός. Enquanto os alexandrinos propunham uma abordagem mais filológica, preocupada com o estabelecimento do texto autêntico, os gramáticos de Pérgamo se ocuparam, sobretudo, do julgamento e da avaliação dos textos (κρίσις).

114. FORTES: No sentido aqui apresentado por Sexto Empírico, a tarefa de um κριτικός, como Crates de Malos, é mais refinada que a do gramático. Por isso, mais que uma ἐμπειρία (definição já criticada, de Dionísio Trácio) ou uma τέχνη (definição advogada pelos alexandrinos), seu saber representa uma "ciência" (ἐπιστήμη), um corpo teórico de conhecimentos sistematizados. É nesse sentido que o κριτικός se diferencia do γραμματικός: como um arquiteto em relação a seu auxiliar.

115. Aqui seguimos Herveti, que traduz ἀνυπόστατον como *"non consistat"*, contra Blank (1998) e Bury (1949): *"non-existent"*.

116. ἄπειρον, mas que permutamos também com "infinito", como no passo 83.1.

117. FORTES: A tópica de que as línguas e as palavras mudam com o tempo, assim como a natureza, não era alheia aos antigos. Já Horácio assim belamente se expressava na sua *Epistula ad Pisones*, consagrada pela tradição como *Ars poetica*: "Muitas palavras que já caíram vão renascer, e aquelas que agora gozam das honras cairão, se o uso assim o quiser, em cujas mãos estão o arbítrio, o direito

e a norma do falar" (*Multa renascentur quae iam cecidere, cadentque quae nunc sunt in honore uocabula, si uolet usus, quem penes arbitrium est et ius et norma loquendi*). Para uma abordagem mais específica desse tópico, nos gramáticos gregos e latinos, cf. Fortes (2012).

118. ῥήματα = *verbum/verbis*, com Herveti, contra Blank (1998) e Bury (1949): *words*. Compare com Horácio *A.P.* 60 ss.: "*ut silvae foliis pronos mutantur in annos, prima cadunt: ita verborum vetus interith aetas, et iuvenum ritu florent modo nata vigentque*". Apesar de, aparentemente, Sexto Empírico estar aqui a citar Horácio e também de a palavra latina "*verborum*" ser comumente traduzida como "palavras", optamos aqui por "verbos", para manter o critério que utilizamos, mas principalmente porque o tempo é um amante das mudanças de um tipo especial de palavras, os verbos. A comparação que Sexto Empírico faz entre os verbos e as plantas e seres vivos, suscetíveis a um mesmo tipo de mudança, deve ser plausível para aqueles que argumentam que as palavras são *por natureza*, assim como os outros entes naturais.

119. Ou "é ou técnica ou não técnica", aqui o problema é aquele antigo: como traduzir adequadamente τέχνη? Cf. *Contra os retóricos* 17, n.17.

120. FORTES: Demétrio Cloro: filólogo alexandrino do século I a.C.

121. ὧν ἀπείρως ἔχουσιν οἱ γραμματικοί: a dificuldade da passagem é o advérbio ἀπείρως. Se aparecesse no acusativo (ἄπειρον), nesse caso seria objeto direto de ἔχουσιν, correspondendo mais propriamente à nossa tradução: "possuem inexperiência". Mas, segundo *L.S.J*.: "*abs., inexperienced, ignorant* [...] *Adv.* ἀπείρως, ἔχειν τῶν νόμων *Hdt*. 2.45". Ou seja, trata-se de "expressão idiomática", não deve ser traduzida ao pé da letra, assim, apesar da forma adverbial, deve ser traduzida como substantivo. Agora, comparemos *Hdt*. 2.45: "ἐμοὶ μέν νυν δοκέουσι ταῦτα λέγοντες τῆς Αἰγυπτίων φύσιος καὶ τῶν νόμων πάμπαν ἀπείρως ἔχειν οἱ Ἕλληνες" = "*Now it seems to me that by this story the Greeks show themselves altogether ignorant of the character and customs of the Egyptians*" (Godley). Veja que o tradutor faz uma paráfrase que captura o sentido, sem buscar uma tradução ao pé da letra. Compare com Blank (1998): "*things of which the Grammarians have no experience*"; Bury (1949): "*things whereof the Grammarians have no expert knowledge*"; Herveti: "*quarum rerum grammatici nullam habent scientiam*". Compare também com a outra ocorrência da mesma

fórmula em Sexto Empírico, *Adv. Log.* I, 7.1: "Ἐμπεδοκλέα μὲν γὰρ ὁ Ἀριστοτέλης φησὶ πρῶτον ῥητορικὴν κεκινηκέναι, ἧς ἀντίστροφον εἶναι τὴν διαλεκτικήν, τουτέστιν ἰσόστροφον, διὰ τὸ περὶ τὴν αὐτὴν ὕλην στρέφεσθαι, ὡς καὶ ἀντίθεον ὁ ποιητὴς ἔφη τὸν Ὀδυσσέα, ὅπερ ἦν ἰσόθεον· Παρμενίδης δὲ οὐκ ἂν δόξαι τῆς διαλεκτικῆς ἀπείρως ἔχειν, ἐπείπερ πάλιν Ἀριστοτέλης τὸν γνώριμον αὐτοῦ Ζήνωνα διαλεκτικῆς ἀρχηγὸν ὑπείληφεν" (grifo nosso) = "Pois Aristóteles diz que Empédocles começou a retórica, da qual a dialética é uma 'contraparte' – ou seja, correlata a ela, por ser relativa ao mesmo material, assim como o poeta chamou Odisseu de 'como deus', ou seja, igual a deus. *E Parmênides parece não ser inexperiente em dialética*, tendo em vista que mais uma vez Aristóteles toma seu companheiro Zenão como o iniciador da dialética".

122. FORTES: A expressão κοινή συνήθεια (uso comum, hábitos comuns, discurso comum), aqui traduzida como uso comum, possibilita uma acepção ampla. Com efeito, pode-se referir ao uso linguístico de um indivíduo, algo semelhante ao que, hoje em dia, chamamos de estilo (por exemplo: o "uso homérico" de certa expressão), ao uso de um grupo de pessoas, social ou geograficamente delimitado (por exemplo: o "uso ático", o "uso vulgar"); ou, ainda, o uso linguístico em uma acepção geral, como sinônimo de toda produção falada/escrita naquela língua.

123. FORTES: Diversa noção tinham os antigos do que chamavam de dialetos (διάλεκτος): em uma noção muito mais ampla, o termo significou, simplesmente, debates, discussões (registrado, por exemplo, em *Sym.* 203a e em *Teet.* 146b, de Platão); podendo significar, em acepção mais próxima da moderna, os falares típicos de diferentes regiões helênicas (Diógenes da Babilônia, 3.213) ou, então, modos de expressão de diferentes gêneros literários, independentemente da região geográfica em que foram escritos. West (2004, p.30), falando de poesia, afirma: *"The dialect in which Greek literary works were composed always depended more on the genre to which it belonged, than on the author's place of origin"*.

124. Sobre a diferença entre algo persuasivo e algo verdadeiro, e também sobre a rejeição da suficiência do persuasivo por aqueles que almejam a verdade, especialmente no âmbito da discussão sobre o critério entre acadêmicos e estoicos, ver: *Contra os retóricos* 63-71, n.49, 50, 51, 52 e 53.

125. FORTES: Sexto Empírico aqui sinaliza para a oposição entre um discurso persuasivo (πιθανόν) e um discurso verdadeiro (ἀληθές). Essa oposição, que é inconciliável desde Platão (*Gorg.*), é um tema também recuperado por Sexto Empírico no seu *Contra os retóricos* (67-8): "a Retórica não tem o evidentemente verdadeiro como seu objeto. Além disso, ela professa advogar causas opostas, mas opostos não são ambos verdadeiros; portanto, a Retórica não objetiva à verdade".

126. FORTES: Novamente, agora com o termo ἔθος, do qual, aliás, também derivava συνήθεια, Sexto Empírico põe em evidência a diversidade como marca das línguas. Não somente refere-se à existência de dialetos (o ático, o dórico, o eólico etc.), como também de variações dentro desses mesmos dialetos.

127. FORTES: A referência geográfica do dialeto dórico é a maior parte do Peloponeso, incluindo as ilhas situadas na porção sul do mar Egeu, Creta, Rodes, a costa sudoeste da Ásia Menor, algumas colônias na Sicília e na Magna Grécia (sul da Itália). Conforme Howatson (2005, p.186) e West (2004, p.30), o dialeto empregado em determinado texto não espelha, necessariamente, essa esquematização geográfica. Como a poesia coral lírica era, inicialmente, produzida em região de fala dórica, autores posteriores, mesmo de outras regiões, se valeram desse dialeto ao produzir textos desse gênero; tal é o caso de Píndaro (oriundo da Beócia), Baquílides (oriundo da Jônia) e das partes corais líricas dos tragediógrafos (oriundos da Ática).

128. FORTES: Originalmente, falava-se o dialeto ático na península Ática, especialmente em Atenas. É o dialeto típico da prosa historiográfica e filosófica (Tucídides, Platão, Lísias etc.) e das tragédias e comédias (Eurípides, Sófocles, Aristófanes etc.).

129. FORTES: Os acentos gregos tinham relação com o tom com que as sílabas eram proferidas, podendo ser expressas em tom elevado, agudo (ὀξύς), ou em tom baixo, grave (βαρύς).

130. EL-JAICK: A última possível interpretação para "o conhecimento das expressões [...] de acordo com o uso comum" desacreditada por Sexto Empírico seria entender que a definição se refira não a cada palavra individual (o que seria impossível), mas a todas as palavras tomadas no nível mais alto de generalidade das regras que governam a formação das palavras nos diferentes dialetos –

mas, ainda assim, essa afirmação não seria verdadeira. As regras não são gerais, não podendo alcançar todas as palavras, mas tão somente certo número delas. Assim, apoiando-se na argumentação dos próprios gramáticos, o cético mostra que a pretensão de regras universais – pretensão das especialidades por uma universalidade, segundo Sexto Empírico, a que a Gramática compartilha – que compreendam todas as línguas é um mito: os gramáticos desejam regras universais para um observador não universal (*Adv. Gram.* 89). Afinal, qualquer contra-argumento encontrado exclui e elimina tal regra pretensamente universal. É interessante fazermos um paralelo aqui com a Gramática Gerativa, de Noam Chomsky (1928-), que tem o mesmo intento dos gramáticos desacreditados por Sexto: provar uma gramática universal submersa, comum no fundo de todas as línguas.

131. FORTES: Embora fosse tema de debates nos modelos gramaticais helenísticos (Blank, 1998, p.146), a divisão da matéria gramatical em duas partes distintas – uma técnica ou horística, responsável pelas definições gramaticais e pela apresentação das regras que descrevem o discurso adequado, e outra explicativa ou exegética, responsável pelo comentário e explicação de textos de poetas e prosadores – já parecia bem consagrada à época de Sexto Empírico. Credita-se essa divisão esquemática à obra de Varrão (Glück, 1967, p.21), a que se teria seguido Quintiliano (*Inst. Orat.*, 1.4.2), com reflexos em gramáticos posteriores, como Diomedes (*G.L.* I.426.15).

132. τὴν γραμματικὴν τεχνολογίαν = literalmente, a tecnologia da Gramática. Herveti: *grammaticae artificium*. Por vezes optamos por "tratamento técnico" no lugar de "tecnologia", tendo em vista que o campo semântico desta última palavra é hoje muito diferente do da Antiguidade.

133. FORTES: Os gramáticos não representavam uma figura popular. Há inúmeros epigramas que ironizam ou criticam a sua prática (Blank, 1998, p.149). Aulo Gélio (*Noct. Att.*, 14.5) critica, especialmente, sua presunção de possuir amplo e vasto conhecimento, crítica da mesma natureza à que Sexto nos apresenta nesse passo.

134. Ou seja, ao participarem de uma inquirição sobre sua arte/técnica, os gramáticos, segundo Sexto Empírico, se restringiam a apontar

como mau grego o uso linguístico dos inquiridores, daí as críticas à sua presunção, patologia dogmática por excelência. Ver: *P.H.* III, 281.

135. FORTES: O modelo de língua apresentado pelos gramáticos não correspondia, de forma geral, à expressão corrente do grego falado à sua época. Em vez disso, inspirava-se nas formas consagradas pelos autores canônicos, que eram frequentemente citados na tradição grega, em especial Homero e os prosadores áticos. No entanto, frequentemente, construções desses autores canônicos eram também criticadas.

136. EL-JAICK: Mais uma vez, Sexto Empírico enfatiza que se coloca contra *um tipo* de Gramática: aquela que se pretende *arte*. De fato, constitui ponto interessante a insistência com que o cético afirma a não tecnicidade da Gramática – de que, como se verá, esse parágrafo é apenas um exemplo.

137. FORTES: O elemento sonoro mínimo formador das palavras (στοιχεῖον) é representado graficamente pelas letras (γράμματα). Sexto Empírico aqui desenvolve o seguinte trocadilho: ao criticar sua concepção dos elementos/letras, ele deixará os gramáticos sem letras (ἀγράμματος), que é a mesma expressão grega para iletrados, produzindo, portanto, um paradoxo.

138. FORTES: O termo στοιχεῖα (elementos) é primeiramente definido, por Aristóteles (*Met.* 5.3.1014a26), como as partes menores e indivisíveis de um todo, em termos das quais uma categoria pode ser analisada. Assim, no âmbito da análise dos sons da fala humana, sua parte menor é o elemento, não necessariamente a letra (γράμμα), que seria um segundo estágio, o da representação gráfica dos elementos. A combinação de elementos, segundo regras lógicas, produz as sílabas (σύλλαβαι) que, ao se combinarem, produzem as expressões (λέξεις). Citado por Diógenes Laércio (VII, 56), Diógenes da Babilônia (Τέχνη περὶ φωνῆς) atesta o termo στοιχεῖα λεξέως (elementos da expressão) como as 24 letras do alfabeto básico.

139. FORTES: Sexto Empírico apresenta aqui uma divisão tripartite do elemento. A ele correspondem uma forma escrita (γραφόμενου χαρακτήρ καὶ τύπος), uma nomenclatura convencional (ὄνομα) e uma força, isto é, um valor distintivo básico (δύναμις) que define a natureza própria do elemento. Essa divisão corresponde, em

larga medida, ao que Diógenes da Babilônia nos oferece, segundo Diógenes Laércio (VII, 56).

140. FORTES: Voz (φωνή): expressão vocal, tomada de forma ampla, como a emissão de sons pelos órgãos vocais. Esse conceito refina-se na Gramática como voz articulada (ἔναρθρος φωνή) e suscetível de ser escrita (ἐγγράμματος φωνή). É por esse som, disciplinado pelas regras da fala humana, que se interessa a Gramática. Os elementos mínimos da voz formam sílabas e as sílabas formam expressões (λέξεις), que podem ser expressões dotadas de significado (λόγοι).

141. FORTES: O alfabeto grego não foi, em toda a sua história, um conceito homogêneo. Inicialmente, cada cidade grega possuía seu próprio sistema de escrita, correspondendo a diferentes áreas dialetais. No período arcaico, o ático não fazia a distinção entre "o" e "ε" longos e breves (ω/o; η/ε), diferença que só foi adotada por um decreto de 403/2 a.C., que adotou a convenção jônica. Quanto às consoantes duplas, seu emprego era bem variável nos períodos mais antigos da língua (o dialeto eólico, por exemplo, reteve o *digamma* em todo o período clássico). Os gramáticos conheciam diferentes narrativas quanto à origem do seu alfabeto: os gregos teriam se utilizado de letras fenícias, a princípio, quando Palamedes teria inventado dezesseis letras (α, β, γ, δ, ε, ι, κ, λ, μ, ν, ο, π, ρ, σ, τ, υ), às quais Cadmo teria acrescido as três aspiradas (θ, φ, χ), resultando em um alfabeto de dezenove letras que foi utilizado durante longo período. Depois disso, Simônides o completou com as vogais longas (η, ω) e Epicarmo com as letras duplas (ζ, ξ, ψ). Para mais sobre isso, cf. Horrocks, 2010.

142. FORTES: Sexto Empírico apresenta a classificação das vogais quanto à sua duração em: (1) longas por natureza (μακρὰ φύσει), as vogais η, ω; (2) breves (βραχέα), as vogais ε, o; e (3) aquelas que a tradição gramatical chamava de dicrônicas (δίχρονα) ou ambíguas (ἀμφίβολα), por poderem representar dois sons, breves ou longos; ou, ainda, mutantes (μεταβολικά) e líquidas (ὑγρά), por mudarem seu estatuto de acordo com o contexto fonético, isto é, as vogais α, ι, υ.

143. *Il.* 5.31.
144. *Il.* 7.20.
145. Possivelmente um poema perdido de Calímaco.

Sexto Empírico

146. Ou aspiradas.
147. Ou não aspiradas.
148. FORTES: Nos parágrafos 102 e 103, Sexto retoma a classificação das consoantes de Diógenes da Babilônia (segundo *D.L.* VII, 57) quanto ao fato de serem semivocalizadas (ἡμίφωνα), isto é, capazes de produzir som mesmo sem o apoio de outra vogal; ou não vocalizadas (ἄφωνα), isto é, aquelas que dependem do apoio de outra vogal para emitirem um som, também chamadas, modernamente, de oclusivas. Além disso, classifica-as entre aspiradas (δασέα) e não aspiradas (ψιλά). O relato de Sexto é um importante indício da percepção da pronúncia do grego à sua época, bem como a ambiguidade de classificação do θ, φ, χ ora como não vocalizadas e ora como semivocalizadas também pode revelar a percepção de uma mudança fonética na língua. Cf. Allen, 1987.
149. τῇ προσῳδίᾳ: expressão intercambiável por "marca prosódica", com Blank (1998): "*prosodical marking*"; ou por "acento", com Herveti: *acentu*, como fazemos nos passos 106 e 113.
150. FORTES: Um elemento circunflexo (περισπωμένως) caracterizava-se por elevação e abaixamento da altura no mesmo segmento fonológico, representado pelos gramáticos helenísticos pela aposição de um acento agudo e um grave (´ ` → ^ → ~). Portanto, a coexistência de duas alturas no mesmo elemento contradiz o princípio filosófico do elemento (uno, indivisível, o mais simples). Esse é o mesmo argumento filosófico pelo qual Sexto vem refutando a existência de consoantes duplas, de ditongos e de vogais eventualmente longas ou breves (dicrônicas).
151. FORTES: Aqui Sexto Empírico refere-se à distinção entre as vogais ásperas, rudes ou aspiradas (δασέα), brandas, doces ou não aspiradas (ψιλά) e, ainda, àquelas que podem ser ou não pronunciadas de forma aspirada, as comuns (κοινή). Uma classificação das consoantes quanto a esse critério já havia sido apresentada no parágrafo 103.
152. γραμματικῶν παῖδες = grupos dos gramáticos. Aqui pode haver uma brincadeira de Sexto, pois παῖδες significa crianças, mas também escravos, serventes, o que poderia gerar "crianças dos gramáticos" ou outras combinações. Herveti omite o παῖδες e traduz apenas por *grammatici*. Blank (1998) tenta retê-lo ao optar por *grammatical brood*.

153. FORTES: A bráquia e o mácron são sinais diacríticos acrescidos aos elementos pelos gramáticos alexandrinos, precisamente, para indicar o seu padrão prosódico – se breve, indicado pela bráquia, ou longo, pelo mácron. O desenvolvimento desses e dos demais sinais gráficos (os acentos agudo, grave e circunflexo) é indício de que as características quantitativa e tonal das sílabas gregas já estavam em mudança. De fato, para a leitura dos textos clássicos segundo a prosódia clássica, já seriam necessárias informações adicionais no texto. Cf. Allen (1987).

154. FORTES: É interessante a reflexão que Sexto parece apresentar entre o que seriam os elementos (στοιχεῖα, isto é, os segmentos mínimos do som, algo semelhante ao que hoje chamamos de fonemas) e sua representação gráfica, as letras (γράμματα). Enquanto estas representam um conjunto uniforme de 24 símbolos, aqueles, no entanto, corresponderiam a um grupo bem maior, constituído de sessenta elementos, visto que uma mesma vogal, por exemplo, poderia representar diferentes sons vocálicos, se longo, breve, aspirado, não aspirado, com acento agudo ou grave e todas as combinações desses parâmetros.

155. FORTES: A observação que Sexto faz quanto à pronúncia simples dos ditongos αι e ει é indício da mudança fonética ocorrida entre o período clássico da língua grega, quando, de fato, tais encontros vocálicos produziam um ditongo, e o século II d.C., quando, muito provavelmente, tais encontros vocálicos se tornaram monotongos, representando apenas um som. Cf. Allen (1987, p.62-88).

156. τεκμήριον = prova demonstrativa ou sinal certeiro, indício seguro. A prova demonstrativa que Sexto Empírico fornece aqui consiste em argumentar fornecendo dados empíricos (concernentes aos sons quando pronunciados) como suporte aos argumentos.

157. φθόγγον = aqui traduzimos como som, indistintamente do modo como traduzimos φωνή, com Blank (1998), que nessa passagem não distingue os dois, usando simplesmente *sound*. Bury (1949) faz a distinção: *sound* e *tone*, com Herveti: *sonum* e *vocis*.

158. φωνῆς, ver n.157.

159. FORTES: Sexto Empírico não apresenta uma definição de sílaba, exatamente como o fazem Quintiliano e Dionísio de Halicarnasso, cujas reflexões gramaticais Sexto parece levar em conta

nesse passo. Encontramos em Aristóteles (*Poet.* 20.1456b34) a definição de que uma sílaba implica a presença de dois elementos juntos, de modo que o exemplo oferecido por Sexto, o vocábulo dissilábico ἠ-ώς (aurora) oferece uma primeira sílaba atípica, visto que é formada apenas pela vogal η.

160. FORTES: Pela razão de que havia as letras η, ω, que representavam as vogais longas correspondentes às breves ε, ο, aquelas eram ditas longas "por natureza", visto que assim eram pronunciadas em qualquer contexto fonético. Diferentemente das demais vogais, cuja pronúncia, longa ou breve, era definida contextualmente.

161. FORTES: À época de Sexto, os encontros vocálicos que constituem cada uma das sílabas do vocábulo αἰ-εί (sempre) eram, provavelmente, pronunciadas como um único som vocálico, não sendo mais distinto o som do ditongo como o eram em fase mais remota da língua. Por esse motivo, o resultado desses encontros vocálicos era um som igualmente longo, semelhante a um η.

162. FORTES: Nesse passo, Sexto Empírico segue de perto a classificação das sílabas longas apresentada por Dionísio Trácio (*G.G.* 19.1), afastando-se da classificação relativamente mais simples presente na obra de Dionísio de Halicarnasso, que parece ser uma das fontes mais importantes de Sexto. É importante observar que, ao passo que o autor explicita os contextos linguísticos das sílabas longas, não existe qualquer menção aos contextos de produção das breves, embora, no parágrafo 123, faça referência às breves como se as tivesse abordado. É possível que uma parte do texto tenha se corrompido no final do parágrafo 122.

163. FORTES: Como na palavra ἀ-γρός (campo), exemplo oferecido por Dionísio Trácio (*G.G.* 19.1).

164. FORTES: Como na palavra ἔρ-γον (trabalho, feito), cf. Dionísio Trácio (*G.G.* 19.1).

165. FORTES: Como na segunda sílaba da palavra μεῖ-ραξ (garoto/a).

166. FORTES: Como na primeira sílaba da palavra ῥι-ψις (lance).

167. τεχνολογίας = tecnologia.

168. ἐλάχιστος: com Herveti, *minimum*, e, com Blank (1998) e Bury (1949), *minimal*, no sentido de ser a unidade mínima e indivisível (e atômica, portanto) da medida do tempo, e não uma relação entre duas medidas desiguais, uma menor e outra maior.

169. Cf. *Adv. Mus.* 62.

170. Ou valor, com a terminologia latina consagrada *vis*.
171. FORTES: Sexto ataca o conceito de sílaba longa, que consiste em duas unidades de tempo (συλλαβὴ δίχρονος), ao considerar que, no contínuo sonoro, apenas um segmento sonoro, de cada vez, é percebido pela audição, de forma que no momento da existência de um dos tempos, o segundo não existe. Como, conceitualmente, a sílaba necessita dos dois tempos para existir, a conclusão lógica é que ela não pode também existir, já que não há a coexistência de suas partes sonoras intrínsecas (parágrafos 127, 128 e 130). Todavia, com o conceito de συμμνημόνευσις (lembranças/memórias concorrentes), Sexto inicia o parágrafo 129 apresentando um contra-argumento ao seu próprio ataque que busca refutar: com efeito, esse conceito, que pode se definir como a memória, pode coexistir com a percepção, de forma que um conceito abstrato pode representar uma construção puramente mental (como a sílaba longa, o tempo, o movimento etc.).
DINUCCI & DUARTE: συμμνημόνευσιν = conceito atribuído a Crisipo relativo à teoria da representação. O termo não ocorre em nenhum outro texto estoico sobrevivente, sendo relatado apenas por Sexto. É traduzido ora por *consciousness* (*Adv. Phy.* I, 352), ora por *joint memory* (*Adv. Gram.* 129) na edição Loeb e significa, literalmente, memória conjunta. Em *Adv. Phy* I. 352, Sexto observa que os "dogmáticos" dizem que o todo e a parte não são objeto sensível ou realidade externa, já que "todo" é termo relativo, concebido em relação à "parte", e vice-versa, pelo que "os termos relativos estão em nossa memória conjunta, e nossa memória conjunta está em nós". Em suma: todo e parte são noções que, quando utilizadas, temos de ter simultaneamente em mente para serem compreensíveis, não sendo derivadas da percepção. Sexto aplica a noção também ao movimento (*Adv. Phy.* II, 10) e às sílabas longas (*Adv. Gram.* I, 129). Em *Adv. Phy.* I, 354, o termo reaparece, em passagem atribuída a Crisipo e que está entre os fragmentos crisipianos (*Fragmenta logica et physica*, S.V.F., II. 80): "τὸ δὲ ἐκτὸς ὑποκείμενον αἰσθητὸν οὔτε ὅλον ἐστὶν οὔτε μέρος, ἀλλὰ πρᾶγμα οὗ ἡμεῖς ἐπικατηγοροῦμεν τὴν ἡμῶν αὐτῶν συμμνημόνευσιν" (o substrato exterior sensível nem é todo nem é parte, mas a coisa da qual predicamos a nossa própria memória conjunta). Compare com *P.H.* III, 128.

172. Herveti: *"ex eo autem quod est et eo quod non est, nihil cogitare possumus compositum tanquam ex partibus"*.
173. FORTES: Na filosofia estoica, o termo λέξις, que se traduz como palavra, tem um sentido específico: trata-se da palavra como o conjunto de sílabas articuladas. Portanto, o termo refere-se à palavra como expressão verbal. Opõe-se, nesse caso, ao termo λόγος que, embora também se possa traduzir como palavra, faz referência à λέξις dotada de significado, isto é, à palavra como unidade semântica. Na *Poética* de Aristóteles (6.1450b13), o termo λέξις possuía sentido ainda mais vasto, referindo-se à maneira de elocução dos discursos, o estilo, motivo pelo qual a sua *Retórica* também é conhecida como Τέχνη περὶ λεξέως. Embora Aristóteles (*Poet.* 20.1456b.20) e *Teofrasto* falem em "partes da expressão" (τοῦ λεξέως μέρη) ao abordar as partes do discurso, o termo que se consagra a tais categorias na Filosofia e na Gramática é τοῦ λόγου μέρη.
174. Lacuna textual, segundo a versão de Mutschmann-Mau. Blank (1998) completa essa lacuna, fornecendo a conclusão de um argumento: *"but if the sentence cannot be thought of as a whole, and these items cannot be thought of as its parts,* {*then neither will the sentence exist, nor will its parts*}*"*. Optamos por seguir Herveti e Bury, com o texto Bekker.
175. θεωρημάτων = *theorems*, com Bury (1949); ou *praeceptus*, com Herveti, e Blank (1998): *precepts*.
176. FORTES: Homero, *Il.* I, 1: o primeiro verso da *Ilíada*, aqui citado, é o exemplo-padrão usado pelos gramáticos alexandrinos. O verso em questão apresenta uma totalidade tanto do ponto de vista métrico (um hexâmetro) quanto do ponto de vista gramatical (uma sentença completa), embora esteja vinculada também gramaticalmente ao verso seguinte, que apresenta um predicativo à primeira palavra: οὐλομένην, ἣ μυρί' Ἀχαιοῖς ἄλγε' ἔθηκε (*destrutiva* [a ira], que impôs muitas dores aos aqueus). Dessa forma, como Sexto vai iniciar sua reflexão sobre parte e totalidade, pode-se apresentar, nessa ambiguidade, uma totalidade que também é parte de algo maior, ou uma totalidade da qual se faz ausente uma das partes, gerando um paradoxo que será explorado para refutar todo o conceito em seguida. Compare com *Adv. Phy.* I, 350.
177. FORTES: Ou apelativo (na gramática grega προσηγορία ou προσηγορικὸν ὄνομα; na latina *appellatio*), substantivo comum, faz

oposição, na mesma classe, aos nomes próprios (ὄνομα/*nomen*). Essa distinção é apresentada por Diógenes da Babilônia, citado por Diógenes Laércio (VII, 57), onde também faz referência à classificação das *partes da oração* segundo Antipater e Crisipo, seguido de exemplificação. Outra referência importante às partes da oração (e seu número crescente de 2, 3, 5 e, finalmente, 8), pode ser encontrada em Quintiliano (*Inst. Orat.* 1.4.19-20).

178. Ou substantivo.
179. FORTES: A categoria dos nomes (ὄνομα) tem longa tradição. Aristóteles a define como "um som articulado, que contém significado por convenção, em tempo, sem a qual nenhuma outra parte possui significado" (*Int.* 2.16a 19f). Diógenes da Babilônia, segundo Diógenes Laércio (VII, 57), faz a distinção entre nomes comuns (προσηγορίαι), que são definidos como "elemento do enunciado que apresenta um significado comum a muitos seres, como ἄνθρωπος [homem], ὕππος [cavalo]" e nomes próprios (ὀνόματα), que se definem como: "elemento do enunciado que significa uma característica própria, como Διογένης [Diógenes] e Σωκράτης [Sócrates]". Apolônio Díscolo, por sua vez, define nome como: "parte declinável da sentença que significa corporalidade (σῶμα) ou coisa (πρᾶγμα), que pode ser comum ou particular" (Schneider, 1910, p.38). Após a definição dos nomes, os gramáticos elencam suas propriedades (παρεπόμενα/ *accidentia*): gênero (γένος/*genus*), número (ἀριθμός/*numerus*), caso (πτῶσις/*casus*). Sexto avalia, por amostragem, a reflexão que os gramáticos fazem sobre número e gênero dos nomes.
180. EL-JAICK: Conforme se pode perceber, a batalha natureza *versus* convenção é uma das favoritas de Sexto Empírico. Aprendemos com Barnes que "a comparação com critérios naturais é um lugar-comum nos textos antigos" (1999, p.133). Nas *Hipotiposes pirrônicas*, Sexto já criticava a noção de que haja alguma coisa boa, má ou indiferente por natureza (*P.H.* III, 179-87). Estamos vendo agora, em *Contra os gramáticos*, Sexto se voltar a esse tema quando discute a expressão *por natureza* na parte que trata do nome (*onoma*). Aqui, Sexto Empírico examina o que os gramáticos querem dizer quando afirmam que alguns nomes são *por natureza* masculinos, femininos ou neutros, singulares em número, duais ou plurais. Sexto não dirige as suas considerações à própria noção

de *nome*, mas, antes, a dois de seus acidentes: gênero e número. Seu ataque se volta contra a afirmação dos gramáticos de que os nomes teriam tal ou qual gênero e número *por natureza*.

FORTES: A ideia de que uma categoria gramatical possa existir por natureza (φύσει) ou por convenção (θέσει), a que Sexto também faz alusão no parágrafo 37, tem uma dimensão importante quanto ao estatuto filosófico da linguagem (e da Gramática): as palavras revelam uma correspondência natural com as coisas que nomeiam e exprimem (φύσις) ou elas são signos arbitrários e, portanto, de valor reduzido como instrumento de investigação filosófica (θέσις)? Essa questão central aparece particularmente no diálogo *Crátilo*, quando Hermógenes e Crátilo são partidários oponentes de uma visão convencionalista x naturalista da linguagem, chegando a uma aporia não definitivamente resolvida. Segundo Diógenes Laércio (X, 75), os epicuristas deram seguimento ao debate: os homens teriam sido movidos pela experiência das coisas para produzir sua fala, mas refinaram-na em um segundo estágio coletivamente, de forma que não se pode tomá-la como espelho da natureza. Para os estoicos, o conceito de *anomalia*, que Sexto apresentará em seguida (parágrafo 154), denota a falência das formas de palavras para exprimir uma homogeneidade com as coisas que significam, isto é, com a natureza, como nos atesta Varrão (*De Ling.* 9.1): "*et Chrysippus de inaequabilitate cum scribit sermonis, propositum habet ostendere similes res dissimilibus verbis et dissimiles similibus esse vocabulis notatas*" (e Crisipo, quando escreve sobre a irregularidade do discurso (*inaequalitas*/ἀναλογία), tem o propósito de mostrar que coisas semelhantes são indicadas por palavras dessemelhantes e as dessemelhantes, por palavras semelhantes).

181. Sobre o tópico das afecções como motoras, ver, por exemplo: *Adv. Log.* I, 354-9. Compare com *P.H.* II, 72-5.

182. EL-JAICK: Sexto oferece duas alternativas para a significação de *por natureza* aqui: (i) os nomes teriam adquirido suas expressões naturais pelo povo primevo, ou seja, que primeiro os proferiu (nessa primeira alternativa, de acordo com Blank, 1998, Sexto faz referência à teoria epicurista); ou (ii) os nomes nos afetariam naturalmente, ainda hoje, como sendo do gênero masculino, por exemplo, mesmo que não os consideremos como masculinos.

183. EL-JAICK: Sexto Empírico opõe duas objeções à primeira alternativa para a significação de *por natureza* (como vimos, Sexto, nessa primeira alternativa, se referia à teoria epicurista). A primeira objeção é esta do parágrafo 144: os gramáticos não teriam como decidir esse debate, já que essa não é uma questão fácil nem mesmo para os melhores cientistas naturais, devido à argumentação equivalente em ambos os lados contrários. Trata-se do argumento, comum em Sexto, do *desacordo* entre posições contrárias.

184. FORTES: A diversidade das línguas é tomada por Sexto como contra-argumento à ideia naturalista da linguagem: de fato, se as línguas espelhassem a natureza, haveria uma espécie de gramática universal. Essa ideia, embora implícita em certa discussão na gramática helenística, voltará a ser apreciada em Apolônio Díscolo (*Da sintaxe*) e Prisciano (*De construc.*), que propõem um conceito geral de funcionamento da sintaxe das línguas (λόγος/ *ratio*) e, muito depois, será reabilitada e desenvolvida pela Gramática especulativa do século XIII, como a *Grammatica speculativa*, de Thomas Erfurt. A ideia de que de uma perspectiva naturalista derivar-se-ia o fato de que a língua grega e as demais (chamadas bárbaras) teriam o mesmo sentido e forma das palavras é citado por Crátilo como fundamento da argumentação de Hermógenes, que defende essa tese, no *Crátilo*, de Platão (383b).

185. EL-JAICK: A segunda objeção também é comum em Sexto Empírico (e já foi vista anteriormente aqui): se os nomes fossem estabelecidos por natureza, então todos os povos se entenderiam — o que não é o caso. E o discurso, de acordo com a argumentação do pirrônico, não significa por natureza. Blank (1998) ressalta que essa última contestação de Sexto é uma má interpretação da teoria epicurista. Epicuro obviamente sabia que as percepções e, assim, os sons produzidos a partir delas diferiam entre os povos. É o que se depreende da explicação do próprio Epicuro para a origem da linguagem: "Nomes não vieram originalmente a ser por causa de um cunhador, mas a própria natureza do homem recebeu impressões-dos-sentidos (*phantasmata*), que foram afetadas em modos que variaram peculiarmente de tribo para tribo, e cada uma das afecções e impressões causaram a eles exalar peculiarmente a respiração, de acordo também com as diferenças raciais

de lugar para lugar" (Epicuro, *Hdtm.* 75, apud Everson, 1994). De todo modo, é interessante trazermos a posição de Desbordes (1982), para quem Sexto Empírico, em muitos casos (como neste), não se limita a criticar, mas acaba por defender algumas posições – aqui, sua defesa seria a de que a língua não é natural, mas convencional.

186. Cf. *P.H.* III, 179.
187. EL-JAICK: Blank nos ensina que a "terminologia aqui é tomada da filosofia estoica, em que uma impressão sensória 'move' a faculdade que governa a alma, e 'indica' tanto ela mesma quanto o que é uma impressão" (1998, p.179).
188. FORTES: As terminações -ος (para o nominativo) e -ου (para o genitivo) em quase todos os nomes gregos são empregadas em nomes masculinos. No entanto, as palavras στάμνος (jarra), θόλος (rotunda) e βῶλος (torrão) eram empregadas como substantivo feminino no dialeto ático, enquanto, em outros, como masculino; de forma inversa, λιμός (fome) era masculino em ático e feminino em dórico. Como o dialeto ático consagrou-se como o modelo a ser imitado pelos autores helenistas, suscitando o movimento do aticismo, os gramáticos comentavam tais dissonâncias de uso entre o ático e os demais dialetos. Os exemplos oferecidos por Sexto, provavelmente, eram conhecidos desses glossários elaborados pelos gramáticos à sua época. É importante observar aqui, ainda, o artifício empregado por Sexto Empírico para indicar os gêneros: a anteposição dos artigos ὅ (artigo definido masculino) e ἥ (artigo definido feminino). Esse expediente, que é lugar-comum na Gramática grega (e que será substituído, em latim, pela anteposição dos demonstrativos *hic*, *haec* e *hoc*), foi, no entanto, extensivamente criticado por Apolônio Díscolo (*Da sintaxe*, 1.39), que defendia os papéis relativamente autônomos de cada uma das partes da oração.
189. EL-JAICK: A resposta de Sexto Empírico aos gramáticos é no sentido de que aquilo que nos move por natureza move a todos igualmente e, não obstante, os mesmos nomes não são igualmente masculinos, femininos ou neutros para todos, gregos e bárbaros – e isso não faz que uns estejam certos, e outros, errados. Afinal, cada um trata a palavra conforme estabelecida por imposição. Aliás, essa diferença existe não apenas entre povos

diferentes, mas, também, um mesmo povo emprega os mesmos nomes diferentemente.

190. FORTES: Os nomes elencados nesse parágrafo eram conhecidos pelos gramáticos como ἐπίκοινα, isto é, substantivos cuja mesma forma, incluindo a do seu artigo, serve para designar seres dos dois sexos; note-se, por exemplo, que faz referência majoritária à classe semântica dos insetos e pequenos seres vivos. Na Gramática grega havia ainda a classe dos κοίνα, que não é mencionada por Sexto. Nessa última, o gênero era diferenciado somente por intermédio do artigo. Essas classes são apresentadas em Dionísio Trácio (*Ars Gram.* 24.8).

191. Portanto, com o gênero inverso ao que os gramáticos postulam como sendo por natureza.

192. FORTES: Os exemplos trazidos nos parágrafos 151 e 152 refutaram a argumentação de que os gêneros das palavras derivam de uma correspondência natural com os objetos a que se referem. A conclusão é a de que o gênero é definido pelo "uso comum da linguagem" (κοινή συνήθεια), que é o critério mais importante para a definição da correção ou da incorreção dos gêneros.

193. EL-JAICK: Eis mais um exemplo fornecido por Sexto Empírico para mostrar como o gramático, por fim, tem de reconhecer que o uso comum acaba por consagrar *a regra gramatical* das expressões linguísticas – o que faz que o gramático, como toda a gente, veja-se obrigado a se curvar ao uso ordinário da linguagem.

194. EL-JAICK: Sexto Empírico conclui que não é por natureza, mas *por imposição* que o gênero dos nomes é determinado. Sexto resolve que, se o nome não tem seu gênero fixado por natureza, então o critério de correção não é uma regra gramatical técnica, mas a simples observação do uso, não técnica.

195. EL-JAICK: Uma das heranças legadas pelos estoicos aos estudos gramaticais reside na teoria da linguagem como fenômeno repleto de *anomalias*. Os gramáticos de linhagem estoica acreditavam na existência de criadores de nomes de vários povos, que possuíam a linguagem da razão natural do mundo. As primeiras palavras criadas por eles expressavam a natureza das coisas que nomeavam. Todavia, com o passar do tempo, as palavras teriam se distanciado mais e mais da razão natural do mundo, afetando a correspondência entre nome e coisa – por fatores como sinonímia, ambiguidade

e *anomalia*. Esta última, para os estoicos, significava que a forma das palavras não correspondia às coisas que elas significavam. E, para a lógica estoica, era necessário que houvesse uma relação direta entre a forma e o significado de uma expressão linguística. Como essa relação é perturbada em muitos casos, há anomalias. Esse teria sido um debate em que, do outro lado, estariam os defensores de que os aspectos das línguas observavam a lei da *analogia*. Estes eram os seguidores de Aristarco de Samotrácia, os filólogos alexandrinos. A ideia defendida por gramáticos como Apolônio Díscolo era de que havia uma língua original e ordenada que teria se corrompido com o passar do tempo, mas que, *por analogia*, poderia ter suas regras a descoberto. A analogia, dessa maneira, poderia informar o dialeto (se houvesse algum) que teria preservado o ordenamento primordial, bem como os desvios que a língua original teria sofrido. Porém, desafiando a visão mais hegemônica sobre a história da Gramática antiga, Blank (1998) sustenta que tal debate nunca teria de fato ocorrido: segundo ele, a disputa sobre a oposição anomalia/analogia teria sido mal interpretada pelos escolásticos devido, por sua vez, a uma má apresentação dos casos de anomalia e analogia por Varrão (116-27 a.C.). Este é a única fonte para o reconhecimento da *anomalia* como um princípio geral da linguagem, conforme observado em seu *De lingua latina*, ao tratar da relação entre analogia e uso na prática (Blank, 1998, p.224, 254). Pelo modo como Varrão apresentou as duas correntes, a rixa parecia ser entre uma explicação *racionalista* e uma *empirista* de Gramática, isto é, entre uma explicação gramatical teórica e uma explicação gramatical não teórica, cuja normatização seguisse a observação do uso comum. A má apresentação de Varrão, assim, decorreria do fato de que o debate em torno da questão anomalia/analogia não era de ordem linguística, mas de ordem filosófica, lógica. A anomalia jamais teria sido tomada como um princípio constitutivo da linguagem, como Varrão (e, de acordo com Blank, só ele) afirma. Varrão teria simplificado bastante o problema, ao dizer que, "quando Crisipo alude à consistência da linguagem, seu propósito é mostrar que coisas semelhantes são designadas com palavras distintas e que coisas distintas são designadas com palavras iguais" (*De Ling.* IX.1). Ele desconsidera a preocupação filosófica que fundamenta

as duas escolas – o que, para Blank, constitui o principal problema nas explicações mais comuns da história gramatical: o de serem elas contadas de forma totalmente divorciada do pensamento filosófico (1994, p.151). Aparentemente, Sexto Empírico seria o único autor grego a usar, em uma passagem de seus escritos, *anomalia* no sentido de Varrão, isto é, de "desvio da regularidade flexional" – apesar de que, de resto, Sexto use a palavra no sentido estoico de Crisipo (Blank, 1994, p.152). A proposta de Sexto Empírico é que a observação do uso comum dita a correção, e não a analogia.

196. EL-JAICK: Vemos que a questão naturalismo/convencionalismo volta nesse debate sobre a oração e suas partes (ver também *Adv. Phy.* I 350-1). A diferença é que, agora, o aspecto que Sexto Empírico deseja salientar é o de que, ao se proferir uma oração, todos vão ouvi-la, mas apenas os falantes daquela língua vão entendê-la, bem como as suas partes – logo, nem a oração nem as suas partes podem ser consideradas sons inarticulados. Blank (1998) indica que essa diferenciação tem uma longa herança, como do argumento platônico que distingue *percepção* de *conhecimento*, em que Platão ressalta a habilidade dos falantes de uma língua para se referirem às coisas, e sua inaptidão para entenderem uma língua que não conhecem (*Teet.* 163b). Essa é, para Blank (1998, p.186), a primeira oportunidade que se apresenta a Sexto para discutir o *status* ontológico do significado linguístico. A questão pode ser colocada da seguinte forma: uma oração com significado tem um *status* ontológico diferente de um mero som verbal, que não significa nada? A resposta estoica afirmava que a oração era uma voz corpórea unida a um dizível inteligível e incorpóreo (*Adv. Log.* II, 12). A indignação de Sexto recairá aqui sobre a admissão da coexistência de contrários (corpóreo/incorpóreo).

197. Ver n.20, 28 e 29.

198. Ou seja, um incorpóreo. Ver n.21, 25, 28 e 29.

199. Um dos tropos de Agripa, ver: *P.H.* I, 164-78.

200. FORTES: O termo μερισμός (divisão, partição) tem diferentes acepções técnicas. Em Apolônio Díscolo (*Da sintaxe*, 150.15, 335.11), o termo faz referência à partição da frase (λόγος) em classes de palavras (μέρη, partes: o nome, o verbo, o pronome etc.) e à divisão das palavras em partes menores (também é empregado,

para isso, o termo ἐπιμερισμός). Um segundo sentido da expressão é no âmbito da métrica, isto é, a divisão do verso (στίχος), divisão em pés métricos (διανομὴ εἰς τοὺς πόδας). Esses dois sentidos representavam habilidades técnicas distintas, embora aparecessem juntas no subgênero gramatical didático conhecido como *partitiones/μέρισμοι*. O exemplo mais conhecido de uma obra desse gênero são as *Partitiones duodecim uersuum Aeneidos principalium* (Partições dos doze primeiros versos da *Eneida*), de Prisciano (séc. VI), em que cada um dos primeiros versos dos doze cantos da *Eneida* são analisados tanto quanto à divisão métrica, como quanto às classes de palavras. Certamente, essa obra era herdeira de uma tradição que fazia o mesmo quanto aos versos das obras de Homero (como as análises de Herodiano). A necessidade "didática" desse tipo de estudo derivava da dificuldade de um leitor em decifrar os versos, tais como se dispunham na escrita dos documentos, isto é, com as letras dispostas de forma contínua, sem as separações de palavras. Assim, o primeiro verso da *Ilíada* seria disposto, na maior parte dos manuscritos, algo como ΜΗΝΙΝΑΕΙΔΕΘΕΑΠΗΛΗΙΑΔΕΩΑΧΙΛΗΟΣ. O estudante deveria ser treinado, pelo gramatista, a fazer as partições desse verso (tanto em relação às palavras, quanto aos pés, para a pronúncia e ritmo na leitura em voz alta).

201. FORTES: O termo que aqui se traduz como "escansão" é βαίνειν (o caminhar). O termo deriva de uma metáfora conceitual: a palavra que designa verso (στίχος) também partia de um sentido mais concreto, espacial (a linha, fileira, fileira de soldados), assim como as suas partes, os pés (πόδες), cuja análise, a escansão, consistiria, portanto, em uma espécie de "trilhar desse caminho". O termo βαίνειν já aparece, nesse sentido especializado, em Aristóteles (*Met.*, 1093a30). Assim, o ritmo do verso é o ritmo dessa "caminhada": o verso "anda" (βαίνεται) de acordo com certa unidade métrica.

202. ἀνύπαρκτος = não existentes. Herveti: *qui consistere non possint*.

203. *Adv. Mus.* 60-7.

204. FORTES: A subtração (ἀφαίρεσις) fazia referência à separação de fonemas, sílabas ou pés métricos de uma palavra, de um verso ou de uma frase, por exemplo, a palavra μῆνιν do restante do primeiro verso da *Ilíada*. A adição, por outro lado, consiste no acréscimo de fonemas, sílabas, pés ou palavras a uma palavra, verso ou frase,

quando se encontra em elisão, como nos exemplos oferecidos: αἷμ'ἐμέων (*Il.* 15.11: vomitando sangue), em que está elidida a terminação do substantivo αἷμα (sangue) antes do particípio ἐμέων (vomitando); assim como βῆ δ'ἀκέων (*Il.* 1.34: foi quieto), com a elisão da vogal final de δέ.

205. FORTES: O fenômeno da elisão ou sinalefa (συναλοίφη) consistia na fusão de dois vocábulos por intermédio de uma contração vocálica, no início ou no final da palavra, conforme definição presente em Dionísio de Halicarnasso (*De compositione uerborum*, 6, 22). A vogal suprimida por elisão é geralmente breve, raramente um ditongo, e nunca a vogal υ. Nessa passagem, Sexto nos oferece dois exemplos, αἷμ' ἐμέων (vômito de sangue), em que percebemos a elisão da vogal α, no final da primeira palavra (αἷμα) e βῆ δ› ἀκέων (foi quieto), que registra a elisão da vogal ε, na segunda palavra (δε), no intuito de demonstrar que, na leitura do texto, as vogais elididas são acrescentadas pelo leitor, o que revela o procedimento da adição (πρόσθεσις).

206. Ver *P.H.* III, 85; *Adv. Phy.* I, 280.

207. FORTES: É curioso que Sexto divida o verso da *Ilíada* em dois hemistíquios de tamanhos bem diferentes: μῆνιν, por um lado, e, por outro, o restante ἄειδε θεὰ Πεληειάδεω Ἀχιλῆος. Hipoteticamente, dividir-se-ia o verso em sua cesura, isto é, no meio do terceiro pé, produzindo o par balanceado: μῆνιν ἄειδε θεὰ// Πεληειάδεω Ἀχιλῆος. É provável que Sexto esteja aqui replicando a divisão ¼ x ¾, utilizada no tratamento de outros fenômenos de adição (*P.H.* III, 94-6).

208. FORTES: O verso heroico corresponde ao hexâmetro dactílico, que caracteriza o gênero épico. Ele é formado por seis unidades métricas, formados por dáctilos (formado por uma sílaba longa e duas breves) ou espondeus (formado por duas sílabas longas). O quinto pé, necessariamente, é um dáctilo.

209. FORTES: A partir do século II a.C., o ι subscrito a uma outra vogal longa, como no dativo singular da primeira e segunda declinações não era mais pronunciado. Além disso, no século I a.C., já não se notava a diferença quanto à pronúncia entre o ει e o ι longo.

210. FORTES: Os termos εὐχάλινον (adj., com boas rédeas) e εὐώδινας (adj., acusativo plural de εὐώδιν, feliz na paternidade), grafados com ι (sublinhados), exemplificam a perda da distinção fonética

entre o ι e ει, ambos pronunciados, no período helenístico, como um [i] longo. Os termos citados são de ocorrência bastante rara na literatura anterior a Sexto Empírico, provavelmente tomados de Asclepíades, filólogo cuja obra parece ser a fonte de Sexto nessa passagem (cf. Blank, 1998, p.198).

211. FORTES: No período helenístico, a consoante dupla ζ, pronunciada no ático clássico como zd, passou a ser pronunciada como z, assim como, antes de vogais nasais, o sigma inicial era frequentemente sonorizado, sendo pronunciado como z. Assim, é corrente certa confusão entre σ e ζ, pronunciados semelhantemente nos contextos fonéticos das palavras citadas.

212. FORTES: Os encontros consonantais são abordados por Herodiano em seu tratado sobre a ortografia. Encontros consonantais que podem iniciar palavras devem ser considerados parte de uma mesma sílaba; por exemplo, o conjunto κτ, que pode iniciar uma palavra como κτῆμα (possessão), deve ser reunido em uma mesma sílaba, caso ocorra em posição medial na palavra, como é o caso de ἔτι-κτον. Por outro lado, conjuntos consonantais que não iniciam sílabas devem ser separados quando vêm em posição medial na palavra, como ἔρ-γον (coisa), em que o conjunto ργ não existe em início de palavras gregas. A exceção a essa regra são os encontros consonantais θμ, φν, γδ, χμ, κμ, σγ e σδ, que, embora não iniciem palavras, devem ser agrupados como parte da mesma sílaba, como em ἀ-κμή (auge, limite) e φά-σγανον (espada). Segundo tais regras, o exemplo oferecido por Sexto (ὄβριμος, forte, poderoso), deveria ser dividido da seguinte maneira: ὄ-βριμος.

213. FORTES: Nesse passo, Sexto utiliza a seu favor as discordâncias de opinião dos próprios gramáticos (διαφωνία), que geram resultados igualmente aporéticos.

214. O cético não se vê incapacitado de se comunicar por suspender o juízo quanto aos resultados aporéticos da Gramática. Pelo contrário, conserva-se ativo, tendo como parâmetro os usos comuns da linguagem. E o mesmo se dá com qualquer coisa sobre a qual o cético suspenda o juízo.

215. FORTES: Sexto parece fazer aqui um trocadilho entre o nome próprio Ἀριστίων (que é atribuído, entre outros, a certo ateniense partidário de Pisístrato, séc. VI a.C., ou a um tirano de Atenas, amigo de Mitrídates, do século I a.C.) e o verbo ἀριστίζω

(tomar um café da manhã). Para Sexto, seria problemático se a mudança da disposição da consoante na sílaba produzisse algo como Δειπνίων, nome incomum, mas que lembra o verbo δειπνέω (jantar).

216. Ἑλληνισμός: helenismo, bom grego, bom uso (falado ou escrito, daí a generalidade de "uso") da língua grega. Significados possíveis que amiúde optamos por utilizar.

217. EL-JAICK: Nessa seção dedicada ao helenismo, Sexto Empírico confronta a (inútil) analogia e o (útil) uso comum, além de desacreditar tanto a definição de *barbarismo* quanto a de *solecismo* dos gramáticos.

FORTES: O texto mais antigo a comentar o conceito de "helenismo" (ἑλληνισμός) é a *Retórica*, de Aristóteles (3.5.1407a19), em que o conceito é considerado uma das partes da *léxis*, consistindo em cinco partes: conjunções de palavras, usar apropriadamente as palavras, evitar ambiguidades, usar gêneros gramaticais corretos, fazer concordância em número. A definição de Diógenes da Babilônia, citada por Diógenes Laércio (VII, 59), inclui o conceito entre as virtudes do discurso (ἀρεταὶ λόγου), que são cinco: helenismo (ἑλληνισμός), clareza (σαφήνεια), concisão (συντομία), decoro (πρέπον) e elegância (κατασκευή). Para esse gramático, o helenismo consiste "no emprego da linguagem sem erros, de acordo com os gramáticos e com o uso comum (συνήθεια)". O conceito de helenismo é considerado o corolário da Gramática antiga, sendo também de importância capital na retórica. No entanto, é importante frisar que a noção de ἑλληνισμός (helenismo) e o termo equivalente latino, a *Latinitas* (latinidade) não devem ser tomados, pura e simplesmente, como o critério que oporia, na Antiguidade, as noções absolutas do *certo/errado*, em se tratando de língua. Trata-se, antes, de critérios definidores de um modelo de língua identitário (Desbordes, 2007, p.91). De fato, a correção dos nomes, como aparece nos gramáticos gregos e latinos, consistia, em síntese: (1) na busca pela correspondência entre as formas das palavras e as coisas a que faziam referência no mundo; (2) na restauração das formas originais, atestadas nos autores antigos, especialmente em Homero (com relação à escrita, ao seu uso, sentido ou pronúncia); (3) correção do emprego das palavras a partir da comparação com o funcionamento de outras da mesma

classe (analogia). Portanto, o viés "normativo" da noção tem como objetivo, mais que defender um uso "correto", defender um uso "legítimo", que caracteriza o grego ou romano como indivíduo de uma cultura, do que resulta a preocupação com a autoridade das palavras, isto é, com sua ocorrência nos autores considerados modelares (que, no grego, eram prosadores áticos), como podemos observar nas obras de Aristófanes de Bizâncio e Crates de Malos. Entre os latinos, fazem menção à *Latinitas*, entre outros autores, Varrão e Quintiliano.

218. EL-JAICK: É nessa seção, em que Sexto Empírico questiona se há uma arte sobre o helenismo, em que ele mais abertamente defende o *uso* como parâmetro regulador da linguagem. Podemos reconhecer essa seção sobre helenismo em *Adv. Gram.* como uma continuação das discussões sobre sofismas e ambiguidades presentes no Livro II de *P.H.* Segundo Sexto Empírico, há dois tipos distintos de helenismo: (i) uma forma divorciada do uso comum e que parece proceder de acordo com a analogia gramatical; e (ii) uma outra forma que deriva da observação do uso, portanto, do escopo da competência de todos os falantes de grego, já que podem assimilá-la das conversas cotidianas. O segundo tipo, diz Sexto, é de grande uso, na medida em que é útil para nossa vida; contudo, o primeiro é inútil.

219. FORTES: Esse padrão de declinação para a palavra Ζεύς é construído por analogia com o paradigma de Πηλεύς, que é apresentado pelo gramático Teodósio (G.G. 4.1.12). Essas formas hipotéticas, regulares, criadas por analogia, parecem possíveis na língua, mas não se consagraram no uso, que, ao contrário, revelava as formas Διός (gen.), Διΐ (dat.), Δία (acus.) (derivadas não do nominativo Ζεύς, mas da forma dórica Δίς).

220. FORTES: As formas oblíquas mais comuns para a palavra Ζεύς eram Διός (gen.), Διΐ (dat.), Δία (acus.). No entanto, as formas apresentadas por Sexto nesse passo eram também igualmente atestadas, a partir do nominativo Ζήν. As duas formas fugiam do uso "regular", isto é, segundo a analogia, apresentado acima: Ζεός (gen.), Ζεῖ (dat.), Ζέα (acus.).

221. Imputação de loucura a quem não age de acordo com as convenções. Apesar de ter havido uma simbiose entre ceticismo e cinismo pelo menos em Timão de Fliunte (Caizzi, 1980), possi-

velmente em decorrência da acusação de que o ceticismo conduz à apraxia, céticos posteriores alinharam a rejeição aos dogmatismos a um *modus vivendi* extraído das convenções dos homens comuns, e é precisamente esse o ponto de ruptura com a vida cínica, que abomina o νόμος (Navia, 2009).

222. FORTES: A analogia do uso da linguagem com a moeda de uso público, cujo valor se reconhece em contexto social, é semelhante à apresentada por Quintiliano (1.6.3): "O uso, efetivamente, é o mais seguro mestre da fala, e devemos empregar a língua claramente, como a moeda, para a qual existe uma forma pública". Varrão oferece um paralelo excelente para o argumento de Sexto de que uma forma cunhada pela analogia resulta, no mais, em uma construção artificial e absurda, a partir do próprio paradigma "regular" de *Iuppiter* (exemplo muito próximo ao de Sexto, apresentado acima, Ζεύς). Veja textualmente o que Varrão diz (*De Ling.*, 8.33): "se queremos seguir a analogia, devemos observar o que está no uso e o que não está. Se devemos seguir aquela que está no uso, não são necessárias regras, pois, quando seguimos o uso, o uso nos segue; se devemos seguir aquela que não está no uso, perguntemos: quando alguém forjar quatro formas para duas palavras, ainda que não queiramos, devemos segui-las, como em *Iuppitri* e *Marspitrem*? Se alguém conserva tais analogias, deve ser censurado como insano. Não, elas não devem ser seguidas".

EL-JAICK: Para mostrar a inutilidade do helenismo que leva em conta a analogia, Sexto usa a alegoria da moeda corrente e da moeda privada. Essa comparação do uso de uma língua à circulação de uma moeda não só era um lugar-comum entre seus contemporâneos, como também é uma metáfora repetida por autores que, muito mais recentemente, debruçaram-se sobre a linguagem. Para citar alguns exemplos, temos F. de Saussure: "Ademais, é impossível que o som, elemento material, pertença por si à língua. Ele não é, para ela, mais que uma coisa secundária, matéria que põe em jogo. Todos os valores convencionais apresentam esse caráter de não se confundir com o elemento tangível que lhes serve de suporte. Assim, não é o metal da moeda que lhe fixa o valor; um escudo, que vale nominalmente cinco francos, contém apenas a metade dessa importância em prata; valerá mais ou menos com esta ou aquela efígie, mais ou menos aquém ou além de uma

fronteira política. Isso é ainda mais verdadeiro no que respeita ao significante linguístico; em sua essência, este não é de modo algum fônico; é incorpóreo, constituído, não por sua substância material, mas unicamente pelas diferenças que separam sua imagem acústica de todas as outras" (Saussure, 1998[1916], p.138). Nietzsche: "O que é a verdade, portanto? Um batalhão móvel de metáforas, metonímias, antropomorfismos, enfim, uma soma de relações humanas, que foram enfatizadas poética e retoricamente, transpostas, enfeitadas, e que, após longo uso, parecem a um povo sólidas, canônicas e obrigatórias: as verdades são ilusões, das quais se esqueceu que o são, metáforas que se tornaram gastas e sem força sensível, moedas que perderam sua efígie e agora só entram em consideração como metal, não mais como moedas" (Nietzsche, 1974[1873], p.56). Derrida: "A palavra não é pronunciada, mas pode-se decifrar a dupla dimensão da *usura*: o apagamento por fricção, por esgotamento, por esterilização, é certo, mas também o produto suplementar de um capital, a troca que, longe de perder a entrada, faria frutificar a riqueza primitiva, acrescentaria a paga sob a forma de lucros, de acréscimo de interesse, de mais-valia linguística, permanecendo as duas histórias do sentido indissociáveis" (Derrida, 1991, p.250). Wittgenstein: "Diz-se: não é a palavra que importa, mas sua significação; e ao dizê-lo, pensa-se na significação como em uma coisa do mesmo gênero da palavra, ainda que diferente dela. Aqui a palavra, aqui a significação. O dinheiro e a vaca que com ele se pode comprar. (Mas, por outro lado: o dinheiro e sua utilidade.)" (Wittgenstein, 2012, §120). Na analogia de Sexto, o sujeito que usa a moeda corrente de uma cidade é capaz de fazer seus negócios lá, mas quem cunha para si uma moeda nova e diferente se mostra um tolo quando quer negociar com ela. Analogamente, também aquele que quer mudar o discurso que é comumente aceito para um discurso que lhe seja privado está perto da insanidade.

223. EL-JAICK: Há dois pontos importantes a serem ressaltados aqui. Um é que o uso comum é o *critério* definidor, é o *princípio* do que é e do que não é (bom) grego. O outro é que, ao mesmo tempo que o critério de correção da linguagem está no uso, o uso não pertence a uma arte (cf. *Adv. Gram.* 183, 219).

224. FORTES: Para defender que não existe um critério natural (e, portanto, universal) para a definição do helenismo, Sexto recupera a discussão anteriormente apresentada de que não existe, por exemplo, um mesmo critério "natural" para a atribuição de gênero aos nomes (passo 146 ss.).
225. EL-JAICK: Para Sexto Empírico, não é preciso uma arte para julgar o helenismo se o uso comum é o critério definidor. Diz Sexto que, se o critério para o helenismo é não técnico, então ele só pode ser o uso comum. Diz Blank que: "Enquanto a 'não especialidade' (*atechnia*) era um tipo de ignorância para os estoicos, e a acusação de 'falta de especialidade' apontava grande incompetência para os praticantes de uma especialidade, a 'não especialidade' era apenas o contrário aceitável da 'especialidade' para Sexto" (1998, p.215). Para Sexto Empírico, quem fala o bom grego é o homem mais familiarizado com seu uso, e não o estudioso da analogia gramatical. Seguir o uso da maioria é a solução que Sexto apresenta em *Adv. Gram.* 190-6 – o que Blank chama de *argumento pragmático* (Blank, 1998, p.250).
226. FORTES: Nesse passo, Sexto parece concluir o argumento de que é inválido somente o helenismo que deriva de um aprendizado gramatical baseado na analogia, portanto, de um saber que é, na visão do filósofo, pseudotécnico. Por outro lado, o helenismo que decorre do uso linguístico e das necessidades práticas – no que tange à produção, por exemplos, de discursos claros, corretos e precisos – permanece válido.
227. EL-JAICK: Como se vê, o confronto entre *uso* e *analogia* ocupa muitas passagens de *Contra os gramáticos*: deve-se seguir um ou outro? Sexto Empírico tira sua própria conclusão e se posiciona claramente em defesa do uso ao longo de sua obra – somente a linguagem comum, que qualquer falante regular da língua domina, é útil para bem falar o grego, enquanto a analogia, a partir da qual os gramáticos pretendem fixar regras (inexistentes), é inútil (p. ex.: *Adv. Gram.* 179, 195, 220, 236, 240).
228. FORTES: Conforme apontado antes, nos passos 177 e 178, são absurdas as formas que, por analogia, rendem os casos oblíquos de Ζεύς e κύων e, inversamente, os respectivos nominativos que, por analogia, formariam-se para as formas das duas palavras declinadas (por exemplo, ao genitivo κυνός corresponderia o

nominativo *κῦς [?]). É interessante observar que as formas declinadas de κύων apresentadas por Sexto, criadas de forma regular e não atestadas pelo uso (κύωνος [gen.], κύωνι [dat.], κύωνα [acus.]), já eram, de certa forma, tratadas pelos gramáticos, reflexão que Sexto parece não perceber. De fato, citando Herodiano, Teodósio (G.G. 4.1.270.17-9) afirma que as formas efetivamente empregadas como os oblíquos κύων (κυνός [gen.], κυνί [dat.], κύνα [acus.]) de fato não derivam de uma hipotética forma *κύν (menos ainda, diríamos, de *κῦς, como sugere Sexto), mas da própria forma de nominativo κύων, através da síncope do genitivo esperado *κύονος > κύνος.

229. Usamos o símbolo * para demarcar as palavras que rigorosamente não existem na língua grega, mas que, aqui, são neologismos de Sexto Empírico criados para evidenciar defeitos no método analítico da Gramática.

FORTES: As formas de futuro apresentadas, respectivamente, para os verbos φέρω (levar, carregar) e βλέπω (olhar), *φερήσω e *βλεπήσω correspondem a formas criadas, por analogia, com o futuro sigmático (regular) dos verbos gregos, tal como se forma θελήσω (futuro) de θέλω (presente: desejar, estar prestes a). No entanto, nenhuma dessas formas regulares é atestada em grego. Para o verbo φέρω existe a forma de futuro, com radical supletivo, οἴσω; e, para βλέπω, o futuro se forma somente na voz média βλέψομαι.

230. FORTES: Nessa passagem, exemplifica-se um dos procedimentos básicos do raciocínio analógico, construído por intermédio de uma proporção formada por quatro elementos: questiona-se se a forma correta é χρᾶσθαι ou χρῆσθαι (usar, empregar). Assim, por analogia, como para o adverbial κτῆσις (aquisição) existe a forma verbal correspondente κτᾶσθαι (adquirir, possuir), existindo a forma nominal análoga χρῆσις (uso, emprego), conclui-se que a forma verbal, por analogia, será χρᾶσθαι, mecanismo lógico que pode ser assim representado: κτῆσις: κτᾶσθαι → χρῆσις: χρᾶσθαι. Sobre esse procedimento, Varrão nos apresenta uma longa exposição do método (De Ling. 10.37-84), dando exemplos do latim (rex: regi → lex: legi). Sobre as formas apresentadas por Sexto (χρᾶσθαι/ χρῆσθαι), a primeira é atestada a partir do século II a.C., tendo origem jônica, assim como as formas dela derivadas (como

χρᾷ, segunda pessoa do singular), de uso mais corrente na κοινή, ao passo que a segunda forma teria origem ática e estaria já em estágio de obsolescência.

231. EL-JAICK: Sexto Empírico levanta uma questão interessante que pode ser confrontada aos gramáticos ainda hoje: a ambivalência destes com relação ao *uso* ordinário da linguagem. Eles defendem a analogia em detrimento do uso, mas a analogia mesma vem do uso. Condenam e aceitam, ao mesmo tempo, *tipos* de uso. Os gramáticos estariam, de acordo com Sexto, aceitando e condenando a mesma coisa, ora como digna de confiança, ora como indigna, porque, ao mesmo tempo que acusam o uso de ser inconsistente e variável e glorificam a analogia, esta é a comparação com um similar que vem do uso – logo, a analogia também não terá regras tão sólidas quanto os gramáticos desejam (cf. *Adv. Gram.* 236).

232. FORTES: Ptolomeu Pindário, provavelmente discípulo de Dionísio Trácio, gramático chamado de "analogético" (ἀναλογητικός) por Apolônio Díscolo (Blank, 1998, p.225).

233. FORTES: Em síntese, Sexto revela como o helenismo (e a própria analogia) depende do uso. O conceito aqui parece ser aquele que se encontra em Pseudo-Herodiano (Περὶ σολοικισμοῦ, *G.G.* 311.5-7): "alguns dizem que o helenismo é o poeta [Homero], outros que é o dialeto comum (κοινὴ διάλεκτος) que se formou depois que os gregos se reuniram em Troia, outros que é a etimologia". A relação não contraditória entre uso e analogia, aliás, já havia sido formulada por outros autores, como em Varrão (*De Ling.* 9-2-3): "mas aqueles que, no falar, exortam-nos a seguir, ou a analogia, ou o uso, não tanto discrepam, visto que o uso e a analogia são mais ligados entre si do que eles supõem. A analogia nasce de um certo uso".

234. FORTES: A lista de possíveis poetas pré-homéricos é apontada por Platão (*Apol.* 41a). Orfeu é o cantor da mitologia, filho de Apolo e da Musa, que aparece nos argonautas, e Museu é citado por alguns como seu mestre e por outros, como seu pupilo. Lino é o epônimo do inventor do canto melancólico a que se faz referência na *Il.* (18.570). Quanto à possível precedência de Hesíodo a Homero, cito-a conforme discutida por Aulo Gélio *Noct. Att.* 3.11, trad. Seabra (2010, p.151): "Sobre a idade de Homero e a de Hesíodo não se está de acordo. Uns, entre os

quais Filócoro e Xenófanes, escreveram Homero ter sido maior em nascimento que Hesíodo; outros, entre os quais o poeta Lúcio Ácio e o historiador Éforo, o menor". Hoje, a maior parte dos estudiosos acredita no relato de Heródoto (2.53), segundo o qual os mais antigos autores foram Homero e Hesíodo. Todos os excertos atribuídos a autores pré-homéricos são desenvolvimentos posteriores, não anteriores ao século VI a.C. No entanto, embora não mencione um poeta específico, é possível assumir com Aristóteles (*Poet.* 1448b28) a existência de muitos aedos contemporâneos e anteriores a Homero.

235. *Od.* 1.351.
236. EL-JAICK: A crítica de Sexto Empírico recorre ao debate sobre se Homero é ou não é o poeta mais antigo, oferecendo uma lista de poetas anteriores a ele – lista essa muito comum em seu tempo (Blank, 1998, p.229).
237. FORTES: O substantivo μάρτυρ (ou μάρτυς) é declinado, no grego clássico, pelo padrão da terceira declinação, possuindo o nominativo plural μάρτυρες. Em Homero, porém, não se registram essas formas, sendo encontrada a forma apontada por Sexto, μάρτυροι (o nominativo plural que se encontra, por exemplo, em *Il.* 1.338; 2.302; 3.280), forma regular de segunda declinação do singular μάρτυρος (encontrada somente na *Od.* 16.423 e contestada).
238. FORTES: A sentença σπάρτα λέλυνται (as cordas foram afrouxadas), encontrada na *Il.* 2.135, parece transgredir a regra que, no grego clássico, faz concordar um sujeito neutro plural (σπάρτα) com um verbo no singular. Segundo Aristarco, o uso do plural nesse contexto é uma figura da linguagem homérica, um σχῆμα, não um solecismo. Essa construção é considerada uma "irregularidade" (ἀνακόλουθον) por Apolônio Díscolo (*Da sintaxe*, 3.50).
239. EL-JAICK: Criticando a atitude dos gramáticos, independentemente de Homero ser ou não ser o poeta grego mais antigo, Sexto assevera que este seguiu o uso corrente de sua época. Portanto, não se deve (anacronicamente) tê-lo como modelo, mas deve-se copiar o uso comum das pessoas do tempo em que se vive.
240. EL-JAICK: A mesma estrutura argumentativa usada para criticar a analogia é empregada no debate em torno das noções de barbarismo e solecismo. Segundo Sexto Empírico, tanto para julgá-los

(se há ou não um barbarismo ou um solecismo) quanto para evitá-los é o uso comum que se deve observar (*Adv. Gram.* 210-6).

241. FORTES: Os termos barbarismo (βαρβαρισμός) e solecismo (σολοικισμός) são considerados, por amplo consenso entre os gramáticos, como os vícios da linguagem (κακίαι τῆς λεξέως) que se opõem à expressão correta (ἑλληνισμός). Em Aristóteles (*Refutações sofísticas*, 3.165b20-2), os termos são tomados como sinônimos, como armadilhas argumentativas que envolvem a combinação incorreta de um gênero de um pronome ou adjetivo com um nome. Com os estoicos, tem-se, pela primeira vez, uma distinção clara entre os dois termos, conforme relata Diógenes Laércio (*Vit.* 7.59): "há barbarismo por conta da má pronúncia, contrária ao costume dos gregos honrados, há solecismo no enunciado ordenado incongruentemente". Essa definição, que aponta para aquela que Sexto no apresenta ("o barbarismo é em uma única palavra e, por outro lado, o solecismo na combinação das palavras") é também expressa por Quintiliano (*Inst. Orat.*, 1.5.6; 1.5.16 e 1.5.34) e Apolônio Díscolo (*Da sintaxe*, 3.8).

242. FORTES: Sexto Empírico se utiliza da *dêixis* pronominal para questionar a definição de solecismo apontada anteriormente (incongruência nas palavras tomadas em conjunto, em sua relação). A associação do demonstrativo masculino οὗτος (este) a uma mulher, ou do demonstrativo feminino αὕτη (esta) a um jovem, através de um gesto (portanto, de um fenômeno dêitico, não sintático), apesar de ferir a concordância implícita entre pronome e referente, não engendraria um solecismo, visto que se teria, em cada caso, somente uma palavra. Essa mesma questão não passou despercebida a Quintiliano (I.5.36-8), que propõe uma solução: "faz-se a questão mais erudita, se um solecismo pode também ocorrer em uma palavra tomada isoladamente, como se, ao chamar uma pessoa, alguém dissesse *uenite* (vinde) ou se, ao se despedir de muitas pessoas, dissesse *abi* (vai) ou *discede* (se disperse). Também quando aquele que responde não está em concordância com o que pergunta, quando alguém perguntando *quem* [acusativo] *uideo* [quem eu vejo?], se lhe respondesse *ego* [nominativo: eu]. Alguns pensam que o mesmo vício também ocorre nos gestos, quando algo é indicado com uma palavra e outra coisa com um aceno ou a mão. Não concordo inteiramente,

nem discordo dessa opinião, visto que admito que o solecismo possa ocorrer em uma única palavra, mas não de forma diversa da que se houvesse algo que tivesse o valor de outra palavra, a que a primeira palavra se relaciona".

243. FORTES: As formas ἐλήλυθαν e ἀπελήλυθαν correspondem, respectivamente, ao pretérito perfeito dos verbos ἔρχομαι (ir, vir) e ἀπέρχομαι (ir, afastar-se), cujas formas áticas registradas nos textos clássicos eram terminadas em -ασιν: ἐλήλυθασιν e ἀπελήλυθασιν. No entanto, as formas alexandrinas apontadas como exemplos de barbarismo, terminadas em -αν, são registradas em papiros do século II a.C. para a frente e eram explicadas pelos gramáticos alexandrinos como construções formadas por analogia com a desinência da terceira pessoa do plural do aoristo fraco.

244. FORTES: A forma τράπεζα é apontada por Sexto como um barbarismo, uma variante da forma de aoristo τράπεσα (de τράπεω, pisar sobre uvas). Embora assim corrigido em alguns manuscritos, Pellegrin et al. (2002, p.175) nos informam que a forma apontada e a forma correta presumida, nesse sentido, não são atestadas na literatura. Outra hipótese explicativa seria tratar-se da forma nominal τράπεζα (mesa), aqui tomado, de forma incorreta, como o imperativo do verbo τραπεζόω (depositar sobre a mesa, oferecer), cuja forma correta então seria τραπεζοῦ.

245. FORTES: Na sentença πολλὰ περιπατήσας κοπιᾷ μου τὰ σκέλη não é observada a concordância entre o particípio aoristo περιπατήσας ("tendo caminhado", que está na primeira pessoa do singular) e o seu sujeito gramatical κοπιᾷ ("pernas", que está na terceira pessoa do plural). Para manter a oração participial, uma forma correta, observando-se a concordância, seria πολλὰ περιπατήσαντες κοπιᾷ μου τὰ σκέλη. O solecismo, nesse caso, explica-se pela concordância *ad sensum*, que se faz, por metonímia, com "eu" (= dono das pernas), uma construção nem sempre censurada pelos gramáticos, frequentemente considerada uma variação figurada, um σχῆμα.

246. FORTES: Nas sentenças: Ἀθῆναι καλὴ πόλις (Atenas é uma cidade bela), Ὀρέστης καλὴ τραγῳδία (*Orestes* é uma bela tragédia), ἡ βουλὴ οἱ ἑξακόσιοι (a assembleia são os seiscentos), temos, novamente, um uso que consagra solecismos. Existe falta de concordância de número entre os sujeitos e seus atributos na primeira e na terceira sentenças (Ἀθῆναι – plural/ καλὴ πόλις – singular;

ἡ βουλὴ – singular/ οἱ ἑξακόσιοι – plural) e de gênero na segunda e na terceira sentenças (Ὀρέστης – masculino/ καλὴ τραγῳδία – feminino; ἡ βουλὴ – feminino/ οἱ ἑξακόσιοι – masculino). Tais solecismos, no entanto, representavam σχήματα, visto que faziam uma concordância pelo sentido (*ad sensus*/ πρὸς τὸ ὑποκείμενον).

247. FORTES: A ruptura da eficácia na construção de termos derivados por analogia patenteia-se, nessa passagem, no termo μυκτηρίζειν. Por analogia com os dois verbos precedentes, deveria significar algo como golpear o nariz, no entanto, na literatura não se encontra o emprego desse verbo nesse sentido. O sentido corrente desse verbo seria, em vez disso, algo como empinar o nariz, esnobar.

248. Lacuna textual.

249. FORTES: Nessa passagem, Sexto novamente revela a incoerência do raciocínio analógico, se levado para o campo semântico. Embora os três verbos citados sejam construídos de forma análoga (a partir de um substantivo seguido do sufixo verbal – ζε – e da desinência de infinitivo -σθαι, em cada caso citado se estabelece uma relação semântica diferente. No primeiro exemplo, ἱππάζεσθαι deriva de ἵππος ("cavalo"), significando algo como conduzir um cavalo, cavalgar; no segundo, o termo κατακρημνίζεσθαι é formado a partir κρημνός (precipício), com a adição da preposição κατά (para baixo), significando, portanto, precipitar-se. No terceiro exemplo, o termo ἡλιάζεσθαι forma-se a partir do nome ἥλιος (Sol), significando estar sob o sol, tomar sol.

250. FORTES: Nesses exemplos, Sexto demonstra a ineficácia da analogia no plano morfológico ao passo que o futuro "regular" é formado pela desinência – σ – (também chamado de "futuro sigmático", pela mesma razão), como vemos em κυέω > κυήσω (conceber, gerar), no caso de φέρω (conduzir), o futuro *φερήσω é agramatical, ocorrendo, no entanto, a forma οἴσω, a partir de um radical supletivo.

251. EL-JAICK: Quando entendemos que para Sexto Empírico o uso não é um critério sobre o qual uma arte possa se fundar, também passamos a entender seu desprezo aos gramáticos. Afinal, eles se dizem técnicos de uma arte que (de acordo com o cético) é de domínio comum: é preciso apenas observar o uso dos falantes de uma língua para se tornar apto a manejá-la. Dessa forma, não

é preciso uma arte para julgar o helenismo, se o uso comum é o critério definidor.

252. EL-JAICK: Segundo Sexto Empírico, os gramáticos são forçados a admitir que determinados empregos linguísticos são corretos porque pertencem à língua usual, e não por conta de uma analogia gramatical a que ninguém recorre, que ninguém usa. A analogia será totalmente inútil se for discordante do uso, uma vez que será desacreditada pelo estranhamento que irá causar.

253. FORTES: Sexto Empírico evoca aqui o caso particular do genitivo dos adjetivos (considerados entre os nomes na Gramática grega antiga). Segundo a sistematização de Herodiano (cf. Blank, 1998, p.245), a questão era respondida: nomes (ou adjetivos) terminados em -ης, cujos genitivos terminassem em -ες, fariam o genitivo em -ους, independentemente do fato de serem oxítonos (exemplos: ὁ εὐσεβής/τοῦ εὐσεβοῦς; ὁ ἀναιδής/τοῦ ἀναιδοῦς etc.). Outra regra formulada na Gramática antiga a esse respeito pode-se encontrar em Teodósio (G.G. I.7.7-10): "nomes terminados em -ης, compostos a partir de nomes neutros, têm sempre o genitivo em -ους: γένος (n.) > εὐγενής > εὐγενοῦς; ἦθος (n.) > κακοήθης > κακοήθους.

254. EL-JAICK: As regras dos gramáticos se querem universais, e Sexto Empírico se coloca contra esse método da gramática de *universalizar* regras a partir de alguns casos particulares.

255. EL-JAICK: O problema da *generalidade das proposições gramaticais*, levantado por Sexto Empírico, é uma questão ainda contemporânea para os gramáticos. Sexto faz críticas aos gramáticos por formularem seus princípios como se houvesse uma estabilidade total na língua (que seria então única, imutável), sugerindo, portanto, que suas regras pudessem ser universais – conforme estamos vendo, a Gramática compartilharia com as demais especialidades a pretensão de universalidade de suas regras.

256. EL-JAICK: É interessante observar que Sexto Empírico já atentava para o que os linguistas hoje chamam de *variação linguística*, quer dizer, para *os múltiplos usos* que existem dentro de uma mesma comunidade linguística: o uso antigo que difere do uso atual; o uso que se faz no campo, que não é o mesmo que o uso da população citadina; o uso técnico (a linguagem médica, filosófica etc.) que mantém uma diferenciação em relação ao uso não técnico,

ou seja, *o uso comum*. Com relação a isso, outro ponto pode ser problematizado: diante de tal multiplicidade de utilizações da linguagem, o uso comum é, na verdade, *múltiplo*. O *uso comum de todo um povo* que Sexto recomenda é, então, multifacetado. O uso não se mostra um conceito monolítico (Sluiter, 2000, p.94; cf. *P.H.* I 186-9; *Adv. Rhet.* 56).

257. Fr. 552 Dindorf.
258. FORTES: As duas palavras significam, basicamente, cesta de pão. A primeira palavra, ἀρτοφόριον, é um composto grego, formado por ἄρτος (pão) e φερεῖν (levar), é uma palavra rara no *corpus* de textos gregos, sem nenhuma recomendação específica nos léxicos áticos. Por outro lado, a palavra πανάριον é, provavelmente, um empréstimo latino, a helenização da palavra latina *panarium*, de difusão nas regiões helenísticas romanizadas e uso comum e aceitável.
259. FORTES: A palavra σταμνίον é o diminutivo de στάμνος (jarra). A palavra ἀμίδιον é o diminutivo de ἀμίς (penico). Infere-se que Sexto Empírico considerava os dois como sinônimos.
260. FORTES: As duas palavras, tomadas por sinônimo por Sexto Empírico, significam amolador, morteiro. Segundo Blank (1998, p.252), os dois termos aparecem no mesmo verso aristofânico, que faz entender que o segundo termo, também preferido por Sexto Empírico, era mais comum e usado.
261. EL-JAICK: Nenhum sistema de regras dita o que o cético pode ou não pode *corretamente* dizer, mas, sim, o uso comum contemporâneo. A linguagem é usada de diferentes modos por pessoas em diferentes circunstâncias, e Sexto Empírico não dá nenhum *status* preferencial a nenhum uso particular – o que viria a ser um padrão de correção. Em vez disso, o cético vai se ajustar ao grupo com o qual estiver rodeado e adaptar seu discurso a seus interlocutores: falará de um jeito simples quando se dirigir a um escravo, e não evitará terminologia técnica quando estiver falando com especialistas de qualquer área. O uso, assim, deve ser aquele adequado a cada situação. O falante deve ter a percepção para saber quando lançar mão do uso distinto e cultivado e quando deve usar a língua ordinária, comum, sem floreios (cf. *Adv. Rhet.* 56).
262. FORTES: Nesse passo, Sexto mostra como a nomes cujas formas de nominativo guardam semelhanças entre si (que se poderiam dizer "analógicas") correspondem formas de genitivo diferentes

(ou "anômalas" entre si). Esse é o caso do primeiro grupo, por exemplo, formado por palavras terminadas em -ης, no nominativo: Ἄρης, Χάρης (nomes próprios) e χάρτης (papiro, suporte material para a escrita), às quais correspondem, respectivamente, as formas de genitivo: Ἄρεως, Χάρητος e χάρτου. Esse argumento apresentado por Sexto ecoa o debate entre Aristarco e Crates, presente no *De Ling.* (8.42,68 e 9.43,91).

263. FORTES: Verbos que apresentam formas do presente analógicas (εὑρίσκω, encontrar, descobrir, e ἀρέσκω, agradar, ser grato a), possuem formas do perfeito diferentes (ηὕρηκεν, ἀρήρεκεν).

264. FORTES: Perfeito regular de κτείνω (matar), embora, nesse aspecto, apareça nos textos preferencialmente com o prevérbio ἀπο- (ἀποκτείνω > ἀπέκτονε).

265. FORTES: Perfeito de ἀλείφω (ungir, untar com óleo).

266. FORTES: Formas no nominativo singular masculino e seus respectivos genitivos singulares dos particípios durativos de βοάω (gritar), σαφέω (σαφηνίζω) (tornar claro) e νοέω (perceber).

267. FORTES: Formas do nominativo singular e seus respectivos genitivos de ἄναξ (príncipe) e ἄβαξ (tábua).

268. FORTES: Formas do nominativo singular e seus respectivos genitivos de γραῦς (idosa) e ναῦς (embarcação).

269. FORTES: A palavra ἄρχων poderia tanto ser tomada como o particípio de ἄρχω (governar, comandar, nessa forma significando, portanto, aquele que comanda, o comandante), a forma de genitivo possuindo, nesse caso, forma substantivada, significando o comandante, quanto poderia ser tomado como um nome próprio (κύριον ὄνομα), cuja forma de genitivo seria, no entanto, Ἄρχονος. O mesmo vale para os demais particípios, oferecidos em seguida: μένων (de μένω, permanecer), θέων (de θέω, correr), νέων (de νέω, nadar).

270. FORTES: Fique claro que o termo ἐτυμολογία não possui os sentidos modernos e correntes atribuídos à palavra "etimologia" (cf. Aurélio: "ciência que investiga o étimo de uma palavra, procurando determinar as causas e circunstâncias de seu processo evolutivo"). Na Antiguidade, tratava-se, antes, de um segundo critério para a definição do ἑλληνισμός: um desdobramento explicativo das palavras, na busca do "verdadeiro" (ἔτυμος). Segundo Quintiliano (*Inst. Orat.*, 1.6.28-31), no âmbito da Gramática, a

discussão sobre o significado das palavras realizada pela prática da etimologia poderia ser útil para a distinção entre sentidos latinos (de acordo com *Latinitas*) e bárbaros, que se confundiam no uso comum. No entanto, a prática de atualizar raízes antigas e perdidas das palavras é considerada ingênua e inútil. É nesse sentido que Sexto, principalmente, concentra seu ataque.

271. Ou "étimos".

272. FORTES: A relação etimológica entre προσκεφάλαιον (travesseiro) e τῇ κεφαλῇ προστίθεσθαι (acrescentar algo à cabeça) revela como a prática da antiga etimologia poderia fazer referência entre os sentidos das expressões, uma relação que hoje poderíamos, antes, qualificar como "semântica". Nesse caso, a primeira expressão não reteve a raiz verbal de προστίθημι (acrescentar; raiz -θη-).

273. FORTES: Os dicionários de Bailly et al. (2000 [1950]) e Chantraine (1977) registram o termo χελωνίς somente no texto de Sexto Empírico e na *Septuaginta* (*Judite*, 14,15). Sexto Empírico, na passagem em questão, afirma que o termo seria sinônimo de ὑποπόδιον (escabelo, banco para os pés, soleira). Blank (1998, p.257) comenta que alguns escoliastas do texto sextiano identificam χελωνίς à forma clássica χελώνη (termo que, com sentidos diferentes, está registrado em Aristóteles, Heródoto, Platão e Aristófanes, mas pode assumir também o sentido especializado de soleira). Por outro lado, o termo que Sexto identifica à variedade ática, ὑποπόδιον, aparece em Luciano e em Cáres, autores do período helenístico. A se levar em conta os registros que os dicionários nos atestam, a nossa hipótese é que, provavelmente, o termo χελώνη, no sentido especializado a que Sexto se refere, devesse se tratar de uma variante em obsolescência, já que possui registros em autores arcaicos e clássicos, e estaria sendo substituída pela variante popular χελωνίς, que deveria manter esse sentido especializado tanto na fala quanto nos gêneros escritos menos eruditos, como a *Septuaginta*. Por outro lado, a forma ὑποπόδιον provavelmente representaria uma alternativa para os autores eruditos do período helenístico, aparecendo, por essa razão, em autores mais coetâneos de Sexto, como Luciano e Cáres, que cuidaram de manter um estilo mais "clássico" e menos influenciado pela variante conhecida como "língua comum" (κοινή γλοττά).

274. Taurisco (II-I a.C.), discípulo de Crates de Malos; atribui-se a ele a autoria de uma obra que elucidava os detalhes do método crítico dos gramáticos de Pérgamo.
275. EL-JAICK: O antigo gramático fazia as vezes não só de hermeneuta e de crítico literário, como também de nosso contemporâneo historiador. A História era entendida por muitos gramáticos como outra das partes da Gramática. Taurisco, por exemplo, discípulo de Crates, subordina a Gramática à crítica, e declara que da crítica uma parte é racional, outra prática e, outra, histórica.
276. ἀμεθόδου ὕλης = matéria sem tratamento metódico, matéria assistêmica; do ponto de vista lógico, matéria sem organização silogística.
277. ἱστορεῖ = investiga; aqui, no sentido de investigação histórica.
278. *Il.* 1.106.
279. Pélops era filho de Tântalo e de Dione (portanto, neto de Zeus e de Plota, por parte de pai, e de Atlas, por parte de mãe). Seu pai, Tântalo, o ofereceu como sacrifício aos deuses; Deméter devorou o ombro esquerdo de Pélops, que, após ser ressuscitado pelos olímpicos, teve uma prótese de marfim instalada no lugar do ombro devorado.
280. Hesíone foi uma princesa troiana, irmã de Príamo e filha do rei Laomedonte. Apolo e Poseidon resolveram castigar o reino de Troia, notadamente seu rei, por não terem recebido os sacrifícios e a gratidão devida pela construção das muralhas troianas, inexpugnáveis. Assim, Apolo enviou uma peste e Poseidon um monstro marinho para destruírem Troia, mas a fúria do monstro poderia ser aplacada caso Hesíone fosse a ele dada como tributo; contudo, ao voltar da expedição vitoriosa contra as amazonas, Héracles mata o monstro e liberta a princesa, mas não obtém de Laomedonte a recompensa exigida: os cavalos que o rei havia ganhado de Zeus. Em retaliação, Héracles ataca Troia, mata o rei e os príncipes, exceto Hesíone e Príamo.
281. μεθοδεύεται = tratada metodicamente.
282. Xenófanes (c. 580-470 a.C.), filósofo oriundo da cidade jônica de Cólofon, escreveu versos elegíacos e iâmbicos "contra Hesíodo e Homero, censurando-os pelo que haviam dito sobre os deuses. Também recitava seus próprios poemas" (*D.L.* IX, 18). Sexto

Empírico tem alguma predileção por ele, por conta da assunção de limites para o conhecimento humano, cf. *Adv. Log.* I, 49.
283. Cf. *D.L.* III, 4.
284. Não confundir com o estoico.
285. Portanto, Aristóteles neto. Sobre a relação de Aristóteles com Nicanor e a promessa de casamento dele com Pítia, ver *D.L.* V, 12-6. Sobre a relação de Teofrasto com Pítia e Aristóteles neto, ver: *D.L.* V, 51-7.
286. Sexto Empírico era médico, portanto, ativo na ciência cujo patrono é Asclépio.
287. Asclépio, filho de Apolo e Corônis, foi atingido por um raio enviado por Zeus como punição por seu imenso poder curativo, que incluía a ressurreição dos mortos, causando o despovoamento do Hades. Nas linhas seguintes, Sexto Empírico relatará algumas das curas atribuídas ao patrono de sua arte, mas que Sexto pensa serem mentiras.
288. EL-JAICK: Diz Sexto Empírico que não há conhecimento técnico nem de coisas infinitas nem de coisas que variam de momento para momento – e as histórias particulares são tanto infinitas (por causa do seu grande número) quanto variáveis (porque os mesmos fatos não são lembrados por todos da mesma forma). Dessa maneira, conclui Sexto, o gramático não pode fazer qualquer afirmação sobre o passado.
289. Poeta lírico siciliano (*c.* 580 a.C.).
290. Historiador grego obscuro e de datação incerta; sabe-se através de Sexto que escreveu uma obra *Sobre a origem de Asclepíades*.
291. Poeta épico de Halicarnasso (*c.* 480 a.C.).
292. Historiador grego obscuro e de datação incerta.
293. Historiador grego ativo no séc. III a.C., escreveu uma volumosa obra sobre História, provavelmente em 28 volumes, hoje perdida, mas que serviu como fonte para Políbio e Plutarco.
294. Historiador grego obscuro e de datação incerta.
295. EL-JAICK: Finalmente, Sexto Empírico chega à parte específica da Gramática, aquela que diz respeito aos poetas e escritores – expondo, criticando e catalogando suas obras; investigando a obscuridade de sua linguagem; distinguindo o que é genuíno do que é espúrio. Nessa seção, Sexto desenvolve o argumento de que o gramático que pretende analisar um poema ou uma obra

em prosa deve ou bem entender as palavras ou bem ser capaz de explicar as coisas que estão por detrás das palavras – porque uma obra não é nada além de uma dessas duas coisas. O filósofo grego também analisa a concepção de poemas bons e de poemas ruins. E, por fim, critica o *gramático-hermeneuta*, porque este é incapaz de chegar ao pensamento, à *intenção do autor*.

296. εὐδαιμονίαν = felicidade, prosperidade, bem-aventurança.
297. Eurípides, *Temenoi*, fr. 734 Nauck.
298. Eurípides, *Aeolus*, fr. 20 Nauck.
299. Fr. 892 Nauck.
300. Compare com *D.L.* IX, 67.
301. Mais um exemplo da acusação de plágio que usualmente se fazia a Epicuro. Ver n.3 e 6.
302. *Il.* 1.469.
303. Epicarmo de Siracusa (550-460 a.C.), ou de Kós, foi um comediógrafo e filósofo pré-socrático; tinha na morte um dos seus temas favoritos: "Sou um cadáver; um cadáver é adubo, e adubo é a terra;/ mas se a terra é um deus, não sou cadáver, e sim um deus" (Fr. 1).
304. Fr. 247 CGF Kaibel = B11 D-K.
305. *Il.* 24.54.
306. Fr. 235 Nauck.
307. EL-JAICK: A Gramática, acrescentariam os gramáticos, não é útil apenas para a vida individual, mas tem também certos atributos especialmente necessários aos países de quem a aprende, ou seja, tem também uma importância, quase se poderia dizer, *diplomática*. A propósito, o tema da utilidade de certas τέχναι tinha como lugar-comum esta questão: por acaso elas seriam úteis para o indivíduo que as possui ou para a comunidade desse indivíduo (Blank, 1998, p.293)?
308. Os lebedianos aqui citados provavelmente são um grupo étnico originado dos Montes Urais, conhecido hoje como magiares: os romanos os chamavam de lebedianos por conta do nome de seu mais importante líder tribal, Lebedias.
309. Hipônax de Éfeso, poeta lírico ativo no séc. VI a.C., é considerado o precursor do mimo.
310. Fr. 124 West.

311. Sexto Empírico está a referir-se a uma possível embaixada lágida junto aos gónatas, que dominaram a Macedônia após a morte de Alexandre.
312. *Il.* 15.201-3.
313. EL-JAICK: Sexto Empírico se compromete a não criticar *a poesia*, mas apenas a crença dos gramáticos em possuir o diagnóstico dos poemas e escritos em prosa. Conforme sublinha Sexto, os gramáticos ousam usar a exegese da poesia para afirmar a utilidade da Gramática para a vida e sua necessidade para a felicidade. Eles asseguram a necessidade da Gramática sob a alegação de que a poesia fornece muitos pontos de partida na direção da sabedoria e de uma vida feliz, sustentando que, sem a luz da Gramática, não é possível discernir claramente o que os poetas realmente querem dizer. Que a poesia leva à felicidade, de acordo com os gramáticos, ficaria claro com a constatação de que a melhor Filosofia tem sua origem nas máximas dos poetas – ou seja, os filósofos selam suas exortações com dizeres poéticos. Essas supostas apropriações de poetas por parte dos filósofos eram muito comuns entre os antigos, e Sexto fornece vários exemplos. O pirrônico foca sua artilharia na ignorância dos gramáticos sobre as palavras e seus significados nos poemas. De acordo com Blank, ainda que Sexto Empírico tenha em mira no seu primeiro ataque Asclepíades e seus seguidores, que pregavam a primazia da poesia sobre a Filosofia, seus maiores inimigos eram os estoicos, que citavam poetas para autenticar seus argumentos (1998, p.286).
314. Eurípides, *Antíope*, fr. 200 Nauck.
315. EL-JAICK: Sexto começa a responder às declarações pela utilidade da Gramática por parte dos gramáticos tomando emprestado certo argumento epicurista segundo o qual uma máxima só será acreditada mediante provas – fornecidas pela Filosofia, não pela Gramática: "a máxima é tão somente uma asserção" (*Adv. Gram.* 279). A mera asserção não convence nosso intelecto de sua verdade ou falsidade; em vez disso, ela demanda *provas* – e provas são questões de Filosofia, não de Gramática. Assim, a Gramática é supérflua e vazia.
316. Eurípides, *Aeolus*, fr. 20 Nauck.
317. Eurípides, *Danae*, fr. 324 Nauck.
318. Eurípides, *Fenícias* 403.

319. Fr. trag. adesp. 464 Nauck.
320. Ver n.300.
321. Segundo *D.L.* IX, 62, Pirro nada escreveu. Mas há um fragmento doxográfico que afirma que Alexandre de fato deu a Pirro uma vasta soma de dinheiro assim que se conheceram (T22 Decleva Caizzi).
322. Obra perdida, provavelmente anterior e propedêutica a *Contra os dogmáticos*.
323. *Il.* 1.469.
324. Sófron de Siracusa foi um autor de mimos que estava ativo em 430 a.C.; provavelmente, era íntimo de Platão.
325. *Od.* 11.95-6.
326. Filho de Elara e Zeus, era um gigante de luxúria incontrolável, por isso foi castigado a eternamente ter seu fígado devorado por abutres.
327. Pai de Pélops, ver n.279.
328. *Od.* 11.583-4.
329. Eurípides, *Phrixus*, fr. 835 Nauck.
330. I.e., Eurípides.
331. Eurípides, *Troianas*, 884-7.
332. Fr. 21 B12 D-K. Cf. *Adv. Phy.* I, 193.
333. *Il.* 14.204 + 8.14.
334. *Il.* 1.399-400.
335. *Il.* 15.18-21.
336. *Il.* 1.593.
337. *Il.* 20.64-5.
338. *Il.* 14.347-8.
339. EL-JAICK: Sexto Empírico reproduz um argumento epicurista que sustenta a inutilidade da Gramática e para o qual, em última análise, a linguagem deveria ser um meio para se chegar à verdade: a poesia seria inconsistente, e a Gramática não poderia mostrar quais das suas partes devem ser tidas como verdadeiras e quais devem ser desacreditadas como ficções míticas. Esse caminho epicurista continua sendo percorrido adiante, quando há a afirmação de que os filósofos e outros escritores nos instruem em coisas que são úteis porque eles objetivam a verdade, mas os poetas, ao contrário, procuram por qualquer meio entreter.

340. Antíoco I (281-261 a.C.) foi rei da Selêucida e um dos mais importantes reis helenísticos; após sua morte em um acidente equestre, deixou para seu filho, Antíoco II, o maior dos reinos helenísticos.

341. Retórico e diplomata ateniense ativo em IV a.C.

342. *Od.* 10.383-5.

343. Fr. trag. adesp. 364 Nauck. Cf. Meineke, *Com. Gra.* 5, p.668.

344. Alceu de Mitilene foi um poeta lírico grego ativo por volta de 630 a.C. Seus poemas têm na bebida um de seus temas centrais: "Bebamos!/ Por que a noite e as tochas aguardamos?/ Estala, é um polegar tão breve o dia!/ Pega, meu belo, as coloridas, grandes taças/ Pois que o filho de Sêmele e Zeus/ O vinho vela-mágoa para os homens deu./ Mistura e versa um terço de água em dois de vinho,/ E jorra ao copo até que a espuma ensope a borda,/ E quando um copo seca, o próximo transborde" (fr. 346 Lobel-Page, traduzido por Antonio Medina Rodrigues).

345. Anacreonte foi um poeta lírico de Téos, *circa* 563-478 a.C.; assim como Alceu, tinha na bebida um de seus temas mais recorrentes, e também na luxúria: "Traz essa taça, ó rapazinho,/ Para que agora um trago eu prove,/ E cinco doses põe de vinho,/ Uma de água com mais nove./ Eu decidi, sem insolência,/ Honrar a Baco em compromisso,/ Dispenso agora a exigência,/ O formalismo, e mais serviço!/ Não quero claque ou audiência" (Fr. 04 Diehl, traduzido por Antonio Medina Rodrigues).

346. Hipônax era considerado um poeta satírico, pois alguns de seus trabalhos de fato pretendiam debochar das pessoas a quem se dirigiam: "Pela onda extraviado,/ e em Salmidesso, nu,/ na mais negra noite os trácios tufocomados/ o peguem e aí se farte de muitos males/ o pão escravo comendo/ hirto e frio do fluxo marinho/ muitas algas lhe escorram/ lhe batam os dentes como um cão sobre a boca/ caído e extenuado/ à beira d'água vomitando a onda./ Isso eu queria ver,/ que ele me ofendeu, aos pés calcou as juras,/ ele que antes era amigo" (traduzido por José Cavalcante de Souza).

347. Arquíloco de Paros foi um poeta lírico e soldado ativo na primeira metade do século VII a.C.; foi um dos mais notáveis autores de iambos, notadamente com temas bélicos: "Ânimo, ânimo, convulso por aflições sem cura,/ Levanta, protege-te dos inimigos volvendo adverso/ peito em infensas traições próximo postado/

firme; E vencendo não exultes abertamente/ nem vencido em casa caído lamentes,/ Mas com alegrias alegra-te e deplora males/ Sem excesso: conhece qual ritmo rege os homens" (fr. 128W, traduzido por Rafael Brunhara).

348. *Tim.* 35A.
349. B 112.4-5 D-K.
350. B 113 D-K.
351. B 109 D-K.
352. Aratus (III a.C.) foi um autor alexandrino que compôs um poema astronômico em hexâmetro.
353. *Phaenomena* 541-3.
354. Fr. 841.5-7 Lloyd-Jones/ Parsons.
355. *Il.* 4.383.
356. Fr. 682 Nauck.
357. Filósofo dialético (*c.* 350 a.C.).
358. Fr. 393.3 Pfeiffer.
359. *Contra os retóricos* é o livro seguinte, já publicado por esta mesma editora em 2013.

Referências bibliográficas

1. Edições críticas e traduções de obras antigas consultadas

AGOSTINHO. *Confessions*. 2v. Cambridge: Harvard University Press, 1912. (Loeb Classical Library)

ALEXANDRE DE AFRODÍSIAS. *Eis ta Topika Aristotelous, hypomnemata in Topica Aristotelis, commentarii*. Veneza: In aedibvs Aldi et Andreae Soceri, 1513.

_____. *On Aristotle's Prior Analytics*. Trad. Jonathan Barnes. Ithaca: Cornell University Press, 1991.

AMÔNIO. *On Aristotle's on Interpretation 1-8*. Trad. David Blank. Cornell: Cornell University Press, 1996. (Ancient Commentators on Aristotle)

APOLÔNIO DÍSCOLO. *Appolonii Dyscoli quae supersunt*. In: SCHNEIDER, R.; UHLIG, G. *Grammatici Graeci*, 1-3. Leipzig: Teubner, 1878-1910. (Republicado: Hildesheim: Olms, 1965.)

_____. *De la construction*. Introd., texto e trad. J. Lallot. Paris: Vrin, 1997.

APULEIO. *The Logic of Apuleius*. Trad. David George Londey; Carmen J. Johanson. Leiden: Brill, 1987.

ARISTÓTELES. *Aristotelis de Categoriae et liber de interpretatione*. Ed. L. Minio-Paluello. Oxford: Clarendon, 1949.

_____. *Poetics*. Trad. ingl., introd. e notas J. Hutton. Nova York/Londres: W. W. Norton & Company, 1982.

ARISTÓTELES. *The Complete Works of Aristotle*. The Revised Oxford Translation. Ed. J. BARNES. 2v. Princeton: Princeton University Press.

ARNIN, H. *Stoicorum Veterum Fragmenta*. v. 1-4. Munique: K. G. Saur Verlag, 2010.

AULO GÉLIO. *Noctes Atticae*. v.1-2. Ed. K. Marshall. Nova York: Oxford University Press, 1968.

_____. *Noites áticas*. Trad. e notas J. Seabra. Londrina: Eduel, 2010.

DECLEVA CAIZZI, F. (Org.). *Pirrone testimonianze*. Nápoles: Bibliopolis, 1981.

DIÓGENES LAÉRCIO. *Lives of Eminent Philosophers*. 2v. Trad. ingl. R. D. Hicks. Cambridge, Mass.: Harvard University Press, 1925.

DIOMEDES. *Diomedis ars*. In: KEIL, H. (Ed.). *Grammatici Latini*, I, 299-529. Leipzig: Teubner, 1855-1880 [repub. Hildesheim: Olms, 1981].

DIONÍSIO TRÁCIO. *Dionysii Thracis ars grammatica*. Edição de G. Uhlig: SCHNEIDER, R.; UHLIG, G. (Ed.). (1965), *Grammatici Graeci*, I. Leipzig: Teubner, 1878-1910. [Republicado: Hildesheim, Olms.]

EPICTETO. *Testemunhos e fragmentos*. Trad. Aldo Dinucci; Alfredo Julien. São Cristóvão: EdiUFS, 2008.

_____. *Entretiens. Livre I*. Trad. Joseph Souilhé. Paris: Les Belles Lettres, 2002.

_____. *Epictetus Discourses. Book I*. Trad. Dobbin. Oxford: Clarendon, 2008.

_____. *O Encheirídion de Epicteto*. Ed. bilíngue. Trad. Aldo Dinucci; Alfredo Julien. Coimbra: Imprensa de Coimbra, 2014.

FILODEMO. *Philodemus on Rhetoric. Books 1 and 2:* Trad. and Exegetical Essays. Londres: Routledge, 2005.

HERODOTUS. *Herodotus, with an English Translation by A. D. Godley*. Cambridge: Harvard University Press, 1920.

HOMERO. *Iliade*. Ed., estabelecimento do texto e trad. Paul Mazon. 6.ed. Paris: Les Belles Lettres, 1967.

_____. *L'Odissée, poesie homerique*. Ed., estabelecimento de texto e trad. Victor Bérard. 7.ed. Paris: Les Belles Lettres, 1962.

HORÁCIO. *Horace on Poetry*: Prolegomena to the Literary Epistles. Cambridge: Cambridge University Press, 2011.

M. TULLIUS CICERO. *De Fato*. Leipzig: Teubner, 1915.
_____. *De Natura Deorum*. Trad. Plasberg. Leipzig: Teubner, 1917.
_____. *Tusculanae Disputationes*. Trad. Pohlenz. Leipzig: Teubner, 1918.
PLATÃO. *Oeuvres complètes*. Paris: Les Belles Lettres, 1920-1956.
_____. *Teeteto, Crátilo*. Trad. Carlos Alberto Nunes. 3.ed. Belém: UFPA, 2001.
PLUTARCO. *Moralia*. v. *XIII, parte ii*. Cambridge: Harvard University Press, 1993. (Loeb Classical Library)
PRISCIANO. *Institutionum grammaticarum libri XVII & XVIIII*. In: KEIL, H. (Ed.). *Grammatici Latini*. Leipzig: Teubner, 1855-1880. (Republicado: Hildesheim: Olms, 1981.)
QUINTILIANO. *M. Fabii Quintiliani Institutionis oratoriae libri duodecim*. Ed. M. Winterbottom. Oxford: Clarendon, 1989, 2 v.
SÊNECA. *Seneca*: Selected Philosophical Letters. Oxford: Clarendon, 2010.
SEXTO EMPÍRICO. *Against the Grammarians*. Trad., intr. e comentário D. L. Blank. Oxford: Clarendon, 1998.
_____. *Contra os retóricos*. Trad., apr. e comentários Rafael Huguenin e Rodrigo Pinto de Brito. São Paulo: Editora Unesp, 2013.
_____. *Contre les professeurs*. Intr., glos. e índice Pierre Pellegrin, trad. C. Dalimier, D. Delattre, B. Pérez. Paris: Éditions du Seuil, 2002.
_____. *Complete Works of*. Trad. R. G. Bury. Cambridge: Harvard University Press, 2006. 4v. (Loeb Classical Library)
_____. *Outlines of Scepticism*. Ed. J. Annas; J. Barnes. Cambridge: Cambridge University Press, 2000.
_____. *Against the Ethicists*. Trad. R. Bett Oxford: Clarendon Press, 1997.
SIMPLÍCIO. *On Aristotle's Categories*. Trad. Barrie Fleet. Ithaca: Cornell University Press, 2002.
TAYLOR, C. C. W. (Org. & trad.). *The Atomists*: Leuccipus and Democritus, fragments. Toronto: University of Toronto Press, 2010. (The Phoenix Presocratics)
THESAURUS LINGUAE GRAECAE, The Packard Humanities Institute, The Perseus Project and others. In: Diogenes © 1999-2007 P. J. Heslin.
VARRÃO. *De lingua latina*. Ed. M.-A. M. Casquero. Barcelona/Madri: Ánthropos/Ministerio de Educación y Ciencia, 1990.

VARRÃO. M. *Terenti Varronis De lingua latina quae supersunt.* Ed. G. Goetz. Leipzig: Teubner, 1910.
VITRÚVIO. *The Four Books of Architecture.* Nova York: Dover Publications Inc., 1965.
XENOFONTE. *Xenophon in Seven Volumes.* Trad. E. C. Marchant. Londres: William Heinemann Ltd., 1923.

2. Autores modernos citados

ALLEN, W. S. *Vox Graeca.* 3.ed. Cambridge: Cambridge University Press, 1987.
AUROUX, S. (Ed.). *Histoire des idées linguistiques.* t.2. *Le développement de la Grammaire occidentale.* Paris: Mardaga, 1993.
_____. *A revolução tecnológica da gramatização.* Trad. Eni Orlandi. Campinas: Ed. da Unicamp, 1992.
BARATIN, M.; DESBORDES, F. *L'analyse linguistique dans l'Antiquité Classique.* Paris, Klincksieck, 1981.
BARNES, J. *Logic and Imperial Stoa.* Leiden: Brill, 1997.
BICCA, L. E. O. *Ceticismo e relativismo.* Rio de Janeiro: 7 Letras, 2012.
BLANK, D. *Ancient Philosophy and Gramar*: the Syntax of Apollonius Dyscolus. Oxford: OUP, 1982.
_____. *Sextus Empiricus*: Against the Grammarians. Trad, intr. e comentários D. L. Blank. Oxford: Clarendon, 1998.
BOBZIEN, S. Stoic Logic. In: BRAD, I. (Ed.). *The Cambridge Companion to Stoics.* Cambridge: Cambridge University Press, 2003.
BURNYEAT, M. F. Can the Sceptic Live his Scepticism? In: BARNES, J; SCHOFIELD, M; BURNYEAT, M. (Org.). *Doubt and Dogmatism*: Studies in Hellenistic Epistemology. Oxford: Clarendon Press, 1980.
_____. O cético em seu lugar e tempo. *Revista Kínesis,* v.II, n.4, 2010a.
_____. Pode o cético viver seu ceticismo? *Trilhas Filosóficas,* v.II, n.4, 2010b.
_____. The Sceptic in his Place and Time. In: *The Original Sceptics.* Cambridge: Hackett Publishing Company, 1998.
CANTÓ, J. *Los grammatici*: críticos literarios, eruditos y comentaristas. In: CODOÑER, C. *Historia de la literatura latina.* Catedra, 1997, p.741-53.

CARTER, B. L. *The Quiet Athenian*. Oxford: Clarendon Press, 1986.
CASSIN, B. *O efeito sofístico*. São Paulo: Editora 34, 2005.
CLARKE, T. The Legacy of Skepticism. *The Journal of Philosophy*, v.69, n.20.
DECLEVA CAIZZI, F. τῦφος: contributo alla storia di un concetto. *Sandalion*, n.3, 1980.
_____. Pirroniani ed accademici nel III secolo A.C. In: *Flashar and Gigon*, 1986.
_____. Sesto e gli scettici. *Elenchos*, n.13, p.277-327, 1992.
DERRIDA, J. *Margens da Filosofia*. Campinas: Papirus, 1991.
DESBORDES, F. *Idées grecques et romaines sur le langage*: travaux d'Histoire et d'Épistémologie. Lyon: ENS, 2007.
_____. Le langage sceptique. *Langages*, n.65 (número temático: BARATIN, M.; DESBORDES, F. (Ed.). *Signification et reference dans l'Antiquité et au Moyen Âge*), p.47-74, 1982.
DROZDEK, A. Lektón: Stoic Logic and Ontology. *Acta Ant. Hung*, n.42, p.93-104, 2002.
FORTES, F. S. *Sintaxe greco-romana*: Apolônio Díscolo e Prisciano de Cesareia na história do pensamento gramatical antigo. Campinas, 2012. Tese (Doutorado). Unicamp.
FOUCAULT, M. *A Hermenêutica do sujeito*. São Paulo: Martins Fontes, 2004.
_____. *Discurso e verdade*: seis conferências dadas por Michel Foucault, em Berkeley, entre outubro e novembro de 1983, sobre a parrhesia. São Cristovão – SE: Prometeus/UFS, 2013.
FREDE, M. *Essays in Ancient Philosophy*. Minneapolis: University of Minnesota Press, 1987.
_____. As crenças do cético. *Sképsis*, n.3-4, 2008.
_____. The Skeptic's Beliefs. In: FREDE, M. *Essays in Ancient Philosophy*. Minnesota: University of Minnesota Press, 1989.
_____. *The Sceptic's Two Kinds of Assent and the Question of the Possibility of Knowledge*. Cambridge: Hackett Publishing Company, 1998. (The Original Sceptics)
GLÜCK, M. *Priscians Partitiones und ihre Stellung in der spätantiken Schule*. Hildesheim, 1967.
HADOT, P. *O que é a Filosofia Antiga?* São Paulo: Edições Loyola, 2004.
_____. *Exercices spirituels et Philosophie Antique*. Paris: Albin Michel S.A., 1993.

HOLTZ, L. *Donat et la tradition de l'enseignement grammatical*: étude sur l'*Ars Donati* et sa diffusion (IVe-IXe siècle) et edition critique. Paris: CNRS, 2010 [1981].

HORROCKS, G. *Greek*: a History of the Language and its Speakers. Oxford: Blackwell, 2010.

HOWATSON, M. C. *The Oxford Companion to Classical Literature.* Oxford: OUP, 2005 [1989].

ILDEFONSE, F. *La naissance de la Grammaire dans l'Antiquité grecque.* Paris: Vrin, 1997.

KNEALE, W.; KNEALE, M. *The Development of Logic.* Oxford: Clarendon Press, 1962.

LALLOT, J. *Apollonius Dyscole. De la construction.* Intr., texto e trad. J. Lallot. Paris: Vrin, 1997.

LAW, V. *The Insular Latin Grammarians.* Woodbridge: The Boydell Press, 1993.

LAW, V.; SLUITER, I. *Dionysius Thrax and the Techne Grammatike.* Münster: Nodus, 1995.

LONG & SEDLEY. *Hellenistic Philosophers.* Cambridge: Cambridge University Press, 1987. 2v.

LUHTALA, A. *Grammar and Philosophy in Late Antiquity*: Studies in the History of Language Sciences. Amsterdã/Filadélfia: John Benjamins, 2005.

MARCONDES, D. Finding One's Way About: High Windows, Narrow Chimneys and Open Doors. Wittgenstein's "Skepticism" and Philosophical Method. In: POPKIN, R. H. (Org.). *Scepticism in the History of Philosophy.* Amsterdã: Kluwer Academic Publishers, 1996.

_____. Rústicos X urbanos: o problema do insulamento e a possibilidade da Filosofia cética. *O Que Nos Faz Pensar,* n.24, 2008.

_____. A "felicidade" do discurso cético: o problema da auto-refutação do ceticismo. *O Que Nos Faz Pensar,* n.8, 1994.

MATES, Benson. *Stoic Logic.* California: Advanced Reasoning Forum, 1991.

NAVIA. L. E. *Diógenes, o cínico.* São Paulo: Odysseus, 2009.

NIETZSCHE, F. Sobre a verdade e a mentira no sentido extra-moral. In: *Obras incompletas.* São Paulo: Abril Cultural, 1974. (Os Pensadores)

PELLEGRIN, P. et al. *Sextus Empiricus.* Contre les professeurs. Intr., glos. e índice. Paris: Éditions du Seuil, 2002.

PORCHAT, O. *Vida comum e ceticismo*. São Paulo: Brasiliense, 1993.

PORTER, J. Hermeneutic Lines and Circles: Aristarchus and Crates on the Exegesis of Homer. In: LAMBERTON, R.; KEANEY, J. J. (Ed.). *Homer's Ancient Readers*. Princeton, 1992.

ROBINS, R. H. *The Byzantine Grammarians*: Their Place in History. Nova York: Mouton de Gruyter, 1993.

SAUSSURE, F. *Curso de Linguística Geral*. São Paulo: Cultrix, 1998.

SCHNEIDER, R. Apollonii Dyscoli librorum desperditorum fragmenta. In: KEIL, H. *Grammatici Graeci*, II.3. Leipzig, 1910.

SMITH, P. J. Wittgenstein e o pirronismo: sobre a natureza da filosofia. *Analytica*, v.1, p. 153-186, 1993.

SWIGGERS, P.; WOULTERS, A. *Grammatical Theory and Philosophy of Language in Antiquity*. Amsterdã: Peeters, 2002.

WEST, M. L. Homeric and Hesiodic Poetry. In: DOVER, K. et al. (Ed.). *Ancient Greek Literature*. 2.ed. Oxford: OUP, 2004.

WITTGENSTEIN, L. *Investigações filosóficas*. Petrópolis: Vozes, 2012.

3. Obras de referência: dicionários, léxicos e gramáticas

BAILLY, A. *Dictionnaire grec-français*. Paris: Hachette, 1950.

BOISACQ, É. *Dictionnaire étymologique de la langue grecque, étudiée dans ses rapports avec les autres langues indo-européennes*. Paris: Klincksieck, 1916.

CHANTRAINE, P. *Dictionnaire étymologique de la langue grecque*: histoire des mots. Paris: Klincksieck, 1984. 2v.

LIDELL, H. G.; SCOTT, R. *A Greek-English Lexicon*. Ed. rev. e aumentada por Sir Henry Stuart Jones com a assistência de Roderick McKenzie. Oxford: Clarendon Press, 1940.

RAGON, E. *Gramática grega*. São Paulo: Odysseus, 2011.

SOBRE O LIVRO

Formato: 14 x 21 cm
Mancha: 23 x 39 paicas
Tipologia: Venetian 301 12/14,7
Papel: Off-white 80 g/m² (miolo)
Cartão Supremo 250 g/m² (capa)
1ª *edição*: 2015

EQUIPE DE REALIZAÇÃO

Capa
José Vicente Pimenta

Edição de Texto
Gabriela Pessoa (Copidesque)
Patrícia Sponton (Revisão)

Editoração Eletrônica
Eduardo Seiji Seki (Diagramação)

Assistência Editorial
Jennifer Rangel de França

www.mundialgrafica.com.br